Musik in interreligiösen Begegnungen

T V Z

Beiträge zu einer Theologie der Religionen 14

Herausgegeben von Reinhold Bernhardt

Eine Liste der bereits in der Reihe BThR erschienenen Titel findet sich am Ende dieses Bandes.

Musik in interreligiösen Begegnungen

herausgegeben von
Reinhold Bernhardt und Verena Grüter

T V Z
Theologischer Verlag Zürich

Die Druckvorstufe dieser Publikation wurde vom Schweizerischen Nationalfonds zur Förderung der wissenschaftlichen Forschung unterstützt.

Der Theologische Verlag Zürich wird vom Bundesamt für Kultur mit einem Strukturbeitrag für die Jahre 2019–2020 unterstützt.

Bibliografische Informationen der Deutschen Nationalbibliothek
Die Deutsche Nationalbibliothek verzeichnet diese Publikation in der Deutschen Nationalbibliografie; detaillierte bibliografische Daten sind im Internet über http://dnb.dnb.de abrufbar.

Umschlaggestaltung
Simone Ackermann, Zürich

Druck
ROSCH-BUCH GmbH, Scheßlitz

ISBN (Print): 978-3-290-18173-4
ISBN (PDF): 978-3-290-18276-2

DOI: https://doi.org/10.34313/978-3-290-18276-2

www.tvz-verlag.ch

Inhaltsverzeichnis

IV. TEIL THEOLOGISCHE, PHILOSOPHISCHE, MEDIENTHEORETISCHE REFLEXIONEN

Verena Grüter / Reinhold Bernhardt

Einleitung

Interreligiöse Musikprojekte erfreuen sich wachsender Beliebtheit. Seit den 1990er Jahren entstanden zahlreiche Projekte, die interreligiöse Begegnungen im Medium der Musik inszenieren. Dazu zählen groß angelegte internationale Festivals mit Musik unterschiedlicher religiöser Traditionen, aber auch Kompositionen, die sich musikalischer Klänge verschiedener kultureller und religiöser Herkunft bedienen, sowie interreligiöse Musikprojekte, die gezielt Angehörige verschiedener Religionen zusammenführen. Die bewusst und mit verschiedenen musikalischen Mitteln erzeugte religiöse Vielstimmigkeit wird von den Veranstalterinnen und Veranstaltern, den Akteurinnen und Akteuren und vom Publikum gern mit dem Wunsch verbunden, zu einem friedlichen Zusammenleben von Angehörigen verschiedener religiöser Traditionen beizutragen. Musik wird der spirituellen Seite der Religionen zugerechnet und diese führt – so die Erwartung – in tiefere interreligiöse Begegnungen, als es die verbale Kommunikation vermöchte.

Der Suche nach ästhetischer Erfahrung in interreligiösen Begegnungen entspricht eine ästhetische Wende auf wissenschaftlicher Ebene. «Aisthesis» als Wissenschaft von der Wahrnehmung im umfassenden Sinne, wie sie etwa Wolfgang Welsch vorschlägt, beinhaltet einen kritischen Impuls gegen die Vorherrschaft des kognitiven Paradigmas. Auch in der Religionstheologie, der Interkulturellen Theologie und der Religionswissenschaft gewinnt die Einsicht zunehmend an Bedeutung, dass es für die Bearbeitung interreligiöser Begegnungserfahrungen und Verstehensprozesse eines breiteren, über die Erschließung von Texten hinausgehenden Methodenspektrums bedarf. Eine *ästhetische Wende* zeichnet sich daher auch in diesen theologischen Disziplinen ab.

Vor dem Hintergrund dieser Entwicklungen widmete sich die Jahrestagung der Schweizerischen Theologischen Gesellschaft im September 2017 dem Thema «Musik in interreligiösen Begegnungen». Weil sich dieses Thema nur interdisziplinär bearbeiten lässt, wurden theologische, religionswissenschaftliche, musikethnologische und philosophische Perspektiven miteinander ins Gespräch gebracht und darüber hinaus auch

Musikbeispiele vorgestellt. Der vorliegende Band dokumentiert die Tagungsbeiträge und macht sie so einem breiteren Publikum zugänglich.

Die Beiträge von Verena Grüter sowie Bettina Strübel und Rainer Kessler sichten in einem ersten Anlauf das Themenfeld aus religionstheologischer und kirchenmusikalischer Praxis.

Auf der Grundlage von drei Fallanalysen zeigt *Verena Grüter*, mit welchen Stilmitteln und Aufführungstechniken bei diesen interreligiösen Musikdialogen gearbeitet wird. Sie geht von der These aus, dass musikalische Klänge konstitutiv sind für die Hervorbringung religiöser Identitäten und zeigt, wie interreligiöse Musikprojekte es ermöglichen, diese Identitäten spielerisch zu erproben. So entstehen interreligiöse Dialoge sui generis.

Bettina Strübel und *Rainer Kessler* geben einen Einblick in die Arbeit des Interreligiösen Chores Frankfurt. In den Psalmen-Projekten wurden zunächst jüdische und christliche Musiktraditionen zusammengeführt. Mit dem Einbezug muslimischer Sängerinnen und Sänger sah sich der Chor vor neue Herausforderungen gestellt. Sie führten zur Suche nach neuen, hybriden Musikformen.

Die zweite Gruppe von Beiträgen befasst sich in religionswissenschaftlicher Perspektive mit der Bedeutung von Klängen in verschiedenen religiösen Traditionen.

Isabel Laack erörtert diese Frage im Blick auf die Erfahrung von Körperlichkeit und die Ausbildung kollektiver religiöser Identitäten. Sie zeigt auf, wie akustische Reize – sowohl Klang als auch Stille – in religiösen Traditionen verwendet werden, um spezifische Sinnesprofile und Körpertechniken hervorzubringen, die identitätsbildend wirken. Ob es auf der Grundlage dieser Funktionen musikalischer Klänge eine traditionsübergreifende Klangrezeption geben kann, muss aus religionswissenschaftlicher Perspektive offenbleiben.

Bärbel Beinhauer-Köhler geht der Bedeutung des Raumes bei der Aufführung sakraler Musik nach. Offensichtlich haben die Wahl des Raumes, die Konzeption, die der Raumgestaltung zugrunde liegt, und die Nutzung des Raumes einen erheblichen Einfluss auf die Rezeption der Musik, die darin aufgeführt wird. In ihrer Darstellung legt die Verfasserin einen Schwerpunkt auf die Untersuchung multireligiöser Räume.

Aus spezifisch musikethnologischer Perspektive lenkt *Britta Sweers* den Blick auf interreligiöse und interkulturelle Integrationsprojekte, die sich der Musik als Medium bedienen. Sie fragt, ob Musik tatsächlich eine allgemeinmenschliche und daher auch religionsverbindende «Sprache» ist.

Dieser Auffassung setzt sie die Beobachtung entgegen, dass sich gerade an interkulturellen und interreligiösen Musikprojekten kulturell und religiös bedingte Konflikte entzünden.

Barbara Alge stellt ihre musikethnologischen Studien zu dem katholischen Fest der *folia* auf den Azoren vor und geht dabei der Frage nach, was Musik zur religiösen Musik bzw. zum Gegenstand religiöser Erfahrung macht. Die religiöse Dimension der Musik – so ihre These – liegt nicht in dieser selbst, sondern im Kontext ihrer Aufführung und ihrer Rezeption. Das gilt selbst dann, wenn die Gesänge einer religiösen Tradition entstammen.

Der interdisziplinäre Bogen schließt mit drei Beiträgen, die sich mit der theologischen und philosophischen Deutung von Musik in interreligiösen Begegnungen befassen.

Ruth Illman setzt den vorwiegend kognitiv und textbasiert geführten interreligiösen Dialogen die These entgegen, dass durch das Medium der Musik Kreativität und Imagination in interreligiöse Begegnungen eingeführt werden. Am Beispiel eines tunesischen Muezzins und Imams, der in Schweden im interreligiösen Dialog engagiert ist, geht sie der Frage nach, inwieweit Musik im interreligiösen Dialog dem Frieden dient.

Stefan Berg nähert sich dem Thema aus systematisch-theologischer Perspektive an und legt die hermeneutischen Grenzen eines theologischen Verstehens von Musik anderer religiöser Tradition dar. Der These, Musik im interreligiösen Dialog helfe, kognitiv Trennendes zu überwinden, hält er entgegen, dass Musik immer an bestimmte Religionstraditionen mit ihren jeweiligen «Grammatiken» gebunden sei und deshalb nur bedingt traditionsverbindend wirken könne.

Dieter Mersch schließlich setzt die Kunst der Improvisation – etwa im Jazz – in Beziehung zum Umgang mit religiöser und kultureller Alterität: Der Chiasmus von Hören und Gehören – aufeinander hören und einander antworten – stelle die Grundform von Sozialität dar, die sich sowohl in der Kunst der Improvisation als auch in der Begegnung zwischen Angehörigen verschiedener religiöser Traditionen manifestiere.

Zu danken haben wir den Institutionen, die dieses Publikationsprojekt und die ihm zugrunde liegende Tagung gefördert haben: dem Schweizerischen Nationalfonds (SNF), der Schweizerischen Akademie der Wissenschaften (SAGW), der Schweizerischen Theologischen Gesellschaft (SThG) und der Freiwilligen Akademischen Gesellschaft (FAG), Basel. Ebenso danken wir allen Referierenden, die an der Tagung und der Erstellung dieser Publikation mitgewirkt haben. Schließlich gilt unser Dank Katharina Yadav für die Übersetzung des Beitrags von Ruth Illman, Annina Völlmy Kudrjavtsev für die Erstellung der Druckvorlage und Dr. Christine Forster und Lisa Briner Schönberger für die editorische Betreuung des Bandes.

SThG SSTh SST STS
Schweizerische Theologische Gesellschaft
Société suisse de théologie
Società Svizzera di Teologia
Societad teologica svizra
Postfach 8204 3001 Bern

FNSNF
Schweizerischer Nationalfonds
zur Förderung der wissenschaftlichen Forschung

SAGW
ASSH

FAG
Freiwillige Akademische
Gesellschaft Basel

I. TEIL

SICHTUNG DES THEMENFELDES

Verena Grüter

Musik in interreligiösen Begegnungen. Religionstheologie und ästhetische Wende

Einleitung

Musik als Medium interreligiöser Begegnungen erfreut sich wachsender Beliebtheit: Große internationale Festivals wie Musica Sacra International[1], Festival de Fès des Musiques Sacrées du Monde[2], World Festival of Sacred Music[3], Les Sacrées Journées de Strasbourg[4] sind seit den 1990er Jahren entstanden und ziehen jährlich Tausende von Besucherinnen und Besuchern an. Darüber hinaus hat die Präsenz von Menschen anderer kultureller und religiöser Zugehörigkeiten in Deutschland in den vergangenen Jahren dazu geführt, dass interreligiöse Musikprojekte entstanden sind, die auf Teilhabe aller am gemeinsamen Musizieren angelegt sind. Der Interreligiöse Chor Frankfurt[5] und das Projekt «Trimum»[6] stellen prominente Pionierleistungen dar, die aus einer intensiven musikalischen und theologischen Zusammenarbeit von Musizierenden und Theolog/-innen jüdischen, christlichen und muslimischen Bekenntnisses erwachsen sind. Die Dokumentationen dieser Projekte zeigen, welche musikalischen und theologischen Fragen sich im Lauf einer solchen interreligiösen Zusammenarbeit stellen.[7] Daran wird erkennbar, dass Musik keineswegs die «universale Sprache» ist, die die Differenzen zwischen Menschen verschiedener kultureller und religiöser Zugehörigkeiten einfach

---

[1] www.chorverbaende.de/de/modfestivals/musica-sacra-international.html (27.06.2018).

[2] https://fesfestival.com/2018/ (27.06.2018).

[3] www.festivalofsacredmusic.org/ (27.06.2018).

[4] https://www.sacreesjournees.eu/association/le-festival/ (27.06.2018).

[5] https://ircf-frankfurt.de/ (27.06.2018).

[6] http://trimum.de/ (27.06.2018).

[7] Vgl. dazu Bernhard König / Tuba Isik / Cordula Heupts (Hg.): Singen als interreligiöse Begegnung. Musik für Juden, Christen und Muslime, Paderborn 2016.

überwindet.[8] Vielmehr treten diese Differenzen umso klarer in denjenigen dialogischen Projekten hervor, die auf ein gemeinsam verantwortetes Werk oder Repertoire zielen. Hier wird deutlich, wie stark klangliche ästhetische Praxis – das Rezitieren von Texten, Singen oder Instrumentalspiel – und die dafür verwendeten musikalischen Formen die jeweilige religiöse Identität prägt.

Diese Erfahrungen bilden eine wichtige Quelle neuen Nachdenkens über eine Theologie interreligiöser Begegnungen. Christliche Religionstheologie bedarf der Ergänzung durch Ästhetik, will sie dieser Herausforderung Rechnung tragen.[9] Auf der Grundlage der Analyse von drei interreligiösen Musikprojekten möchte ich hier ästhetische Zugänge aufzeigen, die helfen, Formate, Praxis und Erfahrung von Musik in interreligiösen Begegnungen zu verstehen.

1. Die ästhetische Wende als Herausforderung für die Religionstheologie

In der Religionswissenschaft hat in jüngster Zeit der *aesthetic turn* dazu geführt, Religionen als «Sinnensysteme» aufzufassen, «die durch eine Vielfalt von auditionell-visuellen Aktivitäten und die Benutzung von entsprechenden akustischen und optischen Signifikanten ihren Wirklichkeitsbezug gestalten.»[10] Lapidar formuliert Navid Kermani diese Einsicht in seiner Dissertation «Gott ist schön. Das ästhetische Erleben des Koran»:

---

[8] Zum «musikalischen Universalienstreit» vgl. die siebte Diskussionseinheit in Rolf Oerter: Musik – Einheit und Vielfalt ihrer kulturellen Ausprägung. Eine kultur- und musikpsychologische Perspektive, in: EWE 18/4 (2007), 521–608, hier 521–533. Musikethnologen betonen die unausweichliche kulturelle Bedingtheit von Musik. Vgl. Alan Merriam: The Anthropology of Music, Evanston (IL) ^{5}2000.

[9] Vgl. Verena Grüter: Klang – Raum – Religion. Ästhetische Dimensionen interreligiöser Begegnung am Beispiel des Festivals Musica Sacra International, Zürich 2017.

[10] Ulrich Dehn: Die ästhetische Codierung der Wirklichkeit. Zur Typologie von religiösen Seh- und Hörkulturen, in: BThZ 23/2 (2006), 185–198, hier 198.

> «Religionen haben ihre Ästhetik. Sie sind nicht Ansammlungen schlüssig begründeter Normen, Wertvorstellungen, Grundsätze und Lehren, sondern sprechen in Mythen und damit in Bildern, kaum in abstrakten Begriffen, binden ihre Anhänger weniger durch die Logik ihrer Argumente als die Ausstrahlung ihrer Träger, die Poesie ihrer Texte, die Anziehung ihrer Klänge, Formen, Rituale, ja ihrer Räume, Farben, Gerüche. Die Erkenntnisse, auf die sie gehen, werden durch sinnliche Erfahrungen mehr als durch gedankliche Überlegungen hervorgerufen, sind ästhetischer eher als diskursiver Art.»[11]

Religionsästhetik fragt daher nach den «Zeichen, Gegenstände[n] und Handlungen», Wahrnehmungsprozessen und Wirkungsweisen symbolischer religiöser Interaktionen.[12] Diese Hinwendung zur Erforschung der Produktion und Rezeption sinnenhafter Symbole richtet sich auf alle fünf Sinne und sucht so die traditionelle Fixierung auf den Gesichtssinn zu überwinden. Nicht zufällig kommt dem Gehör dabei eine hohe Bedeutung zu: «Gerade der traditionelle Vorrang des Sehens wird hier durchbrochen. Auditive Phänomene werden mindestens ebenso wichtig wie visuelle.»[13]

Im Rahmen des *auditive turn* wendet sich nun auch religionswissenschaftliche Forschung den Klängen religiöser Traditionen zu und überwindet damit die viel beklagte «Taubheit der Disziplin».[14] Auch empirisch hat der Gehörsinn in religiöser Praxis den Primat vor dem Sehen, denn in allen religiösen Traditionen wurden die rituellen Texte vor ihrer Verschriftlichung mündlich überliefert.[15] Die klangliche Gestalt von Rezitationen und Gesängen, die Verwendung von Instrumenten sowie Orte und

[11] Navid Kermani: Gott ist schön. Das ästhetische Erleben des Koran, München ^{4}2011, 9.

[12] Hubert Cancik / Hubert Mohr: Religionsästhetik, in: Hubert Cancik / Burkhard Gladigow / Matthias Laubscher (Hg.): Handbuch religionswissenschaftlicher Grundbegriffe, Bd. 1, Stuttgart u. a. 1988, 121–156, hier 122.

[13] Wolfgang Welsch: Ästhetisches Denken, Stuttgart ^{7}2010, 46.

[14] Rosalind I. J. Hackett: Sound, Music and the Study of Religion, in: Tem. 48/1 (2012), 11–27, hier 11, unter Bezugnahme auf Isaac A. Weiner: Sound and American Religions, in: Religion Compass 3/5 (2009), 897–908. S. dazu die Beiträge von Isabel Laack, Bärbel Beinhauer-Köhler und Ruth Illman in diesem Band.

[15] Ulrich Dehn: Ästhetische Codierung der Wirklichkeit (Anm. 10), 185: «Alle großen Religionen begannen als Sprech- und Hörkulturen.»

Zeiten der Aufführung unterliegen in den meisten religiösen Traditionen bestimmten Regeln.[16] Darüber hinaus ist die körperliche Performance religiöser Klänge von kaum zu überschätzender Bedeutung für die Ausbildung individueller und kollektiver religiöser Identitäten.[17] Klänge werden körperlich sowohl erzeugt als auch wahrgenommen und re-sonieren im Raum. Die Interdependenz von Körperlichkeit, Klanglichkeit und Räumlichkeit bildet daher eine wesentliche Kategorie für die Erforschung interreligiöser Musikprojekte. Die ästhetische Wende in der Erforschung interreligiöser Beziehungen verlagert daher die Perspektive von den fixierten Texten hin zur Performanz[18], von der Dominanz des Gesichtssinnes hin zum Gehör und darüber hinaus zur körperlichen Wahrnehmung. Bedeutung wird nicht auf der Performanz vorausliegende kognitive Systeme zurückgeführt, sondern im Vollzug erschlossen:

> «Auch ihr [der Religionsästhetik, Anm. d. Verf.] geht es darum, die Medien religiöser Performances und ihre spezifischen Möglichkeiten, Botschaften zu kommunizieren, in den Vordergrund zu stellen. Diese Botschaften müssen aber nicht auf ein Ideengebäude verweisen, das unabhängig von den ästhetischen Formen existiert. Sie kann ebenso gut in der Struktur der Darstellungsmittel selbst liegen oder in der sinnlichen Wirkung auf die Teilnehmer.»[19]

Damit ist ein entscheidender Paradigmenwechsel eingeleitet. Auch in der Musikwissenschaft beginnt sich die Einsicht durchzusetzen, dass musikalische Klänge nicht eindeutig auf ihnen vorausliegende soziokulturelle Systeme zurückgeführt werden können. Demzufolge verschiebt sich die Fragestellung nach dem Zusammenhang zwischen theologischen Inhalten

---

[16] Vgl. dazu Grüter: Klang – Raum – Religion (Anm. 9), 77–115.

[17] Vgl. Dazu William O. Beeman: Religion and Ritual Performance, in: IKTh 39/4 (2013), 320–341.

[18] Ich gebrauche den Begriff «Performanz» hier im Sinne der generativen Grammatik, wie ihn Noam Chomsky geprägt hat, und bezeichne damit die konkrete – rituelle, klangliche – Performanz einer religiösen Tradition im Unterschied zur schriftlich fixierten, passiv vorhandenen «Kompetenz». Zur begrifflichen Differenzierung vgl. Thomas Klie: Performanz, Performativität und Performance. Die Rezeption eines sprach- und theaterwissenschaftlichen Theoriefeldes in der Praktischen Theologie, in: IKTh 39/4 (2013), 342–356, hier 347.

[19] Daniel Münster: Religionsästhetik und Anthropologie der Sinne, München 2001, 4.

und konkreten musikalischen Klanggestalten hin zur Frage nach der Bedeutung von Musik für die Entstehung von Identitäten: Aktive und passive musikalische Praxis wird auf ihre Wirkung für die Ausbildung religiöser Identität hin befragt. Dabei eröffnet die ästhetische Erfahrung von Musik grundsätzlich die Möglichkeit, verschiedene Identitäten – wenigstens spielerisch und temporär – zuzulassen.[20]

Damit geraten zugleich die Transformationsprozesse in den Blick, die durch das ästhetische Erleben von musikalischen Klängen ausgelöst werden können. Denn im Unterschied zu schriftlich fixierten Texten eignet klanglicher Performance[21] Flüchtigkeit und Kontingenz.[22] Zwar bezieht

---

20 Georgina Born: Introduction, in: dies. / David Hesmondhalgh (Hg.): Western Music and its Others. Difference, Representation and Appropriation in Music, Berkeley (CA) u. a. 2000, 1–58, hier 31: «The theorization of music and sociocultural identity is presently a major preoccupation. An older model, given new life in certain versions of subculture theory, argues that music reflects or enunciates underlying social relations and structures. The problem is to trace the links between a musical form or practice and its production or consumption by particular social groups. This ‹homology› model has often been discredited for a mechanical, deterministic mapping of the relation between social base and cultural superstructure, whether in Marxian or Durckheimian formulations. […] A new model has emerged based on these criticisms, which amounts to a current orthodoxy. It proposes that music ‹reflects› nothing: rather, music has a formative role in the construction, negotiation, and transformation of sociocultural identities. In this view, music engenders communities or ‹scenes›; it allows a play with, a performance of, and an imaginary exploration of identities. Its aesthetic pleasure has much to do with this vicarious exploration of identities.»

21 Mit dem Begriff «Performance» bezeichne ich – mit Erika Fischer-Lichte im theaterwissenschaftlichen Sinne – eine konkrete Aufführung. Vgl. Klie: Performanz, Performativität und Performance (Anm. 18), 348. Die Begriffe «Performance» und «Aufführung» gebrauche ich in dem soeben definierten Sinne als Synonyme.

22 Erika Fischer-Lichte: Performativität. Eine Einführung, Bielefeld 2012, 62: «Geradezu paradigmatisch für die Flüchtigkeit von Aufführungen ist ihre Lautlichkeit. Was könnte flüchtiger sein als ein (v)erklingender Laut? Aus der Stille des Raumes auftauchend, breitet er sich in ihm aus, füllt ihn, um im nächsten Augenblick zu verhallen, zu verwehen – zu verschwinden. So flüchtig er sein mag, wirkt er doch unmittelbar – und häufig nachhaltig – auf den ein, der ihn vernimmt. Er vermittelt ihm nicht nur ein Raumgefühl; er dringt auch in

eine Performance sich auf symbolische Ordnungen der religiösen Traditionen – etwa Texte, Klanggestalten und Räume –, konstituiert Wirklichkeit jedoch zugleich neu unter dem Vorzeichen der Vergänglichkeit und Unvorhersagbarkeit. Die Kontingenz einer Performance liegt nicht allein in ihrer Materialität begründet. Sie ist vor allem durch die Wahrnehmungsprozesse der Zuhörenden bedingt, die für die Bedeutung der Performance konstitutiv, jedoch nicht völlig vorhersagbar sind.[23]

Interreligiöse Musikprojekte werfen damit neue Fragestellungen auf, die für eine Theologie interreligiöser Beziehungen wichtige Impulse enthalten: Was bedeutet der Umstand, dass klangliche Praxis an der Konstitution religiöser Identitäten beteiligt ist, zugleich aber auch ein spielerisches Erproben von Identitäten ermöglicht, im Hinblick auf die Bedeutung interreligiöser Musikprojekte für interreligiöse Beziehungen? Auf der musikalischen Ebene wäre zu fragen, wie ein dialogisches Geschehen klanglich hervorgebracht, wie Identität und Alterität klanglich erfahrbar gemacht werden können. Und welche Bedeutungen bringt die Materialität einer interreligiösen musikalischen Aufführung – insbesondere ihre Klanglichkeit und die Räumlichkeit – bei den Zuhörenden hervor? Welche Schlüsse lassen sich daraus hinsichtlich der religiösen Erfahrungen ziehen, die interreligiöse Musikprojekte ermöglichen? Und ist der diesen Projekten implizit oder explizit inhärente Anspruch gerechtfertigt, dass sie Empathie und damit ein tieferes gegenseitiges Verstehen zwischen Angehörigen verschiedener religiöser Traditionen ermöglichen?

Mit der folgenden exemplarischen Analyse von drei interreligiösen Musikprojekten versuche ich erste Antworten auf diese Fragen zu geben.

---

seinen Leib ein und vermag häufig physiologische und affektive Reaktionen auszulösen. Lautlichkeit ist ein starkes Wirkpotenzial inhärent.»

[23] A. a. O., 67: «In der Regel verläuft der Wahrnehmungsprozess in einer Aufführung weder ausschließlich nach dem ersten [Wahrnehmung selbstbezüglicher Phänomene, Anm. d. Verf.] noch nach dem zweiten Modell [Wahrnehmung unterschiedlicher symbolischer Ordnungen, Anm. d. Verf..], also weder völlig chaotisch noch gänzlich zielgerichtet. Vielmehr springt er immer wieder von der einen Ordnung zur anderen um. Im Augenblick des Umspringens erfolgt ein Bruch. Die Dynamik des Wahrnehmungsprozesses nimmt jedes Mal eine andere Wendung. […] Jede Wendung führt zur Wahrnehmung von etwas anderem – nämlich jeweils dessen, was zur Stabilisierung der neuen Ordnung beiträgt – und damit zur Erzeugung jeweils anderer Bedeutungen.»

2. Interreligiöse Musikprojekte – eine exemplarische Untersuchung von drei Beispielen

(a) «Time for Dialogue» – ein norwegisch-pakistanisches Musikprojekt

Anlässlich der internationalen und teilweise gewaltsamen Proteste, die im Jahr 2006 durch die Veröffentlichung islamkritischer Karikaturen in einer dänischen und einer norwegischen Zeitung ausgelöst worden waren, brachte die von der Lutherischen Kirche Norwegens eingerichtete Kirchliche Kulturwerkstatt in Oslo ein christlich-muslimisches Musikprojekt auf den Weg: Die CD «Dialogue»[24] enthält dreizehn Gesangsstücke, in denen jeweils ein muslimischer und ein christlicher Gesang in Form einer Collage miteinander verbunden sind.

Erik Hillestadt, Musikproduzent und Begründer der Kirchlichen Kulturwerkstatt, gewann dafür den Norweger Sondre Bratland und den Pakistani Javed Bashir. Sondre Bratland gilt als bedeutendster norwegischer Sänger im Bereich Cross-over zwischen Volksmusik und Weltmusik, insbesondere aus Asien, mit einem Schwerpunkt auf geistlicher Musik.[25] Javed Bashir, geboren in Lahore, ist Sohn des namhaften Qawwals[26] Bashir Ahmed Khan. Er gilt als bedeutender Qawwali-Sänger, der ebenso Popmusik und Cross-over singt.[27]

In Zusammenarbeit mit dem in Norwegen lebenden pakistanischen Musikproduzenten Khalid Salimi erarbeiteten Hillestadt und die beiden Sänger ein musikalisches Programm, das auf geistliche Gesänge aus den Volkstraditionen Pakistans und Norwegens zurückgreift. Bratlands Repertoire besteht aus zahlreichen geistlichen Liedern aus dem skandinavischen Luthertum sowie aus der skandinavischen Erweckungsbewegung, von denen etliche bis heute im «Norsk Salme Bok»[28], dem Gesangbuch der Lutherischen Kirche in Norwegen, stehen. Im norwegischen Kontext, wo die Lutherische Kirche bis 2012 Staatskirche war, haben diese Lieder eine

---

[24] http://kkv.no/musikk/utgivelser/2000–2009/2006/sondre-bratland-og-javed-bashir/ (27.06.2018).

[25] www.sondrebratland.no/index.php (27.06.2018).

[26] Qawwal ist die Bezeichnung für die Musiker, die Qawwali-Musik machen. Siehe unten Fußnote 30.

[27] https://en.wikipedia.org/wiki/Javed_Bashir (27.06.2018).

[28] Norsk Salme Bok, Oslo 1985.

starke Funktion in der Reproduktion kollektiver religiöser Identität. Vergleichbares gilt für das Repertoire Javed Bashirs: Die von ihm musikalisch realisierten geistlichen Volksdichtungen stammen überwiegend von bekannten Sufi-Dichtern aus dem Punjab, darunter Shah Hussain (1539–1593) und Bulleh Shah (1680–1752), der auch als «Rumi des Punjab» gilt.[29] Qawwali-Performances finden an den Schreinen der Sufi-Heiligen statt und vermitteln den Gläubigen deren spirituelle, heilende Kraft.[30] Darin liegt ihre hohe Bedeutung für die Herausbildung kollektiver religiöser Identität. Darüber hinaus jedoch spielte Qawwali im Zuge der Entwicklung einer nationalen kulturellen Identität Pakistans eine wichtige Rolle: Auf der Suche nach einer nationalen Identität infolge der Teilung Pakistans und Indiens 1947 bildete Radio Pakistan eine Art kolonialen Radiosender nach dem Vorbild des British Broadcasting Service in Indien und machte Qawwali zur Nationalmusik, die es in den 1980er Jahren mit renommierten Musikern wie Nusrat Fateh Ali Khan und den Sabri Brothers auf die Bühne der Weltmusik schaffte.[31]

Künstlerisch realisiert wurde das Projekt in drei Ländern, die unmittelbar in den Karikaturenstreit verwickelt waren: in Pakistan, Norwegen und Syrien. Das Produzententeam wählte in den jeweiligen Ländern Moscheen und Kirchen aus, um die Gesänge einzuspielen. Der musikalische Dialog beginnt in Lahore, im Mausoleum des muslimischen Moguls Jahangir (reg. 1605–1627), der wegen seiner toleranten Religionsgesetze und seiner Liebe zu den Künsten bekannt ist, und wird in der Wazir-Khan-Moschee

---

[29] Annemarie Schimmel: Mystische Dimensionen des Islam. Die Geschichte des Sufismus, Frankfurt a. M./Leipzig 1995, 549.

[30] Vgl. dazu James Richard Newell: Experiencing Qawwali. Sound as Spiritual Power in Sufi India, Nashville (TN) 2007.
Online-Publikation: http://etd.library.vanderbilt.edu/available/etd-09262007-151811/unrestricted/newelldissertation.pdf (27.06.2018).

[31] Regula Burckhardt Qureshi: Music, the State, and Islam, in: The Garland Encyclopedia of World Music, Bd. 5: South Asia. The Indian Subcontinent, hg. v. Alison Arnold, New York/London 2000, 744–750, hier 746: «More lasting was the use of the Sufi qawwali as a quasi-national music, whose strongly rhythmic, improvisational character, and flamboyant performance style were all retained and were showcased by many performers on state television from the 1960s onward. In fact, one of the first LP records of Pakistan, still famous today, was Tajdar-e-haram, which launched the great Ghulam Farid Sabri and his qawwali group, later renamed the Sabri Brothers.»

in Lahores Altstadt fortgesetzt. In Norwegen sind die romanische Gamle-Aker-Kirche in Oslo, die Heddal-Stabholzkirche und die Holzkirche in Bratlands Heimatstadt Vinje die Aufnahmeorte. Mit der Umayyaden-Moschee in Damaskus wird schließlich ein hoch symbolischer Aufnahmeort gewählt, an dem sich christliche und muslimische Tradition verbinden.[32]

Angesichts der durch den Karikaturenstreit religiös aufgeheizten öffentlichen Stimmung ist die Tatsache, dass die CD nicht in einem Studio eingespielt wurde, sondern aus Live-Aufzeichnungen in den genannten gottesdienstlichen Räumen besteht, gar nicht hoch genug zu bewerten. Die Aufnahmeorte sind im Booklet zur CD fotografisch dokumentiert; der einleitende Text verweist auf akustische Merkmale, die die Aufnahmen jeweils begleitet haben und auch beim Abspielen wahrnehmbar sind. Auf diese Weise wird beim Hören der Eindruck suggeriert, einer Live-Performance christlicher und muslimischer Gesänge in Moscheen und Kirchen beizuwohnen. Der Dialog wird also nicht allein durch die Stimmklänge erzeugt. Die Klänge bringen zugleich eine dialogische Räumlichkeit hervor, in die die Zuhörenden suggestiv hineinversetzt werden. Im Folgenden möchte ich die musikalische Struktur einer genaueren Analyse unterziehen, um die Besonderheit dieses Dialogs aufzuzeigen.

Zwischen den beiden musikalischen Repertoires, die in ihrem Kontext für die Ausbildung kollektiver religiöser Identitäten eine wichtige Funktion haben, wird auf der CD ein Dialog in Gestalt einer Collage hergestellt. Dazu werden je zwei Lieder – eines aus jeder der beiden religiös-kulturellen Traditionen – miteinander verschränkt. Sie werden in ihren jeweiligen Originalsprachen – Norwegisch, Panjabi und Urdu – strophenweise alternierend von den beiden Sängern gesungen. Auf diese Weise ergeben jeweils zwei Lieder einen neuen Gesang. Eines davon möchte ich exemplarisch untersuchen.

Unter dem Titel «Across the river» enthält die CD auf Position 2 ein Musikstück, das aus dem Lied «For Guds Folk Er Hvilen Tilbake» des

---

32 Die Umayyaden-Moschee wurde im 4. Jh. n. Chr. als christliche Basilika über einem römischen Tempel errichtet. Der Überlieferung zufolge enthält der dort verehrte Schrein den Kopf Johannes des Täufers. Nach der Eroberung von Damaskus durch die Araber im 7. Jh. wurde sie zu einer Moschee umgebaut. Im Jahr 2001 besuchte Papst Johannes Paul II. die Moschee und betete am Schrein Johannes des Täufers.
https://de.wikipedia.org/wiki/Umayyaden-Moschee (27.06.2018).

norwegischen Erweckungspredigers Per Nordsletten und dem Kafi [33] «maniya tikyaby parwah dyna» des Sufi-Dichters Shah Hussain besteht. Die Melodie des norwegischen Kirchenliedes entstammt einem Volkslied aus Setesdal, während Javed Bashir das Kafi von Shah Hussain selbst vertont hat. Beide Lieder erklingen in ihren Originalsprachen Norwegisch und Panjabi.

Das Gedicht von Shah Hussain thematisiert die Suche des Mystikers nach der Vereinigung mit Gott, die in die damals in Nordindien bekannte Sage von der unglücklichen Liebe zwischen Hir und Ranja gekleidet wird.[34] In der sufischen Mystik steht die Frauengestalt der Hir symbolisch für die Sehnsucht der Seele nach Gott. Ein vorzeitlich gedachter Fluss[35] bildet den tödlichen Abgrund, durch den hindurch die Unio mystica erlangt wird.

Im Gedicht des norwegischen Erweckungspredigers Per Nordsletten wird die Hoffnung auf Erlösung in das biblische Bild von der Ruhe für Gottes Volk gekleidet, wie sie im Hebräerbrief unter Rückgriff auf Psalm 95,11 entfaltet wird. Es bezeichnet dort die eschatologische Hoffnung auf die Einkehr des Volkes Gottes in einen Ruheort jenseits der vergänglichen Welt.

Beide Lieder werden in einem musikalischen Dialog nun so miteinander verklammert, dass auf einen Vers des Kafi jeweils ein Vers des norwegischen Liedes antwortet. Daraus ergibt sich eine große Form aus drei Doppelstrophen. Nach jeder dieser Doppelstrophen singt der Peace Choir from Damascus einen Refrain, der aus der Tonsilbe «Ah» besteht. Bei den Tanzenden Derwischen wird diese Tonsilbe als Anrufung Allahs verwendet. Sie dient hier möglicherweise dazu, die Sehnsucht nach Gott als gemeinsamen Tenor beider Lieder zu unterstreichen.

Gemeinsam ist beiden Dichtungen das Thema transzendent gedachter Erlösung, die jedoch unterschiedlich akzentuiert ist: Während sich in dem norwegischen geistlichen Volkslied die eschatologische Erlösungshoffnung der Gemeinde ausdrückt, spricht in dem Sufi-Gedicht das mystische Ich

---

33 *Kafi* bezeichnet eine typisch indische Form sufischer Dichtung, meist in den Sprachen Sindhi oder Punjabi, die eng mit der nordindischen Musiktradition zusammenhängen. Vgl. Schimmel: Mystische Dimensionen des Islam (Anm. 29), 545.

34 Schimmel: Mystische Dimensionen des Islam (Anm. 29), 550 f.

35 www.wichaar.com/news/176/ARTICLE/3418/2008-03-11.html (27.06.2018).

die Erfahrung der Unio mystica aus. Musikalisch fällt jedoch der einheitliche Klangcharakter ins Ohr. Bewirkt wird er, indem beide Sänger solistisch und nahezu völlig unbegleitet singen. Bilden in den ursprünglichen Kontexten – Gemeindechoral und Qawwali-Performance – die jeweiligen Instrumente wichtige kulturelle Identitätsmerkmale der beiden Gattungen geistlicher Gesänge, so erscheinen sie hier drastisch reduziert. Der Verzicht auf Instrumente, aber auch auf die Gemeinschaft der Gläubigen, die in beiden religiösen Traditionen unverzichtbarer Bestandteil der rituellen Performance ist, entkleidet die Gesänge ihres jeweiligen soziokulturellen Kontextes. Indem kulturspezifische musikalische Parameter – ihre spezifischen Harmonien, Rhythmen, Tempi, Vortragsweisen und Instrumentalklänge – ausgeblendet werden, entfallen kulturell bedingte musikalische Differenzen. Damit entfällt zugleich ein wesentlicher Teil der religiös und kulturell repräsentativen Funktion der jeweiligen Musik.

Übrig bleiben auf das absolute Minimum zurückgeführte, relativ abstrakte Klanggerüste: Die traditionellen Texte werden als Sologesänge vorgetragen, von Bratland zu überlieferten Volks- oder Choralmelodien, von Bashir zu improvisierten Melodien auf der Grundlage nordindischer Skalensysteme, die auch den Qawwali-Gesängen zugrunde liegen. Das klangliche Ergebnis ähnelt in seiner Konzentration auf die einstimmige, unbegleitete melodische Darbietung der Texte eher den Rezitationsformen liturgischer Texte, wie sie im Gregorianischen Choral und der Koranrezitation in beiden religiösen Traditionen verwendet werden. Positiv wird dadurch eine klangliche Nähe geschaffen, die zwischen den konkreten Performances norwegischer Choräle und pakistanischem Qawwali in den jeweiligen Kontexten nicht gegeben ist.

Wie ist dieser Dialog nun religionstheologisch zu deuten? Betrachtet man die Textebene, so begegnen sich hier mit dem norwegischen Erweckungsgedicht und der pakistanischen Sufidichtung zwei religiöse Innenperspektiven. Im Rückgriff auf originale religiöse Texte und in ihrer Verbindung mithilfe der Collagetechnik spiegelt sich die «unhintergehbare Standortgebundenheit»[36] eines mutualen Inklusivismus: Beide religiöse Traditionen werden unverkürzt dargestellt, jedoch durch die Beziehung auf einen je spezifischen Erlösungsgedanken thematisch miteinander ver-

[36] Reinhold Bernhardt: Ende des Dialogs? Die Begegnung der Religionen und ihre theologische Reflexion (BThR 2), Zürich 2005, 217.

knüpft. Die musikalische Gestaltung verschiebt den Akzent hingegen stärker auf die Ähnlichkeit, auf die Erlösungssehnsucht als das gemeinsame Thema. Dennoch wird hier keine universalistische Aussage getroffen: Weder werden die unterschiedlichen theologischen Aussagen vereinheitlicht noch werden sie musikalisch ununterscheidbar. Keine der beiden religiösen Traditionen wird relativiert. Stattdessen begegnen sich gegenseitig überlappende, universal-normative Traditionsperspektiven unverkürzt. Universalistisch ist hier höchstens die gläubige Haltung von Hoffnung und Hingabe.

Das entscheidend Neue geschieht in diesem musikalischen Dialog auf der performativen Ebene: Die ästhetische Erfahrung des Musikerlebens macht es Hörerinnen und Hörern möglich, die verschiedenen religiös-kulturellen Identitäten, die sich in den Gesängen aussprechen, spielerisch zu erproben. Dies umso mehr, als die Fremdheit durch die minimalistische musikalische Gestaltung begrenzt wird. Beide religiös-kulturellen Identitäten können spielerisch erprobt und wechselweise eingenommen werden, ohne dass die Zuhörenden sich in ein Kollektiv eingliedern müssen. Sie nehmen nicht an einem christlichen Gottesdienst oder an einem Qawwali-Ritual teil, es bleibt bei der Imagination der jeweiligen Identität. Das liegt in der Natur musikalischer Klänge, die keine denotative Funktion haben. Darin wurzelt ihre Fähigkeit, intersubjektive Empathie zu ermöglichen.[37] Die Gestaltung der geistlichen Gesänge zu musikalischen Collagen bewirkt einerseits eine Gegenüberstellung, eine gewisse Distanzierung, die die jeweiligen religiös-kulturellen Identitäten differenziert wahrnehmen lässt.[38] Andererseits ermöglicht die musikalische Gestaltung intersubjektive Empathie, die sowohl mithilfe der Texte als auch auf der Basis der musikalischen Klänge die Konnotation mystischer Einheit nahelegt.

[37] Born: Introduction (Anm. 20), 33: «It is precisely music's extraordinary power of imaginary evocation of identity and of cross-cultural and intersubjective empathy that render it a primary means of both marking and transforming individual and collective identities. As Born has argued previously, it is because music lacks denotative meaning, in contrast with the visual and literary arts, that it has particular powers of connotation.»

[38] A. a. O., 39: «We might explore […] juxtaposition as a musical collage that creates perspectival distance, fragmentation, and relativism between each musical object alluded to.»

Die Imagination der beiden religiös-kulturellen Identitäten wird in diesem Projekt zusätzlich durch die Wahl der Aufnahmeorte stimuliert: Indem die gottesdienstlichen Räume textlich und fotografisch dokumentiert und sogar akustisch erkennbar markiert werden, wird bei den Hörenden die Imagination intendiert, einer Live-Performance beizuwohnen. Die Räumlichkeit wird klanglich als dialogische erzeugt und damit sozusagen doppelt identifiziert: als Raum einer definierten religiösen Tradition und als Begegnungsraum, der eine Erfahrung des «betwixt and between»[39] ermöglicht – eine Art Schwellenerfahrung, die die Hörenden von der eigenen in die je andere religiöse Tradition hinüber- und herübergehen lässt, ohne sie festzulegen.

Das Stück «Across the river» vollzieht, was Hillestadt als Anliegen des Projektes formuliert: «We must show that we are not going to stop crossing the lines that are drawn between us.»[40] So wie die Seele des Sufi nicht zögert, die Linie des Todes zu überschreiten, um mit Gott vereinigt zu werden, so richtet sich auch die Hoffnung der christlichen Gemeinde auf eine Zeit, in der dieses Leid überwunden sein wird. Die kulturellen und religiösen Grenzen, die Anfang 2006 zwischen Christen und Muslimen gewaltsam aufgerichtet worden waren und viel Leid verursacht hatten, wurden symbolisch durch die Gesänge, aber auch ganz konkret durch die Aufnahmeorte überschritten. Fünf Jahre später, nach dem Ausbruch des Bürgerkrieges in Syrien 2011, wirkte dieses Projekt wie eine utopische Hoffnung.

(b) Shōmyō-Gesang und Gregorianischer Choral: Buddhistisch-christlicher Dialog

Im Rahmen der Maulbronner Klosterkonzerte wurde im Jahr 2008 ein buddhistisch-christliches Dialogprojekt uraufgeführt, dessen Entstehung auf eine gemeinsame liturgischen Feier der Schola Gregoriana Pragensis unter Leitung von David Ebn und Mönchen der japanischen Tendai-

---

[39] Victor Turner: Frame, Flow and Reflection. Ritual and Drama as Public Liminality, in: JJRS 6 (1979), 465–499, hier 465: «Public reflexivity is also concerned with what I have called ‹liminality›. This term, literally ‹being-on-a-threshold›, means a state or process which is betwixt-and-between the normal, day-to-day cultural and social states and processes of getting and spending, preserving law and order, and registering structural status.»

[40] Einleitungstext im Booklet zur CD.

Schule unter Leitung von Saikawa Buntai im Jahr 2000 in Prag sowie eine gemeinsame Japantournee der beiden Ensembles im Jahr 2005 zurückgeht. Mit Gregorianischem Gesang und Shōmyō-Gesängen wurde liturgisch gebundene Musik aus Christentum und Buddhismus miteinander zu einem außergewöhnlichen Klangerlebnis verbunden.[41]

Shōmyō-Gesang lässt sich vermutlich auf vedische Rezitation zurückführen und stellt eine spezifische Praxis der japanischen buddhistischen Schulen Tendai und Shingon dar, in der musikalische Einflüsse aus China fortwirken.[42] Die wichtigste Textgrundlage für den Shōmyō-Gesang bildet das Lotus-Sutra, das auf Predigten des Buddha zurückgreift. Die zentrale Lehre besteht in der Aussage, dass alle Geschöpfe die Buddha-Natur in sich tragen, das heißt, die Fähigkeit zum Mitleiden und zur Entsagung von den Begierden. Diese Buddha-Natur zu kultivieren durch Gebet, Meditation und Gesang, führt zur Erlösung, dem Eingehen ins Nirwana.

Drei Kategorien von Gesängen lassen sich gemäß ihrer textlichen Grundlage unterscheiden: *Bonsan* sind Hymnen, die ursprünglich in Sanskrit verfasst und dann mit chinesischen Zeichen transkribiert wurden, sodass eine Art geheimer Sakralsprache entstand. *Kansan* hingegen sind Texte, deren Originalsprache Chinesisch ist, und bei der Gruppe der *wasan* handelt es sich um ursprünglich in japanischer Sprache verfasste Texte. Die Gesänge der letzteren Gruppe gelten als die melodischsten. Shōmyō-Gesänge bestehen aus Kombinationen kodifizierter melodischer Formeln. Die Bandbreite musikalischer Strukturen reicht von syllabischen Anrufungen des Amida-Buddha bis zu hoch komplexen Melodiegebilden, die nur innerhalb esoterischer Priesterkreise weitergegeben werden.[43]

Die Rezitationen haben keinen lehrenden oder verkündigenden Charakter. Entsprechend der Herkunft der buddhistischen Shingon-Schule aus dem Tantrismus bildet der Shōmyō-Gesang eine rituelle Praxis, die an bestimmte sakrale Orte gebunden ist und dem Erlangen der Erleuchtung

---

[41] Vgl. dazu die Einspielung als CD: *Musica Sacra* – Buddhist Shōmyō & Gregorian Chants, Andreas Otto Grimminger / Josef-Stefan Kindler, K&K Verlagsanstalt / KuK-Art.com, 2013.

[42] Sean Williams: Buddhism and Music, in: Guy L. Beck (Hg.): Sacred Sound. Experiencing Music in World Religions, Waterloo (ON) 2006, 169–189.

[43] Vgl. dazu Francesca Tarocco: Art. «Buddhist Music», in: The New Grove Dictionary of Music and Musicians, Bd. 4, hg. v. Stanley Sadie, London/New York 2001, 549–553, hier 550.

dienen soll. «Shingon», eine esoterische Sekte des japanischen Buddhismus, ist das chinesische Wort für «Mantra» und bezeichnet ein Wort, das eine mysteriöse Kraft besitzt und ungewöhnliche Wirkungen sowohl spiritueller als auch materieller Art hervorbringen kann.[44] In der Praxis des Shōmyō-Gesangs dienen daher die psycho-physischen Wirkungen der klanglichen Schwingungen als Brücke zur Transzendenz. Weil die Stimme als Lautwerden des Atems für die Essenz des Lebens steht, können die Rezitationen dem Geist den Weg zur Erleuchtung bereiten. Im Amida-Buddhismus bildet *nembutsu* die Praxis, durch Rezitation und Kontemplation der Erlösung teilhaftig zu werden, die Amida-Buddha gewährt. Ein Shōmyō-Gesang wird von einem Mönch angestimmt, der damit den Grundton für die anderen vorgibt; allerdings stimmen nicht immer alle Mönche auf demselben Grundton ein, sodass bisweilen unbeabsichtigt eine Art Vielstimmigkeit entsteht. Klanginstrumente werden als Signalgeber eingesetzt. Sie haben magische, meist apotropäische Funktion.

Wie der Shōmyō-Gesang ist auch der Gregorianische Choral als streng ritueller Gesang an bestimmte Zeiten und Orte gebunden. Beide Formen liturgischer Gesänge sind hauptsächlich in Klöstern tradiert und entwickelt worden und stellen eine Art professioneller liturgischer Musik dar, die von eigens dazu ausgebildeten Mönchen und Klerikern in Sakralsprachen vorgetragen wurden. Gemeinsam ist dem Shōmyō-Gesang und dem Gregorianischen Choral die strenge Einstimmigkeit und die Spannbreite an musikalischen Formen, die von strenger syllabischer Intonation bis hin zu komplexer Melismatik reichen. Auch im gregorianischen Gesang gab es Entwicklungen hin zu melismatischen Formen, die ein vorwiegend ästhetisches Erleben vermitteln und die Textverständlichkeit erheblich einschränken. Augustin schätzte den wortlosen Jubilus als Ausdruck des Herzens, in dem die Seele unmittelbar zu Gott wird.[45]

In dem Projekt «Musica Sacra – Buddhist Shōmyō & Gregorian Chant» werden nun Shōmyō-Gesänge mit Gregorianischen Chorälen so miteinander verbunden, dass eine besondere Art von Zweistimmigkeit entsteht: So etwa wird das Amida-Sutra, das ein Gespräch Shakyamunis

---

44 Vgl. dazu Williams: Buddhism and Music (Anm. 42), 182.

45 Vgl. dazu Eyolf Østrem: Music and the Ineffable, in: Siglind Bruhn (Hg.): Voicing the Ineffable. Musical Representations of Religious Experience (Interplay: Music in Interdisciplinary Dialogue 3), Hillsdale (NY) 2002, 287–312, hier 288–293.

mit seinem Schüler Shariputra über die Lehre des «Reinen Landes» enthält, mit einem gregorianischen Kyrie so verbunden, dass das Sutra durchgehend rezitiert und das Kyrie abschnittweise in die Rezitation hinein gesungen wird.[46] Buntai Saikawa beginnt seine solistische Rezitation des Amida-Sutra mit lang gehaltenen und durch Tremolo sowie stark an- und abschwellende Dynamik sehr individuell klangvoll gestalteten Tönen. Die Melodie bewegt sich nur langsam in kleinen Tonschritten von Sekunden oder kleinen Terzen aufwärts, wobei die Intervallschritte mit lang gezogenen, weichen Glissandi gestaltet werden. Gelegentlich bekommen lang gezogene Töne am Ende eine kleine Verzierung, indem Saikawa seine Stimme in einem verschwindend kurzen Glissando aufwärtsschwingt oder abwärtsfallen lässt – klanglich fast vergleichbar einer *dead note* beim Jazz. Zu hören sind lediglich Vokale.

Nach etwa drei Minuten setzt die Schola Gregoriana Pragensis eine Quinte über dem Grundton des Shômyô-Gesangs ein und singt ein dorisches Kyrie. Kyrie und Christe werden jeweils zweimal, das letzte Kyrie wird dreimal gesungen, wobei die Melodien bei jeder Wiederholung variiert werden. Die Abschnitte des gregorianischen Chorals erklingen in zeitlichen Abständen über dem Shômyô-Gesang, sodass ein- und zweistimmige Passagen abwechseln. Die Melismen der gregorianischen Melodie entfalten sich wechselweise über einem liegenden Ton von Saikawa oder werden von ihm durch Glissandi und kleine Intervallschritte begleitet, was den eher schwebenden gregorianischen Gesang vorwärts zu treiben scheint. Beide Stimmen kreisen um denselben Grundton, bewegen sich innerhalb derselben Oktave und bilden meist Intervallabstände von Terzen und Quinten mit Quart- und Sekunddurchgängen. In dieser sehr engen Lage kreuzen sich die Stimmen mehrfach, sodass eine starke klangliche Spannung erzeugt wird, die im reizvollen Kontrast zu dem schwebenden Charakter des gregorianischen Chorals steht. Im Ergebnis wird eine Zweistimmigkeit erreicht, die an frühe gregorianische Zweistimmigkeit erinnert. Zugleich bildet die glasklare Tongebung der gregorianischen Schola und ihre nur angedeutete Dynamik einen deutlich hörbaren Kontrast zur kunstvollen dynamischen Ausgestaltung jedes einzelnen Tones im buddhistischen Shômyô-Gesang.

---

[46] Auf der unter Anm. 41 genannten CD *Musica Sacra* ist das Stück als Track 13 eingespielt.

Anders als in dem norwegisch-pakistanischen Dialogprojekt werden hier die dialogisierenden Stimmen zusammengeführt. Auf diese Weise entsteht eine religiös-kulturelle, sprachliche und musikalische Zweistimmigkeit, die die Unterschiede deutlich erkennen lässt und zugleich eine faszinierende Komplementarität bewirkt.

(c) «Music in Praise of Ahura Mazda» – zoroastrische Gesänge im Kirchenraum

Die beiden zuerst dargestellten Musikprojekte sind bereits in ihrer musikalischen Struktur interreligiös: Angehörige verschiedener religiöser Traditionen haben musikalische Klänge ihrer jeweiligen Tradition miteinander dialogisch zu neuen Kompositionen verarbeitet. Interreligiöse Begegnung findet in beiden Projekten auf unmittelbar musikalischer Ebene statt und führt zu ganz neuen musikalischen Formen und Klängen. Darüber hinaus gibt es jedoch zahlreiche Musikprojekte, die interreligiöse Begegnung so inszenieren, dass jeweils authentische musikalische Klänge von Musizierenden verschiedener religiöser Traditionen im Rahmen multireligiöser konzertanter Aufführungen dargeboten werden. Mit der je aktuellen Performance werden die Räumlichkeiten und die Zuhörenden wesentlich, denn eine so gestaltete interreligiöse musikalische Begegnung erlangt ihre Bedeutung erst durch die Interdependenz zwischen den musikalischen Akteurinnen und Akteuren und den von ihnen hervorgebrachten Klängen, den Räumen und den Zuhörenden.

Ein solches Projekt ist das Festival Musica Sacra International, das seit 1992 von Marktoberdorf aus im Landkreis Ostallgäu organisiert wird. Das Konzept besteht wesentlich darin, dass Musikgruppen verschiedener religiöser Traditionen ihre jeweilige Musik in multireligiösen musikalischen Aufführungen zu Gehör bringen. Diese Veranstaltungen finden auch in gottesdienstlichen Räumen jüdischer, christlicher und muslimischer Gemeinden statt, die damit eine wichtige Dimension der so gestalteten multireligiösen musikalischen Aufführungen bilden. Ihre Bedeutung erlangen diese Konzertveranstaltungen als performative Geschehnisse, die sich aus den Interdependenzen zwischen den Musizierenden und ihren Klängen, den Räumen und den Zuhörenden ergeben. Unter Rückgriff auf die Theorie der Performativität von Erika Fischer-Lichte[47] habe ich eine

47 Fischer-Lichte: Performativität (Anm. 22).

Analyse einer solchen multireligiösen musikalischen Aufführung vorgelegt[48]. Meine Ergebnisse möchte ich hier exemplarisch an einer Konzertveranstaltung zeigen. Dazu greife ich außer auf die Ästhetik des Performativen auch auf Konzepte ästhetischer und religiöser Erfahrung zurück.[49]

Aus der Fülle der Konzerte im Rahmen des Festivals greife ich diejenige der iranischen Sängerin Maryam Akhondy und ihres Ensembles Barbad im Rahmen des Festivals Musica Sacra International 2012 heraus. Das von ihr exklusiv für das Festival komponierte und dort uraufgeführte Programm «Music in Praise of Ahura Mazda» bringt Texte zoroastrischer Tradition im Gewand traditioneller iranischer Musik zu Gehör. Die Aufführung ist umso bemerkenswerter, als sie mit den avestischen Texten einer religiösen Minderheit eine Stimme verleiht, die in der originalen Neuvertonung durch Maryam Akhondy und ihr Ensemble den iranischen Kontext hörbar macht. Die Musik wird erfahrbar als klangliche Repräsentation einer religiösen Minderheit in der islamischen Mehrheitsgesellschaft des Iran. Für die knappe Darstellung eines performativ inszenierten interreligiösen Dialogs greife ich auf die Ergebnisse meiner Feldforschung während der Festivalausgaben 2012 und 2014 zurück, die die Grundlage meiner bereits genannten Untersuchung bilden. Aus meiner teilnehmenden Beobachtung ihrer Aufführung im Rahmen des Abschlusskonzerts in der Dreifaltigkeitskirche Kaufbeuren[50], dem Interview mit der Sängerin und ihrem Ensemble sowie weiteren Interviews mit Teilnehmenden am Festival konnte ich aufschlussreiche Erkenntnisse über das Wechselspiel zwischen Klanglichkeit, Körperlichkeit, Räumlichkeit und der Emergenz von

[48] Vgl. Grüter: Klang – Raum – Religion (Anm. 9), 308–407.

[49] Hier ist insbesondere hinzuweisen auf den Beitrag von Matthias Jung: Qualitatives Erleben und artikulierter Sinn. Eine pragmatische Hermeneutik religiöser Erfahrung, in: Wilhelm Gräb u. a. (Hg.): Ästhetik und Religion. Interdisziplinäre Beiträge zur Identität und Differenz von ästhetischer und religiöser Erfahrung, Frankfurt a. M. 2007, 51–81; Grüter: Klang – Raum – Religion (Anm. 9), 116–123.

[50] Vgl. dazu den Konzertmitschnitt Musica Sacra International – Schlusskonzert – Ausklang II, Dreifaltigkeitskirche Kaufbeuren, 29. Mai 2012, DVD, zu beziehen über: modfestivals, Birkenweg 2, D-87616 Marktoberdorf.

Bedeutung[51] sowie über die Deutung des Erlebens als religiöse Erfahrung gewinnen.

Zu Beginn der Aufführung in der Dreifaltigkeitskirche Kaufbeuren zieht das Ensemble unter dem Klang von fünf Rahmentrommeln sowie des persischen Doppelrohrblasinstrumentes Soma in die Kirche ein. Alle Mitglieder sind ganz in Weiß gekleidet. Maryam Akhondy schreitet der Gruppe voran, in den Händen zwei brennende Kerzen. Zu dem rhythmischen Klang der Rahmentrommel Daf und dem durchdringenden Signal der Soma rezitiert sie das «Niyayesh e Atash», den Lobpreis des Feuers[52], eine Hymne aus dem avestischen Yasna-Ritual.[53] Gemessenen Schrittes steigen die Mitglieder des Ensembles die Stufen des Podestes hinauf und nehmen direkt unter dem überlebensgroßen Kruzifix Platz, das an der Kopfseite des Kirchenraums steht und den Altarraum – für das Konzert

[51] Der Begriff «Emergenz von Bedeutung» meint den Prozess der Wahrnehmung und Erzeugung von Bedeutung: «Die in ihrer Phänomenalität wahrgenommenen Dinge bedeuten das, als was sie in Erscheinung treten. Die Wahrnehmung von etwas als Etwas wird zugleich als Prozess der Konstitution seiner Bedeutung als dieses besondere phänomenale Sein vollzogen.» Vgl. Fischer-Lichte: Performativität (Anm. 22), 66.

[52] Der Text ist im Programmblatt des Konzerts im persischen Original sowie in englischer und deutscher Übersetzung abgedruckt: «O Feuer, o Geschöpf des Mazda Ahura, leuchte, leuchte in diesem Haus bis in die Ewigkeit, bis ins ewige Leben. Gewähre mir, o Feuer, o Geschöpf des Mazda Ahura, große Freude, das tägliche Brot und ein langes Leben. Gewähre mir, o Feuer, o Geschöpf des Mazda Ahura, immerwährend vollkommene Wahrhaftigkeit, die Kunst des rechten Wortes.» (Übersetzung: PD Dr. Hamid Reza Yousefi)

[53] Vgl. dazu Gherardo Gnoli, Art. «Zoroastrism», in: The Encyclopedia of Religion, Bd. 15, hg. v. Mircea Eliade, New York/London 1987, 579–591, hier 587: «But Yasna (‹sacrifice›; Skt., *yajnah*), the sacrifice of *haoma* before a fire, performed in a different room from that where the fire is usually kept, is the main Zoroastrian liturgy. The Yasna is preceded by a preparatory rite, the Paragra, which consists of a number of meticulous ritual operations and ends with the preparation of the sacrificial liquor. The ritual is performed by two priests, known as the *zot* (Av., *zaotar*; Skt., *hotr*) and the *raspi*. The former recites the *Yasna* – that is, the seventy-two chapters included in this section of the Avesta – and the latter fuels the ceremonial fire. The entire ceremony takes place in twelve stages, during which the *Yasna* is recited in a rhythmical way. The sacrifice is commissioned by the faithful and is carried out for their intentions.» (Hervorhebungen im Original)

durch das Podest überbaut – mit der darüber befindlichen Orgelempore verbindet. Dort setzen sie ihre musikalische Performance fort, nachdem sie die Kerzen am vorderen Rand des Podestes abgestellt haben. Die Kerzen verweisen auf die hohe Bedeutung des Feuers im Zoroastrismus: Es ist Gegenstand der Verehrung des Priesters und steht im Mittelpunkt der Opferzeremonie *haoma*. Feuer gilt im Zoroastrismus als in der gesamten Natur präsent und wird mit Ahura, dem Schöpfer, verbunden.[54]

Damit sind im Kirchenraum gleichzeitig symbolische Ordnungen – visuelle Symbole wie Feuer und Kruzifix, symbolisches Handeln in Gestalt des Einzugs, die körperliche Erscheinung der Musizierenden und die musikalischen Klänge, schließlich die Texte der Gesänge – verschiedener religiöser Traditionen präsent. Die interreligiöse Begegnung ereignet sich in der Performativität der Aufführung. Der Emergenz von Bedeutung unter den Zuhörenden und -sehenden kommt hier die entscheidende Rolle zu. Die Bedeutung erwächst aus der Wahrnehmung der Wechselwirkungen zwischen der Körperlichkeit, der Klanglichkeit und der Räumlichkeit der Aufführung. Die Frage nach den Möglichkeiten und Grenzen multireligiöser musikalischer Aufführungen in gottesdienstlichen Räumen hat in der Vergangenheit immer wieder hoch kontroverse Debatten ausgelöst. Daher möchte ich den Fokus meiner knappen Ausführungen auf die Bedeutung der Räumlichkeit legen.

Während sich die Musizierenden in den Interviews auf die Akustik der Räume konzentrierten, nahmen insbesondere die Vertreterinnen und Vertreter religiöser Gemeinschaften zur Frage der Räumlichkeit multireligiöser musikalischer Aufführungen Stellung.[55] Vor dem Hintergrund traditionell christlicher, insbesondere katholischer Konzepte vom Kirchenraum als *domus Dei* wird die Aufführung nichtchristlicher Musikgruppen in der Kirche abgelehnt.[56] Demgegenüber ermöglichen konstruktivistische Ansätze Wahrnehmungs- und Deutungsweisen, die verschiedene

54 Vgl. ebd.

55 Die Nutzung christlicher Kirchenräume für multireligiöse musikalische Aufführungen hat im Kontext des Festivals kontroverse Debatten ausgelöst. Vgl. dazu meine ausführliche Darstellung: Grüter: Klang – Raum – Religion (Anm. 9), 218–307.

56 So die Argumentation der Augsburger Prälaten Josef Heigl und Bertram Meier gegenüber der Leitung des Festivals Musica Sacra International im Jahr 2005, mit der sie das Verbot der Diözese Augsburg begründeten, die katholischen

symbolische Ordnungen zueinander in Beziehung setzen. So etwa kann die musikalische Aufführung einer islamischen Musikgruppe in einer katholischen Kirche als Zeichen des Friedens gedeutet werden vor dem Hintergrund der Tatsache, dass vom Ort dieser Kirche aus im 12. Jahrhundert ein Kreuzzug nach Palästina geführt wurde.[57] Andere Argumentationsmuster greifen auf die Metapher vom Fest zurück, die in der ökumenischen und interreligiösen Debatte seit den 1990er Jahren etabliert ist[58] und auch die Rollen von Gast, Gastgebern und dem Gastraum einschließt. Der Kirchenraum wird vor diesem Hintergrund als Gastraum verstanden, der durchaus die musikalische Performance von Angehörigen nichtchristlicher Religionen ermöglicht.[59] Dass dieser nicht neutral ist, sondern durchaus Reminiszenzen an historische religiös-politische Machtverhältnisse enthält, löste auch kolonialkritische Betrachtungen aus.[60]

Die Wendung vom essenzialistischen hin zum konstruktivistischen Ansatz der Konzeption von Raum, die sich in den verschiedenen Argumentationsstrukturen widerspiegelt, hat auf wissenschaftstheoretischer

---

Kirchenräume für multireligiöse Konzerte zu nutzen; vgl. dazu Grüter: Klang – Raum – Religion (Anm. 9), 230–236.

[57] So die Argumentation von Pfarrer Siegfried Beyrer, St. Michael Altenstadt, in dem Film «Heilige Klänge im Allgäu», eine Dokumentation von Leo Hiemer, Bayerischer Rundfunk 2002.

[58] Vgl. dazu Theo Sundermeier: Den Fremden verstehen. Eine praktische Hermeneutik, Göttingen 1996; Ökumenischer Rat der Kirchen: Religiöse Pluralität und christliches Selbstverständnis, Genf 2006.

[59] So argumentieren Pfarrer Peter Morgenroth, Evangelische Dreifaltigkeitskirche Kaufbeuren und Rabbiner Dr. Henry Brandt, Israelitische Kultusgemeinde Augsburg-Schwaben; vgl. Grüter: Klang – Raum – Religion (Anm. 9), 251–256. 273–276.

[60] So Bärbel Wartenberg-Potter im Interview: «Ich fand das schon stark, dass alle Gruppen unter einem auch für mich etwas fremden Kruzifix mit Korpus [musiziert haben]. Ich musste mich innerlich damit auseinandersetzen, dass die Leute sich unter das Kreuz setzen und das nicht infrage stellen. Ich würde das ja nicht machen. Ich musste mich damit auseinander setzen [sic!], dass diese dominante christliche Präsenz in der Geschichte ja nicht immer in Demut vollzogen wurde, sondern eine sehr triumphalistische Seite hat. Und ich musste eigentlich während des Konzerts entscheiden, wie ich mein eigenes Christentum verstehe.» Zit. bei Grüter: Klang – Raum – Religion (Anm. 9), 257.

Ebene der *spatial turn*[61] vorgenommen. Raum wird als soziales Konstrukt verstanden, das Handlungsmöglichkeiten konstituiert:

> «Die sorgfältig auf ihre Funktion hin gestalteten Räume erinnern die Raumnutzer daran, wo sie sind und was dort jeweils getan werden kann. Räume ermöglichen den Aufbau von Routinen, zähmen und bewältigen Kontingenz, denn sie können zumindest den Eindruck erwecken, dass eben nicht alles auch ganz anders sein könnte. Sie tragen dazu bei, dass nicht immer wieder aufs Neue erst mühsam ausgehandelt werden muss, was in den Räumen zu tun und was zu unterlassen ist. […] Die an einem bestimmten Ort sich wiederholenden Praktiken stabilisieren zudem den Zusammenhalt der sich an ihm versammelnden Gruppen.»[62]

Indem Räume bestimmte symbolische Ordnungen vorgeben und andere ausschließen, nehmen sie Einfluss auf die Konstituierung der in ihnen handelnden Subjekte. Hinsichtlich der Nutzung gottesdienstlicher Räume durch Angehörige unterschiedlicher religiöser Traditionen ergibt sich die Frage nach dem Umgang mit Alterität. Da der gottesdienstliche Raum einer religiösen Gemeinschaft in multireligiöser Nutzung immer eine Asymmetrie vorgibt, erzeugen religiös definierte Räume in interreligiösen Begegnungen meist Nutzungskonflikte. Diese resultieren aus der Interdependenz zwischen dem sozialkonstruktivistischen Charakter der Räume einerseits und ihrer sozialen Ordnungsmacht andererseits. Wo gottesdienstliche Räume primär sozialkonstruktivistisch, also relational und nicht metaphysisch verstanden werden, entstehen – interreligiöse – Begegnungsräume. Solche Räume erfordern eine differenzhermeneutische Reflexion und ermöglichen es, die eigene religiöse Tradition durchaus selbstkritisch wahrzunehmen, wie es die Beispiele oben gezeigt haben.

Neben der Räumlichkeit bildet Klanglichkeit eine wesentliche Dimension der Materialität musikalischer Aufführungen. Auch hier stellen multireligiöse Konzertveranstaltungen eine Herausforderung dar, mit der Alterität der Klänge umzugehen. Wie das geschehen kann, möchte ich

---

[61] Vgl. dazu Doris Bachmann-Medick: Cultural Turns. Neuorientierungen in den Kulturwissenschaften, Reinbek b. H. ^{4}2010, 284–328.

[62] Markus Schroer: Raum. Macht. Religion. Über den Wandel sakraler Architektur, in: Bärbel Beinhauer-Köhler / Mirko Roth / Bernadette Schwarz-Boennecke (Hg.): Viele Religionen – Ein Raum?! Analysen, Diskussionen und Konzepte, Berlin 2015, 17–34, hier 19.

nochmals anhand der Darbietung von Maryam Akhondy und ihrem Ensemble Barbad zeigen. Dafür greife ich auf die von mir im Rahmen der Feldstudie durchgeführten Interviews zurück.

Die Intonation des «Niyayesh e Atash» verweist direkt auf ein zentrales zoroastrisches Ritual. Sie bildet den Beginn des Programms «Music in Praise of Ahura Mazda», das Maryam Akhondy für das Festival Musica Sacra International 2012 komponiert und dort uraufgeführt hat. Nach ihren eigenen Angaben hat die Musikerin auf die altiranischen Originaltexte zurückgegriffen und einige davon in zeitgemäße Sprache übertragen.[63] Für die musikalische Umsetzung griff sie auf die Modalkomplexe des iranischen Skalensystems, die Dastgah[64], zurück. Ähnlich dem indischen Raga gibt auch ein Dastgah eine emotionale Grundhaltung wieder und ist an eine Tageszeit gebunden. Im Interview begründet die Musikerin ihre Wahl mit dem Charakter des Dastgah.[65] Ihre Ausführungen legen einen Zusammenhang zwischen dem Charakter des gewählten Dastgah und dem hohen ethischen Anspruch des Zoroastrismus nahe, ohne dass die Musikerin dies jedoch explizit benennt.[66]

---

[63] Zit. bei Grüter: Klang – Raum – Religion (Anm. 9), 194: «Diese Texte gehen auf Zarathustra zurück und wurden vor viertausend Jahren in den Tempeln gesungen. Sie äußern Dank und Bitten zu Gott. Davon gibt es heute leider keine Musik mehr. […] Die Texte sind natürlich original von damals, allerdings in zwei Sprachen: in der alten [iranischen] Sprache und dann in die heutige Sprache übersetzt. Ich singe zwei Stücke in der Originalsprache, das ist für mich auch eine fremde Sprache, die heute nicht mehr gesprochen wird. Es ist alles Lob des Feuers und Lob Gottes sowie Wünsche: Gib mir gutes Denken, damit ich der Welt auch helfen kann. Ich möchte gut leben, glücklich sein und so weiter.»

[64] Vgl. dazu Margaret Caton: The Concept of Mode in Iranian Music. Shur, in: The Garland Encyclopedia of World Music, Bd. 6, hg. v. James Porter u. a., New York/London 2002, 59–75, hier 69: «The *dastgah* has been equated with the concept of modal complex.» (Hervorhebung im Original)

[65] Zit. bei Grüter 2017, 194: «Ich habe diese Texte genommen und nach meinem Geschmack im Dastgah Tschahargah vertont. Jeder Modus hat eine andere Stimmung, und dieser Modus hat eine starke, wache Atmosphäre.»

[66] Zit. bei Grüter: Klang – Raum – Religion (Anm. 9), 190: «Die Musik, die wir diesmal auf die Bühne bringen, spricht von dem gleichen Thema: Was der Mensch braucht, nämlich eine gute Welt, eine wahre Welt. Aber wie man das erreicht ist in zoroastrischer Musik anders als im Islam. Gott allein macht nicht alles, sondern der Mensch ist immer dabei durch gutes Denken, gutes Reden und gutes Handeln. Das sind die drei Basiswerte dieser Religion. […] Denken ist in

Für die Frage nach der Deutung des Musikerlebens als religiöse Erfahrung sind Aussagen in zwei Interviews aufschlussreich. Eines der Ensemblemitglieder deutet das eigene musikalische Tun mithilfe zentraler Begriffe aus der zoroastrischen Tradition:

> «Für mich persönlich ist die Musik eine der wenigen Wahrheiten, die mir übrig bleiben, und die nicht zu verunreinigen sind, ähnlich wie vielleicht das Feuer. Das heißt, wenn ich persönlich Musik mache, dann kann ich nur die Wahrheit sprechen, ich kann nicht mehr und nicht weniger machen als das, was ich kann. Das ist für mich einer der wenigen mir bekannten Wege, die Absolution zu erlangen, meine Absolution.»[67]

Der Begriff «Wahrheit» verweist hier auf ein ethisches und kosmologisches Grundkonzept im Zoroastrismus.[68] Indem der Musiker sein eigenes musikalisches Handeln so deutet, beschreibt er es als religiöses Handeln, das unmittelbar auf den höchsten Wert des Zoroastrismus ausgerichtet ist. Im Zusammenhang mit der Erwähnung des Feuers wird deutlich, dass der Musiker sein Tun auch rituell versteht.

---

der zoroastrischen Religion sehr wichtig. Damit fängt alles an. […] Das ist der erste Gedanke in dieser Religion. […] Alles fängt mit dem Fragen an, […] dadurch entdeckt man die Wahrheit.»

[67] Grüter: Klang – Raum – Religion (Anm. 9), 190.

[68] Vgl. Michael Stausberg: Zarathustra und seine Religion, München ^{2}2011, 38 f.: «*Asha* ist einer der Schlüsselbegriffe der altavestischen Texte, und die zweite von drei kurzen geheimnisvollen, in der rituellen Praxis allgegenwärtigen Sakralformeln heißt *Ashem vohu.* Die erste Zeile dieses aus 12 Wörtern bestehenden Gebets lässt sich wie folgt übersetzen: ‹Asha ist das beste Gut(e).› […] Eine andere Übersetzung geht in Richtung ‹(kosmische) Ordnung›, die natürlich zugleich die ‹wahre› Ordnung ist. […] Diese ‹Ordnung› umfasst verschiedene Seinsbereiche: die natürliche und die soziale Welt. Zu letzterer gehören auch Moral, Politik und Ritual: Das ordnungsgemäße Verhalten und Zusammenleben sowie die ordnungsgemäße Durchführung des Rituals. Wer sich der ‹wahren Ordnung› durch seine Gedanken, Worte und Taten einfügt, ist ‹*Asha*-ausübend› bzw. eine ‹*Asha*-Ausüber›. […] *Asha* ist ein Beispiel für das, was ich als ‹Leitkonzepte› bezeichne. *Asha* ist ein kosmisches Prinzip und zugleich ein göttlicher Akteur, ein Sohn des Weisen Meisters. Als Ordnungsprinzip strukturiert es natürliche und soziale Phänomene und für seine ‹Ausüber› beinhaltet es identifikatorisches Potenzial und ein religiöses Handlungsprogramm.» (Hervorhebung im Original)

Zuhörenden anderer religiöser Traditionen erschließen sich diese Zusammenhänge nicht unbedingt. Auf welche Weise das Erleben dieser Musik dennoch eine religiöse Bedeutung erfährt, lässt sich am Beispiel des Interviews mit Bischöfin i. R. Bärbel Wartenberg-Potter zeigen. Im Gespräch artikuliert sie zunächst Empfindungen von Fremdheit beim Hören der Musik dieses Ensembles, spricht dann aber eine andere Erfahrungsebene an:

> «[Die persische Musik] war das Fremdeste für mich. Gesungen wurde ja nur solistisch. Aber natürlich weiß ich als Frau, die in der Karibik gelebt hat, dass die Schlaginstrumente eine verlängerte Stimme, eine verlängerte Existenz darstellen. Die Virtuosität dieses Spiels und der geduldige, lang anhaltende Bogen, der sich da über uns gespannt und uns alle erreicht hat, hat die Faszination dieser Virtuosität ausgemacht. Dass es keine Worte gab, war gerade das Gute daran, weil gerade die Wortlosigkeit Raum geöffnet und Raum gelassen hat für uns selbst. Und die Hingabe dieses jungen Mannes an seine Töne hat mich bewegt, weil ich darin gespürt habe, dass sich in dieser Hingabe etwas zutiefst Menschliches ausdrückt, was einen jenseits von Worten erreichen kann. [...] [Die Musikgruppen haben mein Bild der nicht-christlichen Religionen] nicht wirklich verändert, aber vertieft. [...] Vielleicht kann man es einfacher so ausdrücken: Es ist Liebe zu diesen Menschen, die mit einer tiefen Innigkeit und Hingabe ihren Ausdruck suchen.»[69]

Auffällig ist an dieser Passage der Wechsel der Kategorie: Als Schlüssel für ihre eigene Deutung nennt Wartenberg-Potter ihre Wahrnehmung der Hingabe des Musikers. Leider wird diese Wahrnehmung nicht näher beschrieben und begründet. Daher muss hier offenbleiben, was genau sie als «Hingabe» deutet.[70] Wesentlich ist jedoch, dass sie sich nicht auf die gehörte Musik, sondern auf die Performance bezieht, vermutlich auf ihre Wahrnehmung der Körperlichkeit des Musikers. Und diese Wahrnehmung führt in ihr eine veränderte innere Haltung gegenüber den Musizierenden herbei, die sie in den Begriff «Liebe» fasst. «Liebe» aber beschreibt

[69] Zit. bei Grüter: Klang – Raum – Religion (Anm. 9), 139–141 in Auszügen.

[70] «Hingabe» kann im Kontext ästhetischer Erfahrung auch als Selbsttranszendierung gedeutet werden. Vgl. dazu Verena Grüter: Ein-Stimmen in den Dialog? Vokalmusik in interreligiösen Begegnungen, in: Peter Bubmann / Konrad Klek (Hg.): «Ich sing Dir mein Lied». Kirchliches Singen heute, München 2017, 82–94.

eine allgemein menschliche Empfindung, die nicht notwendig religiös ist, jedoch durchaus religiös konnotiert sein kann. Angesichts der Person der Sprecherin liegt in diesem Falle eine religiöse Konnotation nahe. Das ist jedoch nicht ausschlaggebend. Entscheidend ist, dass es sich hierbei um die Erzählung einer Transformation handelt, die durch das Erleben einer Aufführung ausgelöst wird: Die ästhetische Erfahrung der Musik einer ihr fremden religiösen und kulturellen Tradition bewirkt in der Sprecherin eine veränderte innere Einstellung zu den Musizierenden. Unabhängig von der kognitiven Deutung schlägt die ästhetische Erfahrung um in eine grundlegende ethische Haltung – in die Liebe zu Menschen einer anderen religiösen und kulturellen Tradition.

3. Performativität, Identität, Räumlichkeit, Erfahrung: Ästhetische Dimensionen interreligiöser Musikprojekte

Die exemplarische Untersuchung dreier interreligiöser Musikprojekte verweist auf die hohe Bedeutung von Musik und klanglicher Performance in interreligiösen Begegnungen. Zukünftige Forschung zu diesem Themenkomplex erfordert unbedingt interdisziplinäre Zusammenarbeit zwischen Theologie, Religions-, Musik- und Kulturwissenschaften. Ich möchte abschließend die Beobachtungen, die ich anhand der exemplarischen Analysen gemacht habe, im Sinne eines zusammenfassenden Ausblicks unter folgenden Aspekten bündeln: Performativität, Identität, Räumlichkeit und religiöse Erfahrung.

Rituelle Performanz – hier insbesondere klangliche Performance durch stimmliche Rezitation oder Gesang sowie durch Instrumentalspiel – ist unverzichtbar für die Hervorbringung und Bestätigung kollektiver religiöser Identitäten. Dies gilt für (fast) alle hier vorgestellten Beispiele – für lutherische Erweckungslieder sowie für Gregorianischen Choral, für Qawwali ebenso wie für Shōmyō-Gesänge. Inwieweit dies auch für die avestischen Texte in ihrer Neuvertonung mithilfe persischer Modalkomplexe gilt, muss hier offenbleiben. Die hohe Bedeutung der Performativität religiöser Klänge für die Konstruktion religiöser Identitäten macht – zusammen mit ihrer Flüchtigkeit – interreligiöse Musikprojekte zu beliebten Formaten interreligiöser Begegnungen und zu einem Forschungsgegenstand von weitreichender Bedeutung. Die Eigenschaft von Musik, Empathie zu ermöglichen, macht interreligiöse Musikprojekte zu hervorgehobenen Erfahrungsfeldern, um verschiedene religiöse Identitäten spielerisch zu erproben. Dabei werden die Grenzen kollektiver Identitäten spielerisch überschritten, ohne dass zwangsläufig eine dauerhafte neue Identität eingenommen werden muss.

Dies Hin- und Hergehen scheint insbesondere in dem norwegisch-pakistanischen Projekt «Dialogue» ermöglicht zu werden: Die musikalisch-textliche Collage-Technik lässt beide kollektive Identitäten erkennen, senkt aber die Schwelle zwischen ihnen durch die klangliche Reduktion und die sorgfältige Auswahl der Texte unter dem Gesichtspunkt theologischer Konvergenz. Identifikation und Distanzierung werden beim Zuhören so gleichermaßen möglich. Etwas anders stellt sich die Frage im christlich-buddhistischen Dialogprojekt: Die Verbindung zweier einstimmiger Gesangstraditionen lässt eine Zweistimmigkeit entstehen, die komplementär wirkt, aber gerade dadurch beide religiös-musikalischen Traditionen sprengt. Der Zusammenklang lässt nur die gleichzeitige Wahrnehmung beider Stimmen zu, ein Hin- und Hergehen zwischen beiden ist nicht möglich. Die aufmerksame Hörerin wird vielmehr die Gleichzeitigkeit verschiedenartiger Klänge wahrnehmen und die ästhetische Erfahrung des Zusammenklangs verarbeiten. Wie sich dies auf die Konstruktion religiöser Identität auswirkt, muss hier offenbleiben.

Die Aufführung zoroastrischer Gesänge im christlichen Kirchenraum schließlich verlagert die interreligiöse Begegnung von den musikalischen Klängen weg auf die Interdependenz zwischen Klang und Raum. Mit der performativen Erzeugung von Räumlichkeit durch die Klanglichkeit der Aufführung, die Raumsymbolik und die verschiedenen Akteurinnen und Akteure wird die interreligiöse Begegnung zu einem hochkomplexen, mehrdimensionalen Geschehen. Symbolisch aufgeladene Räumlichkeit einerseits und Klanglichkeit und Körperlichkeit der musikalischen Akteur/-innen andererseits werden hier zu den wesentlichen Dimensionen interreligiöser Begegnung. Wie die kontroversen Äußerungen zu interreligiösen musikalischen Aufführungen in gottesdienstlichen Räumen zeigen, ist dies die spannungsreichste Gestalt interreligiöser Musikprojekte. Der Grund dafür liegt in der Affinität von Raum und Macht, die in dieser Form musikalischen Klängen nicht eignet. Klang ist flüchtig und konstituiert Identität im Prozess seines Entstehens und Vergehens, Raum dagegen ist materiell und immer schon sozial definiert. Während die Immaterialität und semantische Unbestimmtheit von Musik sie zu einem bevorzugten Medium des spielerischen Erprobens religiöser und kultureller Identitäten macht, setzen Räume Grenzen – selbst da, wo sie relational bestimmt werden. Die verschiedenen Stimmen in der Debatte um die gottesdienstlichen Räume zeigen jedoch, dass räumlich definierte Machtpositionen durch musikalische Performance auch kritisch-konstruktiv neu gestaltet werden können. Darin liegt eine kaum zu überschätzende Chance interreligiöser musikalischer Aufführungen in gottesdienstlichen Räumen, die sorgfältige Reflexion verdient. Die Forschung dazu steht jedoch noch ganz am Anfang.

Schließlich möchte ich die Dimension religiöser Erfahrung durch interreligiöse Musikprojekte eigens hervorheben. Auch hierzu ist mir noch keine nennenswerte Forschung bekannt. Bei den von mir im Rahmen meiner Feldforschung zum Festival Musica Sacra International interviewten Personen konnte ich jedoch beobachten, wie ästhetische Erfahrung, in der durchaus Differenzen wahrgenommen und verarbeitet werden, in eine affirmative Grundhaltung gegenüber Angehörigen anderer religiöser und kultureller Traditionen umschlug. Unter den dafür verwendeten Begriffen fand sich mit Abstand am häufigsten der Begriff «Liebe».[71] In einigen Interviews findet sich zur Begründung der Hinweis auf die Wahrnehmung von «Hingabe» bei den Musizierenden. Selbsttranszendierung durch liebevolle Hingabe stellt eine menschliche Fähigkeit dar, die in vielen religiösen Traditionen als Tugend gilt. Wenn diese Haltung durch interreligiöse Musikprojekte befördert wird, haben sie – jedenfalls punktuell – ihr Ziel erreicht, eine tiefe Empathie zwischen Angehörigen verschiedener religiöser Traditionen zu ermöglichen. Empathische Phantasie aber ist – folgt man der Philosophin Martha Nussbaum[72] – der Angst entgegengesetzt und bildet daher eine unverzichtbare Voraussetzung für ethisch begründete Wahrnehmungen. Dass interreligiöse Musikprojekte Empathie und ethisch begründete Wahrnehmungen potenziell fördern können, dürfte nach den ersten hier vorgelegten Ergebnissen nicht mehr strittig sein. Damit aber sollten sie zukünftig einen bedeutenden Platz in der Theologie und Praxis interreligiöser Beziehungen erhalten.

---

[71] Grüter: Klang – Raum – Religion (Anm. 9), 213 f.

[72] Martha Nussbaum: Die neue religiöse Intoleranz. Ein Ausweg aus der Politik der Angst, Darmstadt 2014.

Bettina Strübel / Rainer Kessler

Hybride Formen – Das Tehillim-Psalmen-Projekt des Interreligiösen Chors Frankfurt

Dieser Beitrag versteht sich als Bericht aus der Praxis. Er beginnt mit der Vorstellung des Projekts «Interreligiöser Chor Frankfurt» (1) und behandelt zunächst Erfahrungen mit der gemeinsamen Aufführung von jüdischer und christlicher Musik (2). Die Ausweitung auf muslimische Texte und Musik stellte die Verantwortlichen in einer weiteren Phase vor ganz neue Fragen (3). Eine für die Theorie interreligiöser Chorarbeit wesentliche Folgerung ist, dass diese nur gelingen kann, wenn es zu neuen musikalischen Formen kommt, für die der aus den postkolonialen Studien bekannte Begriff der Hybridität hilfreich sein kann (4). Abschließend soll noch kurz auf Alltagserfahrungen eingegangen werden, die für die Arbeit mit einem (interreligiösen) Laienchor spezifisch sind (5).

1. Der Interreligiöse Chor Frankfurt (IRCF)

Der Interreligiöse Chor Frankfurt (IRCF) wurde im Jahr 2012 von Bettina Strübel, evangelische Kirchenmusikerin, und Daniel Kempin, jüdischer Chasan (Kantor, Vorbeter), gegründet. Anlass war eine trialogische Veranstaltung der Evangelischen Akademie Frankfurt zur Königin von Saba. Die Idee war, dem Gespräch der drei Referentinnen aus Judentum, Christentum und Islam eine musikalische Reflexion über die Königin von Saba gegenüberzustellen, darunter zum Beispiel Händels berühmtes «Arrival of the Queen of Sheva» aus dem Oratorium «Solomon». Dieses Projekt fand bei den Mitwirkenden und dem Publikum großen Anklang, sodass sehr schnell über eine Fortsetzung nachgedacht und das Tehillim-Psalmen-Format konzipiert wurde («Tehillim» ist das hebräische Wort, das im Griechischen mit «Psalmen» wiedergegeben und von da in die europäischen Sprachen übernommen wurde).

Mittlerweile ist der Chor interreligiös besetzt: Evangelische, katholische, jüdische, muslimische und viele konfessionell nicht gebundene Sängerinnen und Sänger singen kontinuierlich oder projektweise im Chor. Der Chor hat seit 2013 elf Tehillim-Projekte durchgeführt, in denen die

Psalmen 23, 91, 115, 130, 90, 121, 104, 42/43, 139, 46 und 19 in unterschiedlichen Vertonungen aufgeführt wurden (Auflistung in chronologischer Reihenfolge der Aufführungen).

Neben den Tehillim-Psalmen-Konzerten, die im Halbjahresrhythmus durchgeführt werden, wird der Chor auch zunehmend für andere, oft hochoffizielle, interkulturelle und interreligiöse Anlässe angefragt (multireligiöse Feier anlässlich des 25. Jahrestags der Deutschen Einheit in der Frankfurter Paulskirche; Eröffnung einer Ausstellung des Bibelmuseums Frankfurt: «Fremde. Heimat. Bibel» im Kaisersaal des Frankfurter Römer; Ökumenisches Pfingstfest auf dem Römerberg; Eröffnung der Woche der Brüderlichkeit im Kaisersaal des Frankfurter Römer; Neujahrsempfang des Stadtdekanats Frankfurt). Zudem wurde der IRCF zu Tehillim-Psalmen-Konzerten auf den evangelischen Kirchentagen in Stuttgart 2015 und Berlin 2017 eingeladen. Diese Anfragen zeugen von einer beträchtlichen Resonanz des interreligiösen Chorprojekts beziehungsweise dem großen Bedarf eines künstlerischen, hier musikalisch gestalteten, ästhetisch erlebbaren Formats des interreligiösen Dialogs.

2. Erfahrungen mit jüdischen und christlichen Psalmvertonungen

Am Anfang der Arbeit des IRCF stand der Gedanke, in einem Konzert einen der biblischen Psalmen sowohl in jüdischen als auch christlichen Vertonungen zu Gehör zu bringen. Möglich ist dies dadurch, dass die Psalmen in den Gottesdiensten beider Religionsgemeinschaften eine wichtige Rolle spielen und deshalb immer wieder vertont wurden. Allerdings zeigte sich auch schnell, dass der liturgische Stellenwert der einzelnen Psalmen in Judentum und Christentum sehr unterschiedlich ist, was sich in der Zahl der Vertonungen niederschlägt. Während etwa Psalm 46 vor allem durch Luthers Verarbeitung in «Ein feste Burg ist unser Gott» in zahlreichen Vertonungen christlicher Komponisten vorliegt, spielt derselbe Psalm in der jüdischen Liturgie fast keine Rolle und ist deshalb nur sehr selten auskomponiert worden.

Möglich ist die gemeinsame Aufführung jüdischer und christlicher traditioneller Vertonungen zudem dadurch, dass sich seit der frühen Neuzeit eine zu Teilen gemeinsame jüdisch-christliche Musikkultur entwickelt hat. Von jüdischer Seite ist etwa an Salomone Rossi zu erinnern, der im Venedig des 17. Jahrhunderts den neuen Musikstil eines Monteverdi und anderer christlicher Komponisten für seine synagogale Musik verwendete. Im 19. Jahrhundert ist der Berliner Louis Lewandowski zu nennen, der lupenreine spätromantische Musik komponierte. Umgekehrt haben sich christliche Komponisten von synagogalen Melodien inspirieren lassen, so etwa der Venezianer Benedetto Marcello, der in seine Sammlung «Estro poetico-armonico» (1724) unter anderem das Chanukka-Lied «Maos Zur» aufnahm. Im 19. Jahrhundert wäre, wenn auch nicht für die Chormusik, an Max Bruch mit seiner symphonischen Adaption des «Kol Nidrei» zu erinnern.

Hier lässt sich durchaus von einer jüdisch-christlichen (Musik-)Kultur sprechen, auch wenn es völlig unangemessen wäre, dies ideologisch im Sinn einer «jüdisch-christlichen Leitkultur» auszuschlachten, die gegen den Islam in Stellung gebracht werden könnte. Dazu basiert nicht nur das sogenannte christliche Abendland seit der Spätantike und dem Mittelalter viel zu sehr auf der damals höher entwickelten islamischen Kultur. Sondern es ist vor allem das Judentum, das im islamischen Kulturkreis bei allen Spannungen eine im Abendland kaum mögliche Entfaltung gefunden hat. Der große jüdische Gelehrte Maimonides (Rambam) (14. Jh. u. Z.) etwa lebte im spanischen Córdoba, dann im marokkanischen Fès, in Jerusalem und schließlich in Kairo, wo er starb.

Trotz des gemeinsamen kulturellen Hintergrunds zeigte sich, dass bei der Aufführung durch einen Chor, bei dem das religiöse Bekenntnis der Mitwirkenden nicht von vornherein außer Betracht bleibt – wie etwa bei einem professionellen Ensemble –, spezielle Probleme auftauchen, die es unmöglich machen, sämtliche Literatur einfach so zu singen, wie sie im Original vertont wurde. Drei Fragen seien genannt, und zugleich angegeben, wie in der praktischen Arbeit damit umgegangen wird:

- Der Umgang mit dem Gottesnamen: Das unbefangene Aussprechen des Gottesnamens ist den jüdischen Mitwirkenden fremd. Selbst im geschriebenen hebräischen Text auf Flyern und Programmheften wird das Tetragramm (die vier Konsonanten des Gottesnamens) durch zwei Jod ersetzt, da auch der geschriebene Gottesname einen besonderen Umgang erfordert und Texte, die das Tetragramm enthalten, nicht einfach weggeworfen werden dürfen. Die Choristen lernen, «Adonai» oder «Haschem» zu singen, wenn im hebräischen Text das Tetragramm steht.

- Christliche Deutung der Psalmen: Oft finden sich christologische Deutungen einzelner Psalmverse in Lieddichtungen zum Beispiel Martin Luthers und dadurch auch in Bach'schen Kantaten oder anderen Vertonungen wieder. Was sollen die jüdischen und muslimischen Chormitglieder singen, wenn es im Schlusschoral der Bach-Kantate BWV 187 abweichend vom Psalmtext (Psalm 104) heißt:

  «Wir danken sehr und bitten ihn,
  dass er uns geb des Geistes Sinn,
  dass wir solches recht verstehn,
  stets in sein' Geboten gehen,
  seinen Namen machen groß
  in Christo ohne Unterlass;
  so singen wir das Gratias»
  (Str. 6 des Liedes «Singen wir aus Herzensgrund» von Hans Vogel [1563])?

- Die trinitarische Doxologie: Notorisch wird das Problem der christlichen Adaption von Psalmen bei der trinitarischen Doxologie. Sie entstammt der Liturgie des christlichen Gottesdienstes, in dem die Lesung des Psalms mit dem Wechselgesang «Ehr' sei dem Vater und dem Sohn und dem heiligen Geist …» abgeschlossen wird. Viele christliche Komponisten, zum Beispiel Heinrich Schütz, haben die dem Psalm angehängte christliche Doxologie auskomponiert. Kann man sie in einem Chor, dem jüdische und muslimische Menschen angehören, im Sinn historischer Werktreue singen?

Der Chor experimentiert hier nach intensiven Debatten mit Auslassungen, Umdichtungen oder auch Rückgriffen auf den hebräischen Psalmtext, sodass das Resultat ein hebräischer Bach-Choral sein kann.

3. Brücken zum Islam

Durch die Einbeziehung muslimischer Sängerinnen und Sänger seit dem 6. Tehillim-Psalmen-Projekt 2015 in der Absicht, vom jüdisch-christlichen Dialog zum jüdisch-christlich-muslimischen Trialog zu kommen, entstanden neue Herausforderungen. Sie kommen zum einen daher, dass die Psalmen der Hebräischen Bibel kein Teil des Korans oder insgesamt der muslimischen Literatur sind, anders als bei der Aufnahme der Hebräischen Bibel als Altes Testament in die christliche Bibel. Deshalb gibt es keine muslimischen Psalmvertonungen. Zum andern gibt es nichts, was mit der europäischen jüdisch-christlichen Musiktradition vergleichbar wäre. Anders als die jüdischen Gemeinden, die in muslimischer oder christlicher Umwelt lebten, standen sich nämlich das christliche Europa und der muslimische Herrschaftsbereich exklusiv und fast immer feindlich gegenüber. Dies trotz einer gemeinsamen Traditionswurzel, die bis in die griechische Antike und die musikalische Harmonielehre eines Pythagoras führt. So basiert sowohl die mittelalterliche Gregorianik wie auch die arabische Maqam-Modalität auf der pythagoreischen Stimmung mit ihren reinen Quart- und Quintintervallen.

Ein weiterer und vielleicht der wichtigste Grund, warum die Einbeziehung des Islam zu qualitativ neuen Herausforderungen führte, liegt aber wohl in der Rolle, die der Islam der Musik zuweist. Tuba Isik legt in ihrem Aufsatz dar, dass die musikfeindlichen Äußerungen islamischer Gelehrter im 1. Jahrtausend u. Z. vor allem unter folgenden zwei Aspekten zu betrachten sind:

- Die pagan glaubenden Araber und Perser in der Zeit des Propheten Mohammed verwendeten für ihre magischen Riten und Beschwörungsformeln Musik. Der Einsatz von Musik war Teil eines magischen, mantrischen und polytheistischen Rituals und daher bei den Anhängern Mohammeds negativ besetzt.
- Musik wurde im Zusammenhang mit Wein, Glücksspielen, Jagen, Liebe usw. in einem Kontext eingesetzt, der zu unsittlichem (und damit zu unreligiösem) Verhalten einlud.[1]

Gleichzeitig weist Isik darauf hin:

> «Im Rahmen der Quranexegese hingegen ist zu konstatieren, dass an keiner Stelle weder der durch menschliche Stimme geschaffene Gesang noch

---

1 Vgl. Tuba Isik: Warum Muslime gerne singen!, in: Bernhard König / Tuba Isik / Cordula Heupts (Hg.): Singen als interreligiöse Begegnung. Musik für Juden, Christen und Muslime, Paderborn 2016, 175–191, hier 180 f.

> ein Musikinstrument und folglich das Musizieren explizit genannt oder verboten sind. Daher lässt sich zumindest mit Blick auf den Quran kein in der Wortverwendung und -bedeutung eindeutiges Musizierverbot finden.»[2]

Musik und Singen wird also von muslimischer Seite unterschiedlich bewertet.

Andererseits ist in interreligiösen Projekten der Umgang mit Koranversen und deren Rezitation eine Herausforderung, denn «[d]er Quran ist für den Muslim das mündlich überlieferte Wort und folglich spricht Gott, wenn der Quran rezitiert wird»[3]. Koranrezitation bedeutet also göttliche Anwesenheit und ist vergleichbar mit der geweihten Hostie im katholischen Glauben. Daher verbietet sich jegliches menschliche Zutun in Form einer wie auch immer gearteten Instrumentalbegleitung.

Tuba Isik führt ebenfalls aus, dass in der arabischen Sprache bereits ein hohes Maß an Ästhetik und Poetik angelegt ist: Die Kunst der Rezitation des Korans ist daraus entstanden und untrennbar mit der arabischen Sprache verbunden. Auch ist ohne die Koranrezitation arabischer Gesang undenkbar. So werden alle arabischen Sängerinnen und Sänger durch sie geschult und entwickeln mit der Rezitation ihre ganz eigene stimmliche Kunst, wie beispielsweise die Raffinesse der orientalischen Ornamentik.[4]

Für Musikprojekte und die musikalischen Brücken zum Islam ist relevant, dass die Unantastbarkeit nur für die Rezitation des Korans im Original, also auf Arabisch, gilt. Übersetzungen einzelner Koranverse (Ayas) oder auch ganzer Suren sind nicht mehr sakrosankt und können vertont oder auch weiterbearbeitet werden. Ebenso gilt dies für die arabischen Texte der Sunna. Unter Sunna werden jegliche Taten, Aussagen und Billigungen des Propheten Mohammed subsumiert. Diese Texte dürfen auch in arabischer Sprache vertont werden, was beim 10. Tehillim-Psalmen-Projekt geschah.

Was den bei den jüdischen und christlichen Psalmvertonungen beschriebenen häufigen Kulturtransfer angeht, gab es im 17. Jahrhundert eine einzigartige, ostwärts ins Osmanische Reich gerichtete Wanderungsbewegung reformierter Psalmmelodien. Verantwortlich dafür war der in

---

2 A. a. O., 185 f.

3 A. a. O., 186.

4 Vgl. a. a. O., 187 f.

Polen geborene, evangelisch erzogene Wojciech Bobowski. Er wurde Kirchenmusiker, studierte Musikwissenschaften und geriet dann auf der Krim in osmanische Gefangenschaft. In Konstantinopel (heute Istanbul) wurde er Hofmusiker, komponierte und verschriftlichte als Erster die Musikpraxis seiner zweiten Heimat. Er konvertierte zum Islam und nannte sich Ali Beg Ufki. Auch übersetzte er die Bibel ins Osmanische. Ein unvollendetes Auftragswerk war die Übertragung des gesamten Genfer Psalters ins Osmanische und die «Makamisierung» (die Umwandlung in orientalische Tonarten beziehungsweise Modi) der reformierten Psalmmelodien.[5]

4. Hybride Formen – ein Weg in die Zukunft interreligiöser Chorarbeit?

Was sich schon beim gemeinsamen Musizieren jüdischer und christlicher Psalmenvertonungen als notwendig erwies, trat nun bei der Einbeziehung muslimischer Sängerinnen und Sänger vollends in den Vordergrund. Es mussten neue, bisher nicht dagewesene Formen gefunden werden. Seit Aufkommen der postkolonialen Studien, die das Zusammentreffen unterschiedlicher Kulturen infolge des Kolonialismus untersuchen, hat sich für solche neuen Formen das Theorem der Hybridität eingebürgert. Es entstammt ursprünglich aus der Biologie und Rassenlehre. Im Kolonialismus wurde es dann zur Diskriminierung «unreiner» Mischformen verwendet. In den postkolonialen Studien aber wird die Bildung hybrider Formen umgewertet und als Chance genutzt: «This hybridity can open imaginative and practical spaces that can lead to enriched insights and cultural creativity […]».[6]

Für die gemeinsame Aufführung von Psalmenvertonungen durch jüdische und christliche Chormitglieder wurden oben bereits drei Bereiche genannt, in denen es zur Ausbildung hybrider Formen kommen kann:

---

[5] Näheres bei Judith I. Haug: Der Genfer Psalter in den Niederlanden, Deutschland, England und dem Osmanischen Reich (16.–18. Jahrhundert), Tutzing 2010.

[6] Manav Ratti: Hybridity, in: Sangeeta Ray / Henry Schwarz (Hg.): The Encyclopedia of Postcolonial Studies, Bd. 2: F–M, Chichester 2016, 744–749, hier 744. Vgl. auch Homi K. Bhabha: Über kulturelle Hybridität. Tradition und Übersetzung, Wien/Berlin 2012.

- Der Umgang mit dem Gottesnamen: An die Stelle der in den christlichen Übersetzungen des Alten Testaments üblichen Wiedergabe des Gottesnamens mit «der Herr», «dominus», «the Lord» usw. können hebräische Ausdrücke wie «Adonai» oder «Haschem» treten.
- Christologische Formulierungen in christlichen Vertonungen können weggelassen oder ersetzt werden.
- Die trinitarische Doxologie, die fast immer christliche Psalmvertonungen abschließt, muss ersetzt oder weggelassen werden.

Dazu haben sich weitere hybride Formen herausgebildet:

- Collagen, zum Beispiel Anglikanischer Psalm – Niggun: Psalmverse in deutscher Übersetzung, die auf ein vierstimmiges Harmoniemodell gesungen werden, wechseln sich ab mit hebräischen Psalmversen, welche mithilfe von charakteristischen Melodiefloskeln improvisatorisch vorgetragen werden (genau dies ist ein Niggun).

Da es, wie ausgeführt, muslimische Psalmvertonungen gar nicht gibt, musste hier die Suche nach neuen Formen viel weiter gehen. Hier seien nun einige Beispiele vorgestellt:

- Psalm 121 – Trialogische Psalm-Collage in internationaler Dimension: Das sechsstrophige Psalmlied «Ich heb mein Augen sehnlich auf» in der Bereimung durch Cornelius Becker (1602) wurde nach je zwei Strophen durch die Lesung von Psalm 121 auf Tingrinya (durch einen jüdischen Eritreer) und auf Amharisch (durch eine orthodoxe Äthiopierin) unterbrochen. Nach der sechsten Strophe rezitierte eine muslimische Chorsängerin den sogenannten Thronvers, Sure 2:255. Wie im vierten Psalmvers ist auch hier von einem Gott die Rede, der nicht schlummert und schläft:

  «Gott, es gibt keinen Gott außer Ihm, dem Lebendigen, dem Beständigen. Nicht überkommt Ihn Schlummer und nicht Schlaf. Ihm gehört, was in den Himmeln und was auf der Erde ist. Wer ist es, der bei Ihm Fürsprache einlegen kann, es sei denn mit Seiner Erlaubnis? Er weiß, was vor ihnen und was hinter ihnen liegt, während sie nichts von Seinem Wissen erfassen, außer was Er will. Sein Thron umfasst die Himmel und die Erde, und es fällt Ihm nicht schwer, sie zu bewahren. Er ist der Erhabene, der Majestätische.»

- Kompositionsauftrag zu einer Psalm-Koran-Collage: Einen ganz neuen Weg beschritt der in Köln lebende irakische Komponist Saad Thamir mit seiner Komposition zu Psalm 104. Gemeinsam wurde das Konzept entworfen, dem Psalm parallele Koranverse gegenüberzustellen, wobei die Psalmverse in einer osmanischen Übersetzung (durch Ali Beg Ufki) erklangen und die Koranverse durch ihre Übertragung ins Deutsche den Hörenden sehr nahe rücken konnten. Das dem heutigen Türkisch verwandte Osmanisch war bis 1918 als Amts- und Literatursprache des Osmanischen Reiches sozusagen das «Englisch» der gesamten arabischen Welt. Eingeleitet wurde die Komposition durch eine Koranrezitation (Textzusammenstellung siehe Anhang).
- Psalm 42 – Collage: koranische Antworten auf Fragen des Psalms: Die Textzusammenstellung der Collage entstand gemeinsam mit den muslimischen Sängerinnen des IRCF: Auf Fragen des Psalms werden mögliche koranische Antworten gegeben. Die biblischen Verse werden improvisatorisch und durch Kompositionen von Hugo Distler (1908–1942) und Chasan Jacob Lefkowitz (1913–2009) dargestellt. Die in einer deutschen Übersetzung gelesenen koranischen Verse werden untermalt mit Improvisationen über das Ilâhi (Lied) «Şol cennetin», mit dem der Chor nach der Rezitation der 94. Sure die Collage abschließt. Der Textdichter Yunus Emre ist einer der ersten mystischen Volksdichter in der türkischen Tradition. Seine Ilâhis prägen bis heute die Gesänge nicht nur der Sufi-Tradition (Textzusammenstellung siehe Anhang).
- Psalm 139: Auftragskomposition an zwei Komponisten: Die Idee des Librettos war, Koranverse zusammenzustellen, die Gedanken aus dem Psalm aufgreifen und diese widerspiegeln oder ihnen etwas entgegensetzen. Der christliche Musiker Günther Albers verbindet in seinen sechs Kanons zu Psalm 139 traditionelle kirchenmusikalische Modelle mit einer komplexen Tonsprache, die mit Mustern der Zwölftonmusik arbeitet. Der türkischstämmige Musiker Murat Coşkun lässt in seine meist einstimmigen Kompositionen musikalische Elemente der islami-

schen religiösen Musik einfließen. Es erklingen typische Melodiewendungen aus den Lobgesängen (Ilâhis), die für die Sufi-Musik wichtige rhythmische Begleitung übernimmt die Rahmentrommel, und er verwendet ostinate Figuren aus der persischen, türkischen und maghrebinischen Tradition.

– Muslimische Komposition zu Psalm 46: Suren 113 und 114 und ein Bittgebet aus der Sunna: Erstmals hat der Chor eine Auftragskomposition in arabischer Sprache aufgeführt. Der vorangestellten Rezitation der Suren 113 und 114 folgte ein Bittgebet aus der Sunna, welches das Bild der Zuflucht bei Gott aufgreift. Der aus Syrien stammende Komponist Samir Mansour hat dabei – was für hybride Formen kennzeichnend ist – unter Aufnahme traditioneller Elemente aus verschiedenen Kulturen etwas Neues geschaffen, das es vorher nicht gab. Zum einen wurde zum ersten Mal überhaupt ein Hadith vertont. Hadithe sind Überlieferungen über das Leben des Propheten. Eine Vertonung war ohne Bruch eines religiösen Tabus möglich, da sie – anders als Koranverse – nicht zur göttlichen Offenbarung gehören. Zum andern hat der Komponist sein Werk den Bedürfnissen eines mitteleuropäischen Chores angepasst. Während in der arabischen Musik beim Gesang die Einstimmigkeit vorherrscht, hat Samir Mansour seine Hadith-Vertonung für einen vierstimmigen Chor komponiert und den Chor bei der Aufführung selbst auf der *oud*, der arabischen Laute, begleitet.

Die Praxis interreligiöser Chorarbeit in der Zukunft wird zeigen, welche neuen Formen aus der praktischen Arbeit heraus entstehen. Wesentlich ist, dass dabei der Respekt vor den einzelnen Religionsgemeinschaften und ihren jeweiligen Traditionen gewahrt bleibt. Dies gilt nicht unbedingt für professionelle konzertante Aufführungen, bei denen die religiöse Bindung für Ausführende und Zuhörende nicht vorausgesetzt wird. Anders aber ist es bei einem Chor wie dem IRCF, dessen erklärtes Anliegen es ist, den interreligiösen Dialog auch mit musikalischen Mitteln zu führen, und in dem Angehörige verschiedener Religionsgemeinschaften mitwirken. Aus diesem Grund sind die nun noch abschließend kurz in den Blick zu nehmenden praktischen Fragen keine Nebensächlichkeiten.

5. Der IRCF – soziale und gesellschaftliche Gesichtspunkte

Die Projektphasen über mehrere Monate erfordern, dass die jüdischen Feste und Feiertage im Probenplan berücksichtigt werden und so immer wieder von dem regulären Probentermin am Mittwoch abgewichen wird. Auch müssen Christinnen und Christen erst lernen, dass – anders als der christliche Sonntag – der Schabbat für Jüdinnen und Juden wirklich heilig ist und nicht als Probentag infrage kommt. So finden die Konzerte meist eher ungewohnt an einem Montag statt, da dieser Konzerttermin eine möglichst zeitnahe Generalprobe aller Mitwirkenden (Chor, Orchester, Solisten) am Sonntag zuvor erlaubt. Der IRCF ist auch eine Gruppe, in der es selbstverständlich ist, etwas über die religiösen Feste der jüdischen und muslimischen Sängerinnen und Sänger zu erfahren, sich «chag sameach» oder «Ramadan karim» zu wünschen und sich vielleicht auch gegenseitig zum gemeinsamen Feiern einzuladen.

Zum zeitlichen kommt das räumliche Problem. In Frankfurt finden die Tehillim-Konzerte abwechselnd im Festsaal des Jüdischen Gemeindezentrums und in einem großen evangelischen Tagungssaal statt. Das gemeinsame Singen in einem christlich geprägten Raum, womöglich sogar noch unter einem Kreuz, ist für die Chorleitung und Mitglieder jüdischen Glaubens schwierig und wird wenn möglich vermieden. Leider kommt in Frankfurt auch die Große Westend-Synagoge wegen ihrer überbordenden Akustik nicht als Aufführungsort infrage. Allerdings wäre dort eine Tehillim-Aufführung wahrscheinlich nicht ohne Weiteres möglich, da das Singen eines gemischten Chors in der orthodoxen Tradition zumindest im Gottesdienst nicht erwünscht ist. Bei Anfragen aus anderen Städten wurde der Kompromiss gefunden, nur dann in einer Kirche aufzutreten, wenn kein anderer Raum zur Verfügung steht und das Konzert sonst nicht stattfinden könnte.

Um auch im öffentlichen Konzert die Komplexität und Vielschichtigkeit zu verdeutlichen, war es von Anfang an wichtig, dass neben der musikalischen Darbietung auch eine theologische Reflexion stattfindet. Dafür wurden verschiedene Formen erprobt. So fanden die ersten Konzerte als Gesprächskonzerte statt: Zwischen circa 10-minütigen Musikblöcken sprachen je ein Vertreter des jüdischen und des christlichen Glaubens über den Psalm aus jüdischer und christlicher Sicht. Dabei ergaben sich allerdings etliche Schwierigkeiten: Der Wechsel zwischen Musik und Gesprächseinheiten war vom Spannungsverlauf her problematisch. Außerdem hatten die Gesprächseinheiten oft wenig Bezug zu der musikalischen Umsetzung und die Konzertdauer geriet oft zu lang. Daher wurde ein weiteres Modell der Verbindung von musikalischer Aufführung und theologischer Reflexion erprobt, bei dem es zwischen den Stücken Moderationen aus dem Chor heraus gab (von Theolog/-innen, Musikwissenschaftler/-innen, Islamwissenschaftler/-innen …). Dieses Konzept sorgte für eine optimale Verbindung zwischen Musik und theologischem Hintergrund und setzte darüber hinaus auch eine ganz eigene und lebendige Dynamik im Chor beziehungsweise zwischen den Moderatorinnen und Moderatoren in Gang. Als jüngste Entwicklung wurden Aufführung und tiefergehende theologische Reflexion entkoppelt: Nach dem Tehillim-Konzert (mit Moderationen aus dem Chor) gab es an einem der nächsten Tage einen trialogischen Gesprächsabend in der Evangelischen Akademie Frankfurt. Je eine Vertreterin oder ein Vertreter der drei Religionen hatten ausreichend Zeit, eigene Sichtweisen auf den Psalm und seine Themen zu erläutern und in Beziehung zueinander und zur gehörten Musik zu setzen.

6. Ausklang

Gemeinsam beten ist oft schwierig, die Gefahr des Synkretismus, des Verwischens von Gegensätzen und auch religiöser Vielfalt ist groß. Gemeinsames Singen ist auch eine Art Gebet. Es unterliegt denselben Gefahren. Aber es birgt auch Chancen und Möglichkeiten, die noch viel zu wenig erkannt sind und entwickelt werden. Es geht ja nicht nur um das Singen und Musizieren, sondern auch um den Austausch über das Gesungene, die gelebte Gemeinschaft in einem Chor, es geht um die Entwicklung neuer künstlerischer und interreligiöser musikalischer Formen und Formate und deren öffentliche Wirkung und Ausstrahlungskraft im Rahmen eines Konzertes – all dies und noch viel mehr kann ein musikalisch interreligiöses Projekt beinhalten.

Das Tehillim-Projekt fragt nicht theoretisch nach der Bedeutung von Musik in interreligiösen Begegnungen, sondern lotet praktisch die Möglichkeiten eines Dialogs über die (Chor-)Musik aus. Die überaus positive Resonanz in einer säkularen Stadt wie Frankfurt zeigt, dass sich dieser Weg lohnt. Wünschenswert ist auch, dass solch innovative Projekte wissenschaftlich begleitet werden beziehungsweise im Dialog mit der theoretischen Aufarbeitung des Themas sind. Die Tatsache, dass dieser Praxisbericht seinen Platz in dem Tagungsband einer wissenschaftlichen Tagung findet, mag ein erster Schritt in diese Richtung sein.

Anhang

«Ihr Ausruf wird sein», Psalm 104 in Bibel und Koran

Komponist und Rezitation: Saad Thamir, Köln
Bibelübersetzung: Martin Luther, 1984 rev.
Osmanische Übersetzung der Psalmverse: Ali Beg Ufki
Koranübersetzung: Sure 10 Scheich Abdullah as-Samit (Frank Bubenheim) und Dr. Nadeem Elyas; Suren 55 und 78 unbekannt
Textzusammenstellung: Serap Ermis und Bettina Strübel

Psalm 104,1+2 (Martin Luther, 1984 rev.)
1 Lobe den HERRN, meine Seele! HERR, mein Gott, du bist sehr herrlich; du bist schön und prächtig geschmückt.
2 Licht ist dein Kleid, das du anhast. Du breitest den Himmel aus wie einen Teppich.

1. Ey canum Rabb, Allahhümme kat-i mutazzamsın, izzet ve celalet ile malbussun.
2. Ki nur ile libas ile örtünür gibi örtünür, günleri perdeler gibi bast eder.

Q 10
10 Ihr Ausruf darin wird sein: «Preis sei Dir, o Allah!»
und ihr Gruß darin: «Friede!» und ihr abschließender Ausruf:
«Alles Lob gehört Allah, dem Herrn der Weltenbewohner!»
Q 78
6 Haben wir nicht die Erde ausgebreitet?
7 Und die Berge zu Zeltpflöcken gemacht?
12 haben wir nicht über euch sieben Festen eingesetzt?
13 Und eine hell leuchtende Lampe?
***
Psalm 104, 13+14
13 Du feuchtest die Berge von oben her, du machst das Land voll Früchte, die du schaffest.
14 Du lässest Gras wachsen für das Vieh und Saat zu Nutz den Menschen, dass du Brot aus der Erde hervorbringst.

13. Ulliyelerinden dağları suvarur ve yer işlerünun yemişinden toktur.
14. Davarlar içün otuği ve ademin hizmeti içün otu bitürür ki yerden ekmek çıkara.

Q 78
14 Haben wir nicht von den Wolken reichlich Wasser herabfließen lassen,
15 Um Korn und Pflanzen sprießen zu lassen
16 Und dicht bewachsene Gärten?
***

Psalm 104, 19
19 Du hast den Mond gemacht, das Jahr danach zu teilen; die Sonne weiß ihren Niedergang.

19. Evkat içün ayı yaptı, güneş kendi gurubını bilür.

Q 10
5 Er ist es, Der die Sonne zu einer Leuchte und den Mond zu einem Licht gemacht und ihm Himmelspunkte zugemessen hat, damit ihr die Zahl der Jahre und die Zeitrechnung wisst. Allah hat dies ja nur in Wahrheit erschaffen. Er legt die Zeichen ausführlich dar für Leute, die Bescheid wissen.
***

Psalm 104, 29+31
29 Verbirgst du dein Angesicht, so erschrecken sie; nimmst du weg ihren Odem, so vergehen sie und werden wieder Staub.
31 Die Herrlichkeit des HERRN bleibe ewiglich, der HERR freue sich seiner Werke!

29. Yüzünü saklarsin muzdarip olurlar, onların nefesini kab-ı idersin, ölürler ve topragina dönerler.
31. Rabbin mecd-i ebeden ola. Rabb kendü işleri ile sevine.

Q 55
26 Alles auf der Welt ist vergänglich.
27 Und das Antlitz deines Herrn voll Majestät und Würde bleibt ewiglich.

Collage: Koranische Antworten auf Fragen des Psalm 42

Übersetzung Koran: Hartmut Bobzin
Übersetzung Bibel: Leopold
Textzusammenstellung: Dilruba Kam, Serap Ermis, Johanna Steines, Bettina Strübel

Psalm 42, 1–3
1 Dem Sangmeister. Ein Gedicht. Von den Söhnen Korach.
2 Wie eine Hindin lechzet nach Wasserquellen, so lechzet meine Seele empor zu Dir, o G"tt.
3 Es dürstet meine Seele nach G"tt, nach dem lebendigen G"tte; wann werd' ich kommen und erscheinen vor dem Antlitze G"ttes?
Q 2:115
Gottes ist der Osten und der Westen:
Wohin ihr euch auch wendet, dort ist Gottes Angesicht.

Psalm 42, 4
4 Meine Träne ist meine Speise geworden Tag und Nacht, wenn man zu mir spricht den ganzen Tag: Wo ist dein G"tt? Wo ist nun dein Gott?
Q 2:186
Wenn dich meine Knechte nach mir fragen, so bin ich nahe.
Ich erhöre die Bitte des Bittenden, wenn er mich bittet.
So sollen sie mich um Erhörung bitten und an mich glauben.
Vielleicht sind sie ja auf dem rechten Weg.

Psalm 42, 5+6a
5 Daran will ich gedenken und ausschütten in mir meine Seele; da ich einherzog in der Menge, mit ihnen wallte zum G"tteshause, mit der Stimme des Jubels und des Dankes, eine festliche Schar.
6a Was beugst du dich, meine Seele, und jammerst in mir?
Q 13:28
Die aber glauben und deren Herzen im Gedenken Gottes Ruhe finden
– ja, finden nicht die Herzen im Gedenken Gottes Ruhe?

Psalm 42, 6b
6b Harre auf G“tt, denn noch werd’ ich Ihm danken das Heil Seines Antlitzes!

Q 25:58
Vertrau auf den Lebendigen, der nicht stirbt, und lobpreise ihn!
Er ist zur Genüge mit den Sünden seiner Knechte vertraut.

Psalm 42, 7–12
7 Mein G“tt! Es beugt sich in mir meine Seele. Darum gedenke ich Dein aus dem Lande des Jarden und den Chermongipfeln, von dem kleinen Berge.
8 Eine Flut ruft der anderen bei dem Rauschen Deiner Wassergüsse, all Deine Brandungen und Deine Wogen, sie fahren über mich hin.
9 Tags entbiete der Ewige Seine Gnade, und in der Nacht ist Sein Lied bei mir ein Gebet zu dem G“tte meines Lebens.
10 Ich will sprechen zu G“tt, meinem Helfer: Warum hast Du mich vergessen? Warum soll ich betrübt einhergehen unter dem Drucke des Feindes?
11 Mit Mordstoß in meine Gebeine höhnen mich meine Feinde, wenn sie zu mir sprechen den ganzen Tag: Wo ist dein G“tt?
12 Was beugst du dich, meine Seele, und was jammerst du in mir? Harre auf G“tt, denn noch werd’ ich Ihm danken, dem Heil meines Antlitzes und meinem G“tte.

Sure 94 – Die Weitung
Im Namen Gottes, des Erbarmers, des Barmherzigen.
1 Haben wir dir nicht die Brust geweitet,
2 dir nicht abgenommen deine Last,
3 die schwer auf deinem Rücken lag,
4 und haben wir nicht deinen Ruf erhöht?
5 Darum siehe, mit dem Schweren kommt auch Leichtes
6 Siehe, mit dem Schweren kommt auch Leichtes.
7 Wenn du frei bist, dann bemühe dich
8 und richte dein Begehren auf deinen Herrn!

Şol cennetin (Segâh Ilâhi)
Dichtung: Yunus Emre (um 1300) / Melodie: Münir Nurettin Selçuk (1901–1981)

All die Flüsse im Paradies
Fließend preisen sie Allah
Nachtigallen der Ergebung erscheinen
Zwitschernd preisen sie Allah

Die Tränen des gottverliebten Menschen fließen
Und göttliches Licht erfüllt ihn von innen und außen
Und er preist Gott.

II. TEIL

RELIGIONSWISSENSCHAFTLICHE PERSPEKTIVEN

Isabel Laack

Körperlichkeit und Identitätsbildung. Zur Bedeutung von Klang und Musik in interreligiösen Begegnungen

Dieser Beitrag zur Bedeutung von Musik in interreligiösen Begegnungen behandelt die Aspekte Körperlichkeit und Identitätsbildung aus der Perspektive der Religionswissenschaft. Religionswissenschaft wird hier als säkulare Wissenschaft verstanden, die keine eigenen religiösen Interessen verfolgt und in interreligiösen Begegnungen nur als Übersetzerin und Vermittlerin auftreten sowie wissenschaftliche Analysen der Begegnungen und ihrer Voraussetzungen anbieten kann. Ihre Forschung ist nicht von religiösen Erkenntnisinteressen geleitet und ermöglicht durch den Einbezug der Komparatistik die Theorienbildung über Religion im Allgemeinen. Dabei wird Religionswissenschaft nicht anhand ihres Gegenstands bestimmt, denn eine transkulturelle Definition des Konzepts ‹Religion› mit seiner starken Prägung durch die europäische Religionsgeschichte als seinem spezifischen Entstehungskontext ist problematisch.[1] Allerdings ist Religionswissenschaft eine Diskursgemeinschaft und ein Diskursfeld, das seinen Ausgang in einem weitverbreiteten Konzept von ‹Religion› hat.[2] Die Grundlage für diesen Beitrag sind Ansätze aus einer kulturwissenschaftlichen Religionswissenschaft im inter- und transdisziplinären Austausch mit anderen Disziplinen. Dieser Austausch schließt sowohl die benachbarten Geistes- und Kulturwissenschaften mit ein (im angelsächsischen Raum *humanities, social sciences* und *cultural studies*) als auch Lebens- und Naturwissenschaften und gegebenenfalls auch anwendungsorientierte Fächer. In Hinblick auf Klang und Musik sind besonders die musikwissenschaftlichen Traditionen von Bedeutung (im deutschsprachigen Raum traditionell unterteilt in Historische Musikwissenschaft, Systematische Musikwissenschaft, Musiksoziologie, Musikethnologie; im angelsächsischen Bereich

[1] Vgl. z. B. Timothy Fitzgerald: The Ideology of Religious Studies, New York 2000.

[2] Vgl. Michael Bergunder: Was ist Religion? Kulturwissenschaftliche Überlegungen zum Gegenstand der Religionswissenschaft, in: ZfR 19 (2011), 3–55.

darüber hinaus die *popular music studies, cultural musicology* und *sound studies*), dazu angrenzende Fächer wie Soziologie oder Anthropologie, aus deren Theorienfundus geschöpft wird, sowie natur- und lebenswissenschaftliche Disziplinen, welche die physischen Eigenschaften von Schallwellen sowie die entsprechenden Sinneswahrnehmungen und -verarbeitungen durch den Menschen untersuchen (wie Physik, Medizin, Kognitionswissenschaften, Psychologie, therapeutische Fächer). Im Unterschied zu manchen natur- und sozialwissenschaftlichen Ansätzen basiert die hier vertretene Religionswissenschaft nicht auf einem naturalistischen Reduktionismus, der religiöse Phänomene auf biologische Vorgänge oder soziale Funktionen reduziert, sondern auf einem methodologischen Agnostizismus.[3] Das bedeutet, dass die Existenz von solchen Wirklichkeitsebenen, die nicht durch die modernen westlichen Wissenschaften untersucht werden können, weder abgestritten noch bestätigt, die eigene Forschung aber auf das Methodenspektrum der Wissenschaften beschränkt wird.

Auch die Konzepte ‹Musik› und ‹Klang› sind von der europäischen Kulturgeschichte geprägt und als solche historisch und kulturell relativ. Nicht nur ihre Isolierung von anderen kulturellen Medien und Praktiken, auch ihre Unterscheidung voneinander ist kulturell geprägt und in vielen Fällen mit Bewertungen verbunden, insbesondere in Abgrenzung zu ‹Geräusch›, ‹Krach› oder auch ‹Stille›. Während in der Musikethnologie ‹Musik› meist als «humanly organized sound»[4] definiert wird, wird das englische *sound* entweder auf Klangphänomene nichtmenschlichen Ursprungs wie Naturgeräusche oder, als *soundscapes*, auf die klangliche Umgebung des Menschen bezogen, die sowohl natürliche als auch von Menschen gemachte Klänge miteinbezieht, wie den Klang von Kirchenglocken oder die Geräusche technischer Geräte. Im vorliegenden Beitrag wird ‹Klang› als Oberbegriff verwendet, der sowohl ‹Musik› als auch sämtliche Klangphänomene mit einschließt, auf die sich der Mensch im kulturellen und religiösen Kontext bezieht und die er in einem multisensorischen Zusammenhang von Menschen wahrnimmt und nutzt.

Das Forschungsgebiet Klang und Religion umfasst viele verschiedene Aspekte und Fragestellungen. Auf die Bezeichnung ‹religiöse Musik› (oder

---

3 Vgl. Ninian Smart: The Science of Religion and the Sociology of Knowledge. Some Methodological Questions, Princeton (NJ) 1973.

4 John Blacking: How Musical is Man? [1973], Seattle (WA) [6]2000, 10.

‹religiöser Klang›) wird hier bewusst verzichtet, denn die religionswissenschaftliche Perspektive nimmt nicht nur diejenigen Klangphänomene in den Blick, die an institutionalisierte religiöse Traditionen angebunden sind[5]. Eine substanzialistische Definition des Forschungsgegenstands über Inhalte oder anhand von Trennungen zwischen gesellschaftlichen Teilbereichen wie ‹Religion› und ‹(säkularer) Musik/Kunst› wird vermieden. Stattdessen soll eine essentialistische Vorstellung von Religionen als Traditionen mit fest umrissenen Grenzen und objektiv bestimmbaren inhaltlichen Kernen überwunden und die Perspektive auf die wissenschaftliche Dekonstruktion von Identitätsdiskursen als Aushandlungsprozessen geöffnet werden. Aus dem so verstandenen großen Forschungsgebiet greift dieser Beitrag zwei Aspekte heraus, die auf Grundlage der gegenwärtigen Forschung für besonders relevant gehalten werden: Körperlichkeit und Identitätsbildung.

Dafür wird zunächst auf die Bedeutung der Sinne und des Körpers in gelebter Alltagsreligiosität hingewiesen, die von Religionswissenschaftlerinnen und Religionswissenschaftlern erst seit einiger Zeit vermehrt wahrgenommen wird. Darauf aufbauend wird erläutert, dass kulturelle und religiöse Traditionen im Laufe ihrer Geschichte spezifische Sinnesprofile, Körperbilder und Körpertechniken ausbilden. Nach dieser religionsästhetischen Rahmung wird zunächst ein kurzer Überblick über verschiedene Bedeutungen und Funktionen von Klang in Religionen gegeben, bevor zentrale Aspekte des körperlichen Erlebens von Klang und seines menschlichen Gebrauchs als Hilfsmittel zur Selbstregulation analysiert werden. Daraufhin wird die religiöse Deutung von Klangerlebnissen thematisiert und eine kulturwissenschaftliche Perspektive auf die religiöse Bedeutung von Klang entworfen. Schließlich werden verbindende und trennende Aspekte von Musikerleben vorgestellt, auf der einen Seite das Erleben von situativen Gemeinschaftsgefühlen während der gemeinsamen Klangrezeption, auf der anderen Seite Prozesse religiöser Identitätsbildung und Abgrenzung gegenüber fremden religiösen Traditionen über Klang- und Musiktraditionen. Als Abschluss und Ausblick werden mögliche Schlussfolgerungen aus der religionswissenschaftlichen

---

[5] Vgl. Isabel Laack: Music, in: Kocku von Stuckrad / Robert Segal (Hg.): Vocabulary for the Study of Religions, Bd. 2: F–O, Leiden/Boston 2015, 486–493.

Perspektive auf Klang und Religion für interreligiöse Begegnungen skizziert.

1. Zur Relevanz der Sinne und des Körpers in gelebter Religiosität

Im gegenwärtigen Europa werden mit ‹Religion› typischerweise Glaubensvorstellungen, religiöse Inhalte, verbale Äußerungen und heilige Bücher assoziiert. Dieses Verständnis ist nicht nur im populären Diskurs weit verbreitet, sondern dominierte lange auch die wissenschaftliche Auseinandersetzung mit ‹Religion›. Es ist allerdings keinesfalls auf alle Kulturen der Welt übertragbar, sondern spiegelt eine spezifisch moderne europäische Perspektive, die aus Diskursen der europäischen Religions- und Geistesgeschichte gewachsen ist. Die Religionswissenschaft als universitäre Disziplin entstand in weiten Teilen im Kontext theologischer, meist protestantischer Fakultäten.[6] Dementsprechend traten viele Religionswissenschaftlerinnen und Religionswissenschaftler der formativen Jahre mit einer spezifisch protestantischen Perspektive an ‹Religion› heran, die eine kritische Haltung gegenüber Ritualen und ein primäres Interesse an verbalen Äußerungen und theologischen Ausführungen beinhaltete sowie ein Verständnis von ‹Glauben›, das der Introspektion und dem Gewissen große Bedeutung zusprach.[7] Darüber hinaus wurden viele religionswissenschaftliche Theorien des späten 19. und beginnenden 20. Jahrhunderts von Ideen aus dem platonischen Idealismus und dem Subjektivismus der Phänomenologie beeinflusst.[8] Zusätzlich wurde das akademische Interesse an fremden Religionen auch von philologischen und geschichtswissenschaftlichen Ansätzen geprägt, deren zentrale Quellen Texte darstellten.[9]

---

[6] Vgl. Karl-Heinz Kohl: Wissenschaftsgeschichte, in: Hubert Cancik / Burkhard Gladigow / Matthias Laubscher (Hg.): Handbuch religionswissenschaftlicher Grundbegriffe. Bd. 1, Stuttgart u. a. 1988, 217–262, hier 241–243.

[7] Vgl. Peter Bräunlein: Thinking Religion Through Things. Reflections on the Material Turn in the Scientific Study of Religion/s, in: MTSR 28 (2016), 365–399, hier 372.

[8] Vgl. Manuel A. Vásquez: More Than Belief. A Materialist Theory of Religion, New York 2011, 1. 28–36.

[9] Vgl. Hans Gerhard Kippenberg: Die Entdeckung der Religionsgeschichte, München 1997, 45–79.

Erst in den letzten Jahren haben Religionswissenschaftler/-innen begonnen, sich von der Vielzahl von subjektivistischen, idealistischen und antisomatischen Voreingenommenheiten zu lösen und neben den schriftlichen Äußerungen religiöser Eliten auch die religiöse Alltagspraxis in den Blick zu nehmen. Dabei zeigt sich, dass in vielen Fällen das körperliche und sinnliche Erleben im religiösen Alltagsleben eine viel höhere Bedeutung hat als die intellektuelle Auseinandersetzung mit Glaubensinhalten.[10] Deshalb sollten wir ‹Religionen› nicht nur als kognitive, linguistisch formulierte Deutungen der Realität verstehen, sondern als Orientierungssysteme, die mit dem gesamten Körper gelebt werden, die alle Sinne des Menschen einbeziehen: den visuellen und auditiven Sinn, den Geruchs- und Geschmackssinn, den Tastsinn der Haut oder auch den Gleichgewichtssinn. Religiöse Weltdeutung und Praxis betrifft alle Ebenen des Menschseins, abstrakte und verbal formulierte Gedanken, Emotionen, Intuitionen, sinnliche Wahrnehmungen und körperliches Erleben sowie alle möglichen Formen von Interdependenzen zwischen diesen Ebenen. Darüber hinaus greift religiöse Praxis auf kulturelle Medien zurück, die sinnlich verarbeitet werden und mit denen sich der Mensch auf vielfältige Weise in Beziehung setzt: Bilder und Visualität, Musik und Klang, materielle Objekte und multimediale rituelle Performanzen. Um diese Aspekte von ‹Religion› zu erforschen, hat sich in der Religionswissenschaft eine Bewegung gebildet, die im deutschsprachigen Raum primär unter dem Label «Religionsästhetik», im angelsächsischen Raum bisher vor allem als *material religion* und *visual religion* arbeitet.

2. Religiöse Sinnesprofile und Körperpraktiken

Der Blick auf sinnlich-körperliche Aspekte religiöser Praxis zeigt, dass in verschiedenen kulturellen und religiösen Traditionen im Laufe von deren Geschichte spezifische «sensational forms» oder «aesthetic formations»[11]

---

[10] Vgl. z. B. Sally M. Promey: Sensational Religion. Sensory Cultures in Material Practice, Princeton (NJ) 2014.

[11] Birgit Meyer: Introduction. From Imagined Communities to Aesthetic Formations: Religious Mediations, Sensational Forms, and Styles of Binding, in: dies. (Hg.): Aesthetic Formations. Media, Religions, and the Senses, New York 2009, 1–28.

entwickelt wurden. Das bedeutet, dass jede Tradition die menschliche Wahrnehmung und die Interpretation von Sinneswahrnehmungen auf bestimmte Weise lenkt, stimuliert und diszipliniert.[12] Dadurch entstehen äußerst dynamische und sehr wirkungsmächtige Sinnesprofile. Es ist charakteristisch, wie sich eine religiöse Tradition in verschiedenen Situationen anhört, wie sie aussieht, in welchen Farben sie sich kleidet, wie sie schmeckt und riecht, ob sie eine Explosion von Sinneseindrücken umfasst wie in vielen Ritualen indischer Traditionen oder eine Reduktion von Sinnesreizen bevorzugt wie in der Sitzmeditation (*zazen*) des japanischen Zen-Buddhismus. Abhängig davon, in welcher Tradition wir aufwachsen, wird unser körperliches Erleben und unsere Wahrnehmung geprägt. Wir bilden einen charakteristischen Habitus aus, in dem sich unsere Tradition verkörpert und der verschiedene Aspekte des *embodiment* im Wechselspiel von Körper, Fühlen und Denken sowie Individuum, sozialem Umfeld und Kultur umfasst.

Über diese meist unbewusst tradierten Sinnesprofile hinaus werden in religiösen Traditionen auch spezifische «Körpertechniken»[13] eingesetzt. Diese Körpertechniken beeinflussen religiöse Akteurinnen und Akteure über die gezielte Manipulation ihrer Körper, sie können die Wahrnehmung lenken, das Bewusstsein verändern oder zu konkreten Handlungen oder einer bestimmten Lebensführung motivieren. Jede religiöse Tradition enthält auch spezifische Körperbilder und bewertet den Körper und andere Aspekte des Menschseins auf bestimmte Weise. Zum Beispiel können Gefühle von Lust oder Unlust reglementiert und diszipliniert oder Körperteile und Körperfunktionen tabuisiert werden. Der Körper als Ganzes kann als Hindernis für eine moralisch-sittliche Lebensführung bewertet oder als bevorzugtes Mittel zur religiösen Erkenntnis angesehen werden.

Viele kulturelle und religiöse Traditionen haben Sinneshierarchien ausgeprägt, das bedeutet, einzelne Sinne wie der visuelle Sinn werden im alltäglichen Handeln und als Mittel zur Welterkenntnis bevorzugt. So ist z. B. die Epistemologie westlicher Wissenschaften am Sehsinn orientiert,

[12] Vgl. Alexandra Grieser: Aesthetics, in: Robert Segal / Kocku von Stuckrad (Hg.): Vocabulary for the Study of Religion, Leiden 2017 (http://dx.doi.org/10.1163/9789004249707_vsr_COM_00000161; 10.04.2018), 5.

[13] Marcel Mauss: Les Techniques du Corps, in: Journal de Psychologie 32 (1934), o. S.

während Traditionen des Sanskrit Hinduismus dem Hörsinn die Möglichkeit der Erkenntnis letzter Realitätsstrukturen zusprechen.[14] Während die theoretische Reflexion der grundlegenden Möglichkeiten menschlicher Erkenntnis meist intellektuellen Eliten vorbehalten ist, so wird doch jedes Individuum von den Körperbildern und dem Sinnesprofil einer oder mehrerer kultureller und religiöser Traditionen geprägt.

3. Klang und Musik in religiösen Traditionen

Das sinnliche Erlebnis des Hörens ist ein zentraler Aspekt der Sinnesprofile religiöser Traditionen. Der Einsatz akustischer Reize gehört zu den wichtigsten Körpertechniken, die in religiösen Kontexten eingesetzt werden, und Musik, Klang und Stille zählen zu den wichtigsten in religiösen Traditionen verwendeten Medien. Dies gilt in der Religionsgeschichte von der Nutzung der Akustik in Höhlen und Gräbern in prähistorischer Zeit bis hin zum Einsatz einer Vielzahl von elektronischen Medien in der postmodernen Gegenwart. In vielen Religionen wurden komplexe Musiktraditionen mit einem breiten Spektrum an Instrumenten, Stilen, performativen Settings und Musiktheorien entwickelt, die über die Jahrhunderte hinweg entfaltet und verändert wurden. Besonders reiche Musiktraditionen entstanden nicht nur im Kontext des Christentums und Judentums, sondern auch in vielen asiatischen Religionen. In Europa spielten christliche Motivationen eine so starke Rolle für die Entwicklung musikalischer Formen, dass die europäische Musikgeschichte in weiten Teilen eng mit der Religionsgeschichte verwoben ist, selbst in Prozessen der zunehmenden Säkularisierung in der Moderne. Weltweit stehen die in religiösen Kontexten eingesetzten Klangformen immer in wechselwirksamen Beziehungen mit den sich historisch verändernden lokalen Musiktraditionen einer Kultur insgesamt. Dies betrifft sowohl Klangformen autorisierter religiöser Rituale als auch die Musik, die in der religiösen Alltagspraxis wie bei jahreszeitlichen Festen oder Übergangsritualen eingesetzt wird. Gerade im Kontext jüdischer und islamischer Traditionen

[14] Vgl. Annette Wilke / Oliver Moebus: Sound and Communication. An Aesthetic Cultural History of Sanskrit Hinduism, Berlin 2011.

findet sich eine große Diversität an *folk music* und Popularmusik.[15] Auf der anderen Seite wurden z. B. die offiziellen Liturgien der christlichen Kirchen nicht nur von europäischen musikgeschichtlichen Entwicklungen beeinflusst, sondern nahmen im Rahmen von kolonialen Inkulturationsprozessen z. B. in Afrika oder Lateinamerika auch lokale musikalische Traditionen auf.

Darüber hinaus wurden in Traditionen wie dem Hinduismus, dem Christentum oder dem Judentum umfassende Musiktheorien entwickelt. So ist z. B. im Judentum im Laufe der Jahrhunderte eine umfangreiche reflexive Literatur über ethische und ästhetische Fragen in Bezug auf Musik und die für das Ritual notwendige Qualität der musikalischen Performanz entstanden.[16] Musiker/-innen und religiöse Spezialist/-innen führten auch vielfältige und z. T. kontroverse Debatten über die ‹richtige› Musik für ihre Traditionen, angemessene Musikstile und erwünschte und unerwünschte Wirkungen von Klang.[17] Im Judentum beschäftigten sich gesetzliche Regelungen mit Fragen der musikalischen Geschlechtertrennung oder dem Gebrauch von Instrumenten in der Synagoge. In Bezug auf diese Themen nehmen orthodoxe und reformorientierte Strömung meist sehr unterschiedliche Positionen ein.[18] Auch im Islam werden Debatten über den legalen Status bestimmter Musikkategorien und über ihre Legitimation innerhalb und außerhalb der Moschee geführt.[19] Gemeinsam ist beiden Religionen die traditionelle Ablehnung von Musikinstrumenten im Rahmen autoritativer Rituale in den Gotteshäusern

---

[15] Vgl. Judah M. Cohen: Art. «Jewish Music», in: Grove Music Online, Oxford 2013 (www.oxfordmusiconline.com/grovemusic/view/10.1093/gmo/9781561592630.001.0001/omo-9781561592630-e-1002241866; 10.04.2018). Vgl. auch Eckhard Neubauer / Veronica Doubleday: Art. «Islamic Religious Music», in: Grove Music Online, Oxford 2013 (https://doi.org/10.1093/gmo/9781561592630.article.52787; 10.04.2018).

[16] Vgl. Edwin Seroussi: I. Introduction, in: ders. u. a.: Art. «Jewish Music», in: Grove Music Online, Oxford 2001 (www.oxfordmusiconline.com/grovemusic/view/10.1093/gmo/9781561592630.001.0001/omo-9781561592630-e-0000041322 [10.04.2018]), Abschnitt 4.

[17] Vgl. Frank Burch Brown: Musical Ways of Being Religious, in: ders. (Hg.): The Oxford Handbook of Religion and the Arts, Oxford 2014, 109–129, hier 112–116.

[18] Vgl. Seroussi: Introduction (Anm. 16), Abschnitt 1.

[19] Vgl. Neubauer/Doubleday: Art. «Islamic Religious Music» (Anm. 15).

sowie die zentrale Rolle der Textrezitation in der rituellen Performanz. Der geschichtliche Kern jüdischer Liturgie beruht auf der Psalmodie, die auch die Entstehung christlicher Liturgien wesentlich beeinflusste.[20] Die rhythmische Vokalisation des arabischen Textes des Korans ist das ästhetische Herzstück muslimischer ritueller Praxis.[21] Im Judentum und im Islam sowie im Sanskrit- Hinduismus und anderen religiösen Traditionen hat die orale Rezitation zentraler religiöser Texte eine hohe Bedeutung. Diese performative Dimension von Textpraxis wurde von der religionswissenschaftlichen Forschung häufig übersehen, die sich, vom Protestantismus beeinflusst, meist auf die semantische Dimension von Texten und der Interpretation ihrer Inhalte konzentrierte.[22]

Viele religiöse Traditionen sprechen Klang eine zentrale Rolle bei der Entstehung der Welt zu, manche definieren Klang auch als ein grundlegendes Strukturelement des Kosmos. So gilt z. B. in vielen indischen Traditionen der transzendente Urklang OM als Ursprung und Essenz aller Materie und alles Existierenden.[23] Viele Religionen gehen auch davon aus, dass bewusst erzeugter Klang eine Wirkung auf den Kosmos, auf grundlegende Realitätsstrukturen oder auf Götter haben kann. In den rituellen Performanzen der kubanischen Santería oder im brasilianischen Candomblé gelten spezifische Gesänge, Trommelrhythmen und Tanzschritte als Ausdruck der erfolgten Verkörperung bestimmter Orisha-Götter im Adepten.[24] Auf ähnliche Weise definieren Ritualpriesterinnen und Ritualpriester in den Musiktraditionen der Unberührbaren im indischen Orissa den Klang spezifischer Instrumente und Rhythmen als die jeweilige

---

20 Vgl. Eliyahu Schleifer. III. Liturgical and Paraliturgical. 2. (i) Psalmody, in: Seroussi u. a.: Art. «Jewish Music» (Anm. 16).

21 Vgl. Navid Kermani: Gott ist schön. Das ästhetische Erleben des Koran, München 1999.

22 Vgl. James W. Watts: The Three Dimensions of Scriptures, in: ders. (Hg.): Iconic Books and Texts, Sheffield 2013, 9–32.

23 Vgl. Guy L. Beck: Sonic Theology. Hinduism and Sacred Sound, Columbia (SC) 1993; vgl. auch Wilke/Moebus: Sound and Communication (Anm. 14).

24 Stephen A. Marini: Art. «Sacred Music», in: Grove Music Online, Oxford 2013 (www.oxfordmusiconline.com/grovemusic/view/10.1093/gmo/9781561592630.001.0001/omo-9781561592630-e-1002225462 [05.12.2017]).

Sprache verschiedener lokaler Göttinnen.[25] In der orthodoxen Kirche dagegen werden die irdischen liturgischen Gesänge als Echo des himmlischen Lobpreises verstanden. Dieser Vorstellung zufolge vereinen sich die Gläubigen mit den himmlischen Heerscharen zum gemeinsamen Lobpreis Gottes und erfahren in den musikalischen Klängen freudvoll die Schönheit des himmlischen Königreichs.[26]

Neben diesen Annahmen über die ontologische Natur von (bestimmtem) Klang und Musik haben viele religiöse Traditionen auch elaborierte Theorien über die Wirkung musikalischer Elemente auf den Menschen im Zusammenhang mit religiösen Dimensionen entwickelt und setzen diese bewusst in musikalisch-rituellen Performanzen ein. So werden z. B. die indischen Ragas, d. h. die melodischen Modi klassischer indischer Musik, als Manifestationen kosmischer Strukturen verstanden, die eine starke Wirkung auf das menschliche Gemüt und die Emotionen der Zuhörer haben.[27] Mittelalterliche jüdische Mystiker sprachen bestimmten Techniken der Konzentration und der gesanglichen Rezitation von Gebetsformeln die Fähigkeit zu, die Vereinigung zwischen dem Menschen und seinem Schöpfer zu beschleunigen.[28] Während viele traditionelle islamische Gesetzesabhandlungen eine große Zahl musikalischer Stile ablehnen wegen ihrer Macht, die irdisch-körperlichen inneren Triebe (*nafs*) zu stimulieren, betonen islamische Sufis die positive Wirkung von Klang. In

---

[25] Lidia Guzy: Marginalised Music. Music, Religion and Politics from Western Odisha / India (KlangKulturStudien/SoundCultureStudies 8), Zürich/Wien u. a. 2013 (zugl.: Habil., Berlin, Freie Universität, 2011).

[26] Vgl. David Drillock: Art. «Orthodox Church», in: Grove Music Online, Oxford 2013 (www.oxfordmusiconline.com/grovemusic/view/10.1093/gmo/9781561592630.001.0001/omo-9781561592630-e-1002253705 [10.04.2018]), Introduction.

[27] William Forde Thompson / Laura-Lee Balkwill: Cross-Cultural Similarities and Differences, in: Patrik N. Juslin / John A. Sloboda (Hg.): Handbook of Music and Emotion. Theory, Research, Applications, Oxford 2010, 755–790, hier 771. Alicja A. Wieczorkowska u. a.: On Search for Emotion in Hindusthani Vocal Music, in: Zbigniew W / dies. (Hg.): Advances in Music Information Retrieval, Berlin/Heidelberg 2010, 285–396, hier 288–291.

[28] Vgl. Seroussi: Introduction (Anm. 16), Abschnitt 4.

den verschiedenen Sufi-Orden steht insbesondere die Technik der Vokalisation der Gottesnamen (*dhikr*) im Vordergrund sowie der ekstatische Tanz als Ausdruck der Erfahrung des Göttlichen.[29]

4. Körperliches Erleben von Klang und Klang als Mittel zur Selbstregulation

Im Sinne dieser Theorien arbeiten viele religiöse Traditionen mit der Wirkung von Klang auf den Menschen. Auch die westliche Wissenschaft hat Ansätze entwickelt, diese Wirkung zu analysieren, von denen hier eine Auswahl vorgestellt wird. Die Wirkung von Klang auf den menschlichen Organismus ist außerordentlich vielschichtig. Er kann auf verschiedene Ebenen des Menschen wirken, auf die Physiologie, auf Emotionen oder auf die kognitive Wahrnehmung. Da diese Wirkungen von einer Vielzahl von Faktoren und kulturellen Prägungen abhängt, ist es sehr schwierig, transkulturell gültige wissenschaftliche Aussagen zu treffen.

Einigermaßen gesichert kann davon ausgegangen werden, dass Klang auf die Physiologie aller Menschen ergotrope oder trophotrope Wirkungen entfalten, d. h. physiologische Funktionen anregen oder beruhigen kann.[30] Diese Wirkung beruht vermutlich auf einem Einfluss von Klang auf die grundlegend rhythmische Organisation der Homöostasis des Menschen und seiner Körperfunktionen wie Atmung, Puls, Blutdruck, Nervenimpulsen oder auch der Schmerz- und Lustwahrnehmung. So kann der Mensch nicht nur bewusste Körperbewegungen mit Parametern des Klangs synchronisieren. Anscheinend sind auch unbewusste Körperrhythmen durch Klang zu beeinflussen aufgrund seiner zeitlichen Entwicklung, seines Eigenrhythmus und durch Veränderungen in Lautstärke, Intensität oder Tonfarbe.[31] Diese physiologischen Prozesse können sich auch auf emotionale und kognitive Bewusstseinszustände auswirken. Allerdings gibt es nur sehr wenige musikalische Parameter, die auf alle Menschen,

---

[29] Vgl. Neubauer/Doubleday: Art. «Islamic Religious Music» (Anm. 15), Abschnitte 2 und 4.

[30] Vgl. Jörg Fachner: Musik und veränderte Bewusstseinszustände, in: Herbert Bruhn / Reinhard Kopiez / Andreas C. Lehmann (Hg.): Musikpsychologie. Das neue Handbuch, Reinbek b. H. 2008, 573–594.

[31] Vgl. Timo Fischinger / Reinhard Kopiez: Wirkungsphänomene des Rhythmus, in: a. a. O., 458–475, hier 458–460.

gleich welcher musikalischen Sozialisation, auf dieselbe Weise wirken. Es ist anzunehmen, dass langsamer und langsamer werdender, repetitiver, leiser und einfach strukturierter Klang mit kleinem Ambitus eher trophotrope Wirkungen hervorruft, während schneller und schneller werdender, lauter und komplex strukturierter Klang eher ergotrope Wirkungen entfaltet. Darüber hinaus kann Klang komplexe Verhaltensformen und Aspekte körperlicher Handlungsmacht beeinflussen, wie z. B. Energielevel und Erregungszustand, Motivation und Ausdauer, Selbstwahrnehmung und Koordination. Er kann körperliche Kapazitäten verändern oder erweitern und als prothetische Technik der Körperkonstruktion eingesetzt werden. Die britische Musikwissenschaftlerin Tia DeNora erklärt dieses Phänomen mit der Affordanz-Struktur des Mediums.[32] So bietet Musik bestimmte auditiv vermittelte Strukturen, Muster und Parameter an, an denen sich Menschen meist unbewusst über ihren Körper orientieren können. Musikalische Eigenschaften können somit als Rahmen fungieren, der vom Akteur oder von der Akteurin als körperliche Ressource für die Selbst-Regulation genutzt werden kann. In der Interaktion von Klang, musikalisch-stilistischen Konventionen, der Gebrauchsgeschichte und biografischen Konnotationen zusammen mit der situativen inneren Haltung und dem Kontext kann der Rezipient sich zur Musik hin orientieren, sie interpretieren, innerhalb seines semiotischen Netzes verorten und sie auf sich wirken lassen.

Die wohl am häufigsten bewusst wahrgenommene Wirkung von Musik ist ihre Fähigkeit, ein großes Spektrum an Empfindungen, Gefühlen und Emotionen auszulösen. Diese Wirkungsmacht wurzelt vermutlich darin, dass die akustische Signalverarbeitung schon in ihren ersten Stufen in Hirnstamm und Thalamus direkte Verbindungen zu denjenigen Bereichen des Gehirns aufweist, die als wesentlich für die Produktion von Emotionen erachtet werden, wie der Amygdala und dem Orbitofrontalen Kortex.[33] Die durch Klang ausgelösten Empfindungen und Emotionen sind individuell sehr unterschiedlich. Zwar gibt es starke kulturelle Interpretationsmuster wie die moderne europäische Assoziation von Dur-Tonleitern

[32] Vgl. Tia DeNora: Music in Everyday Life, Cambridge 2000, 46–74.

[33] Vgl. Stefan Koelsch / Erich Schröger: Neurowissenschaftliche Grundlagen der Musikwahrnehmung, in: Bruhn / Kopiez / Lehmann (Hg.): Musikpsychologie (Anm. 30), 393–412.

mit Fröhlichkeit und Moll-Tonleitern mit Traurigkeit. Von solchen Mustern abgesehen sind ausgelöste Gefühle jedoch wesentlich von der persönlichen Erfahrung der Hörerinnen und Hörer bestimmt, in deren Erinnerung bestimmte Klangphänomene und Musikstile oder -stücke mit biografischen Erlebnissen und den dabei wahrgenommenen Emotionen verbunden worden sind.

Schließlich können akustische Stimuli Auswirkungen auf die kognitive Wahrnehmung und auf Bewusstseinszustände haben. Das Hören von strukturiertem Klang kann dem Gehirn einerseits helfen, einzelne der vielen auf uns einströmenden akustisch-sensorischen Signale auszublenden und andere bevorzugt weiterzuverarbeiten, wodurch die Fokussierungsleistung und Konzentration erhöht werden kann.[34] Andererseits kann die Rezeption von Klang, oft im Zusammenhang mit Tanz, das Eintreten in außeralltägliche Bewusstseinszustände wie Trancen begünstigen. Wie das möglich ist, und welche kulturellen Techniken in der Interaktion mit dem Medium Klang eingesetzt werden (müssen), um diese Wirkung zu erzielen, ist wissenschaftlich noch weitgehend ungeklärt. Paradigmatisch gilt nach wie vor die Forschung Gilbert Rougets, der die Vorstellung eines einfachen Auslösemechanismus von Trance durch Klang dekonstruiert.[35] Auf der Grundlage seiner Analyse von umfangreichem ethnografischem Material resümiert er, dass die Induktion von Trancen mithilfe von Musik stark vom jeweiligen kulturellen und situativen Kontext abhängt. Dabei bildet Klang mit anderen Faktoren spezifische Ausgangsbedingungen, die der Akteurin oder dem Akteur den Eintritt in eine Trance erleichtern oder ihn durch die Trance hindurch leiten. Die zu diesem Zweck eingesetzten Musikstile verfügen zwar oft über bestimmte Merkmale wie kontinuierliche Steigerungen von Tempo und Lautstärke, Repetitivität, Borduntöne (gleich bleibende Dauertöne), Ostinati (sich stetig wiederholende musikalische Figuren) und melodische Motive mit minimalen Variationen. Der Kontext und die erlernten Strategien im Umgang mit dem erzeugten Klang scheinen jedoch eine weitaus bedeutendere Rolle für eine Bewusstseinsveränderung zu spielen.[36]

---

34 Vgl. Fachner: Musik und veränderte Bewusstseinszustände (Anm. 30), 585.

35 Gilbert Rouget: Music and Trance. A Theory of the Relations between Music and Possession, Chicago 1985.

36 A. a. O., 82–94; vgl. auch Fachner: Musik und veränderte Bewusstseinszustände (Anm. 30), 573–576.

Zusammenfassend lässt sich sagen, dass Klang auf vielschichtige Weise eine profunde Wirkung auf Physiologie, Körperfunktionen, Emotionen und Bewusstseinszustände des Menschen entfalten kann. Klang bietet eine akustische Affordanz-Struktur an, mit welcher der/die jeweilige Akteur/-in in Interaktion tritt. In religiösen Praktiken wird eine Vielzahl von auditiven Techniken eingesetzt, um spezifische, oft erlernte Wirkungen zu erzielen, z. B. als Hilfe bei der Meditation, zum Auslösen von Trancen oder zum Beeinflussen von Emotionen. Manche religiöse Traditionen reglementieren dementsprechend auf der Grundlage ihrer Erfahrungen mit spezifischen Wirkungen von Klang die Rezeption von bestimmten Musikstilen, um unerwünschte Wirkungen wie sexuelle Erregung zu unterbinden.

5. Die religiöse Deutung von Klangerlebnissen

Während meiner Feldforschung in England[37] begegnete ich einem dominanten Muster des Erlebens von Klang in rituellen Kontexten, das typisch für die europäische Gegenwart zu sein scheint. Während Hörerlebnisse auf der einen Seite oft zu einer verstärkten und bewussteren Wahrnehmung des eigenen Körpers führten, lösten sie auf der anderen Seite auch Gefühle von Transzendierung aus, der Auflösung des eigenen Körpers und des Ichs. Manche Akteurinnen und Akteure beschreiben diese Erfahrung mit säkularen Worten als Veränderung oder Erweiterung des Bewusstseins und als Verschmelzung mit etwas Größerem. Andere verwenden eine dezidiert religiös geprägte Sprache und beschreiben ihre Erlebnisse als mystische Vereinigung mit dem Göttlichen. Dieses Erlebnis von Transzendenz ist es, das häufig in der Frage nach der Bedeutung von Musik im interreligiösen Dialog aufgegriffen wird. Dabei wird es mit einem europäischen Diskurs verbunden, demzufolge allen Religionen und Weisheitslehren der Welt eine gemeinsame Essenz innewohne, eine spirituelle Erfahrung, die der Ursprung aller spezifischen und sich voneinander unterscheidenden Glaubenslehren und religiösen Dogmen sei. Diese spirituelle Erfahrung sei durch die Auflösung des personalen Ichs und die Entgrenzung der eigenen Wahrnehmung charakterisiert, durch Gefühle

---

[37] Vgl. Isabel Laack: Religion und Musik in Glastonbury. Eine Fallstudie zu gegenwärtigen Formen religiöser Identitätsdiskurse, Göttingen 2011.

von Verschmelzung mit dem großen Ganzen und allumfassender Liebe. Da das Erleben von Klang, so die Argumentation, diese Form der spirituellen Erfahrung auslösen könne, sei Musik das Verbindende zwischen allen Religionen, eine universale spirituelle Sprache. Diese Deutung findet sich in der zentraleuropäischen Gegenwart an vielen Stellen, angefangen mit der inzwischen schon in die Jahre gekommenen Nada-Brahma-Theorie von Joachim-Ernst Berendt[38] bis hin zu aktuellen Festivals sakraler Musik, wie dem Festival Musica sacra Paderborn.[39]

Diese Deutung religiöser Diversität und die Bewertung der Rolle von Klang und Musik für die Spiritualität ist eine völlig legitime religiöse Position. Aus Sicht der Religionswissenschaft kann jedoch die These einer allen Religionen zugrunde liegenden gemeinsamen Essenz kaum bestätigt werden – zu groß sind die fundamentalen Differenzen zwischen religiösen Traditionen in all ihren Aspekten wie Orientierung in der Welt, Weltdeutung, rituelle Praxis, Lebensführung und ästhetisches Sinnesprofil. Die religionsgeschichtliche Analyse ergibt stattdessen, dass Dogmenkritik, die Betonung von Spiritualität und eigener religiöser Erfahrung sowie die Sehnsucht nach einer alle Menschen verbindenden Grundlage aller Religionen ein typisches Produkt der gegenwärtigen europäischen Religionsgeschichte ist.[40] Dementsprechend wird diese Deutung der Rolle von Klang und Musik in den meisten Fällen auch von christlich geprägten Europäern geäußert, die auf ihr aufbauend die entsprechenden Festivals organisieren und den interreligiösen Dialog initiieren. Darüber hinaus ist aus wissenschaftlicher Sicht nicht nur das Erleben von Musik, sondern auch die Interpretation von Klangphänomenen von einer Vielzahl von Faktoren

---

[38] Joachim-Ernst Berendt: Nada Brahma. Die Welt ist Klang, Frankfurt a. M. 1983.

[39] Vgl. Luise Lampe: «Unendlich viel Spiritualität». Religiöse Musikdeutung in der gegenwärtigen Klassikszene, Diss. 2016 (www.ub.uni-heidelberg.de/archiv/20254 [10.04.2018]), 216–240.

[40] Vgl. Hubert Knoblauch: Die Sichtbarkeit der unsichtbaren Religion. Subjektivierung, Märkte und die religiöse Kommunikation, in: ZfR 5 (1997), 179–202; Paul Heelas / Linda Woodhead: The Spiritual Revolution. Why Religion Is Giving Way to Spirituality, Malden 2005; Christoph Bochinger / Martin Engelbrecht / Winfried Gebhardt: Die unsichtbare Religion in der sichtbaren Religion. Formen spiritueller Orientierung in der religiösen Gegenwartskultur, Stuttgart 2009.

abhängig. Zwar gibt es durchaus die erwähnten transkulturellen Wirksamkeiten wie der Einfluss bestimmter musikalischer Parameter auf die Homöostasis. Viel bedeutender sind allerdings erlernte Deutungsmuster und Assoziationen, die innerhalb von kulturellen und religiösen Traditionen geprägt und geteilt werden, und darüber hinaus höchst individuelle Bedeutungszuschreibungen, die in der personalen Biografie begründet liegen. Anstelle der Vorannahme eines geteilten, durch Musik ausgelösten Transzendenz-Erlebnisses müssten im interreligiösen Dialog zunächst einmal die Unterschiede im Klangerleben aufgedeckt und kommuniziert werden.

6. Das Erleben situativer Gemeinschaftsgefühle

Aus wissenschaftlicher Sicht kann gemeinsames Klangerleben Menschen sowohl miteinander verbinden als auch voneinander trennen. In meiner Studie haben viele Menschen davon berichtet, dass sie situationsgebundene Gefühle von Gemeinschaft innerhalb einer Gruppe von Menschen erfahren, die gemeinsam am selben Ort dieselbe Musik rezipieren, z. B. während eines Konzerts oder Rituals.[41] Dieses Gemeinschaftsgefühl kann sehr intensiv sein, sodass ein hoher Grad an Nähe zu den anderen Anwesenden erlebt wird. Meiner Einschätzung nach funktioniert diese potenzielle Wirkung von Klang allerdings nur bei denjenigen Personen, die mit dem jeweiligen Musikstil kulturell vertraut sind oder sich von dessen Exotik angesprochen fühlen. Auf dieser Grundlage können Rezipienten die Annahme entwickeln, dass bei den anderen Anwesenden die gleichen Emotionen und Erfahrungen durch das Klangerlebnis ausgelöst werden wie bei ihnen selbst. Durch die Vorstellung, eine Erfahrung miteinander geteilt zu haben, kann so ein Gefühl von Gemeinschaft entstehen.

Möglicherweise kann man das Erleben situativer Gemeinschaftsgefühle auch durch das Phänomen der Synchronisierung erklären. Klang kann durch seine zeitliche Entwicklung und seinen Rhythmus Körperrhythmen und -bewegungen verschiedener Menschen miteinander synchronisieren. Nehmen Akteur/-innen wahr, dass ihre Körper im Gleichklang schwingen, kann ein tiefes Gefühl von Nähe und Gemeinsamkeit oder gar des Auflösens von Körpergrenzen und der Verschmelzung miteinander

---

[41] Vgl. Laack: Religion und Musik in Glastonbury (Anm. 37), 524–529.

entstehen. Inwiefern dieses Phänomen mithilfe des Erklärungsmodells der «kollektiven Efferveszenz» von Émile Durkheim in Verbindung gebracht werden kann, ist ein lohnendes Feld zukünftiger Forschung.[42]

7. Die Konstruktion kollektiver religiöser Identität in Bezug auf Klangtraditionen

Unabhängig von situativen Gemeinschaftsgefühlen können spezifische Klangphänomene auch eine über die konkreten Situationen hinaus bestehende Identifizierung mit einer kollektiven Identität erzeugen. Im Alltag haben wir bestimmte Vorstellungen von kollektiven Identitäten, d. h. von Ländern, Kulturen oder religiösen Traditionen. In Erweiterung der These von Benedict Anderson zu National-Identitäten sind alle Vorstellungen von Kollektiven, die sich nicht auf unmittelbar anwesende Personen beziehen, imaginierte Konstruktionen.[43] Insbesondere die populären Imaginationen kollektiver Identitäten basieren auf essentialisierenden und homogenisierenden Prozessen. So sprechen wir von «dem Hinduismus» als Weltreligion, obwohl sich im indischen Raum eine Vielzahl von z. T. stark divergierenden religiösen Strömungen findet und sich die Grenzen zu anderen Traditionen verwischen.[44] Ähnlich sprechen wir von «dem Christentum» oder «dem Protestantismus» und fassen damit eine Vielzahl unterschiedlicher Positionen zusammen und bestimmen Grenzen zu anderen Traditionen. Dementsprechend gehört es zur typischen Aufgabe von religiösen Institutionen, in einem dynamischen Umfeld fortwährend den eigenen Kern zu bestimmen und Grenzen nach außen zu ziehen.

In vielen Fällen entzünden sich die Debatten über die Identität einer Tradition am Mediengebrauch und an Körperbildern. Ein Beispiel dafür

---

[42] Durkheims «kollektive Efferveszenz» beschreibt eine machtvolle, in Situationen der Gemeinschaft entstehende rauschhafte Erregung. Vgl. Sebastian Schüler: Der Körper, die Sinne und die Phänomenologie der Wahrnehmung. Vom Embodiment-Paradigma zur Religionsästhetik, in: Gritt Klinkhammer / Eva Tolksdorf (Hg.): Die Somatisierung des Religiösen. Empirische Studien zum rezenten religiösen Heilungs- und Therapiemarkt, Bremen 2015, 13–46.

[43] Vgl. Benedict R. Anderson: Imagined Communities. Reflections on the Origin and Spread of Nationalism, London 1983.

[44] Vgl. Axel Michaels: Der Hinduismus. Geschichte und Gegenwart, München 2006, 27–36.

ist die Ablehnung bzw. Befürwortung des religiösen Stellenwerts von Ikonen im sogenannten christlichen ‹Bilderstreit› im 8.–9. Jahrhundert und im Zusammenhang mit dem ‹Bildersturm› der Reformation im 16. Jahrhundert.[45] Auch über legitime Musikstile wurde in kirchlich-theologischen Auseinandersetzungen immer wieder gestritten. So wurden gerade in reformatorischen und anti-reformatorischen Bewegungen bestimmte Kompositionstechniken und Musikstile bevorzugt oder abgelehnt.[46] Im Allgemeinen lässt sich sagen, dass spezifische Musiktraditionen oder die Gestaltung auditiver Sinnesreize in der religiösen Praxis in vielen Fällen zur Erfindung[47] religiöser Traditionslinien und ihrer geschichtlichen Entwicklung und ihrer Abgrenzung gegenüber anderen dienen. Im Alltag schließlich sind die entsprechenden Klangphänomene sowie andere sinnliche Medien und Körpertechniken wichtige Elemente, anhand derer die Vorstellungen von religiösen kollektiven Identitäten kontinuierlich verfestigt und körperlich wahrgenommen werden können.

8. Individuelle Identifizierungen mit Religionen anhand von Klangtraditionen

Auch für den Prozess der individuellen Anbindung an religiöse kollektive Identitäten spielen der Körper und die Sinne sowie sinnliche Medien wie der Klang eine wichtige Rolle, insbesondere über eine körperlich-ganzheitliche Vertrautheit mit spezifischen Sinnesprofilen und Klangtraditionen. Wie schon ausgeführt, wird jeder Mensch während seiner Sozialisation von dem spezifischen Sinnesprofil einer oder mehrerer kultureller und religiöser Traditionen geprägt, dazu gehören auch das auditive Profil und die spezifischen Musiktraditionen. Durch diese Prägung wird die sinnliche Wahrnehmung auditiver Sinnesreize und ihre Interpretation sowie auch

---

45 Vgl. Hans Georg Thümmel: Art. «Bilder», V. Mittelalter, V/1. Byzanz, in: TRE, Bd. 6: Bibel–Böhmen und Mähren, Berlin/New York 1980, 532–540; Walther von Loewenich: Art. «Bilder», VI. Reformatorische und nachreformatorische Zeit, in: a. a. O., 546–537.

46 Vgl. Chiara Bertoglio: Reforming Music. Music and the Religious Reformations of the Sixteenth Century, Berlin/Boston 2017.

47 Hier beziehe ich mich auf das Konzept «invention of tradition», vgl. Eric Hobsbawm / Terence Ranger (Hg.): The Invention of Tradition, Cambridge 1983.

die Bewertung der körperlichen Wirkungen und schließlich der gesamte «Habitus»[48] beeinflusst.

Die kognitive Wahrnehmung von Klang und die Fähigkeit, akustische Stimuli zu strukturieren und ein System in ihnen zu erkennen, sind stark von der auditiven und musikalischen Sozialisation geprägt. Falls die musikalischen Parameter eines Klangphänomens zu weit von denen abweichen, die wir erlernt haben, verstehen wir sie nicht; dann nehmen wir sie nur als Geräuschkulisse wahr oder vielleicht sogar als «Lärm». Löst diese Konfrontation mit unverständlichen akustischen Stimuli negative Empfindungen aus, kann das zu instinktiven Abwehrreaktionen und Ablehnung führen. Ähnliches kann geschehen, wenn uns die spezifische Wirkung eines Klangphänomens völlig unvertraut ist. Sind wir z. B. eine meditative, fokussierende Wirkung von Klang im Ritual gewohnt, kann eine starke körperliche Anregung Ablehnung hervorrufen. Gleichzeitig kann eine unvertraute Wirkung aber auch faszinieren und unerfüllte Bedürfnisse wecken und befriedigen. So liegt möglicherweise die große Begeisterung von gegenwärtigen Europäern für Gospel-Musik darin begründet, dass diese eine Sehnsucht nach intensivem körperlichem und emotionalem Erleben von Religion anspricht, die durch die bekannten europäische Musik- und Ritualtraditionen nicht befriedigt wird.

Auf der Grundlage der Vertrautheit oder Fremdheit bestimmter Klangphänomene können diese eine starke identifikatorische und körperlich empfundene Symbolkraft entwickeln, insbesondere in multikulturellen Gesellschaften. So kann in Migrationskontexten das Hören eines vertrauten religiösen Klangphänomens positive Empfindungen und starke Gefühle von Heimat und Sicherheit auslösen. Es kann angenehme Assoziationen und eine Identifizierung mit der entsprechenden kollektiven Identität hervorrufen. Auf der anderen Seite kann der Klang des muslimischen Gebetsrufs im Gegensatz zum vertrauten Klang von Kirchenglocken vergleichbar mit dem Anblick von Minaretten im Gegensatz zur vertrauten Architektur europäischer Städte Überfremdungsängste auslösen. Somit kann die Identifizierung mit Klangphänomenen starke soziopolitische Komponenten aufweisen.

[48] Vgl. Pierre Bourdieu: Entwurf einer Theorie der Praxis. Auf der ethnologischen Grundlage der kabylischen Gesellschaft, Frankfurt a. M. ^{2}2009; Paul Connerton: How Societies Remember, Cambridge 1989.

9. Zusammenfassung und Schlussfolgerungen für interreligiöse Begegnungen

Der vorliegende Artikel präsentierte religionswissenschaftliche Perspektiven auf die Bedeutung von Klang für das körperliche Erleben und die Identitätsbildung in religiösen Kontexten. Dafür wurde zunächst die hohe Relevanz sinnlichen und körperlichen Erlebens in der gelebten Alltagspraxis hervorgehoben, die von der Religionswissenschaft seit einigen Jahren vermehrt in den Blick genommen wird. Da religiöse Traditionen spezifische allgemeine und auditive Sinnesprofile ausbilden und die ästhetische Umgebung und sinnliche Wahrnehmung des Menschen grundlegend prägen, kann die Vertrautheit mit Klangphänomenen eine wichtige Rolle für die Identifizierung mit religiösen Traditionen spielen sowie für die Bereitschaft, sich auf einen interreligiösen Dialog über das Medium Klang einzulassen. In der rituellen Praxis nehmen Stille, Klang und Musik wichtige Positionen ein, deren Funktion auf religiösen Theorien über Wirksamkeit von Klang auf die religiöse Realität und den Menschen beruhen. Aus Sicht der Wissenschaft kann Klang ergotrope und trophotrope Wirkungen auf die menschliche Physiologie sowie vielfältige Empfindungen und Emotionen auslösen und Trancen induzieren. Eine in Europa typische Form des Erlebens von Klang im religiösen Kontext ist das Gefühl, das eigene Ich werde transzendiert. Diese Wirkung wird im europäischen Diskurs über religiöse Diversität häufig mit der Vorstellung verbunden, die Essenz aller Religionen sei eine allen gemeinsame spirituelle Erfahrung, die durch religiöse Musik, gleich welcher Tradition, erfahren werden könne. Wenngleich diese Vorstellung eine legitime religiöse Position ist, so kann sie wissenschaftlich nicht belegt werden. Wissenschaftliche Perspektiven weisen auf die Möglichkeit eines situativen Gemeinschaftsgefühls während der gemeinsamen Klangrezeption hin; ein Phänomen, das vermutlich mit dem Konzept der Synchronisierung zu erklären ist. Darüber hinaus kann Klang auf sehr vielfältige Weise Identifizierungen mit kollektiven Identitäten sowie auch Abgrenzungen gegenüber fremden Traditionen ermöglichen.

Für die praktische Umsetzung dieser Erkenntnisse in interreligiösen Begegnungen sind m. E. vor allem zwei Aspekte zu berücksichtigen. Zum einen gilt es, immer wieder die grundsätzliche Frage zu reflektieren, wie viel trans- und interkulturelles Verstehen überhaupt möglich ist. Wie viele Gemeinsamkeiten gibt es zwischen verschiedenen kulturellen und religiösen Traditionen? Wie viele Unterschiede in der Klangrezeption entstehen durch kulturelle, religiöse und soziale Prägungen? Wie viel Bedeutung muss individuellen Unterschieden beigemessen werden? Zum anderen sollte in jedem Gespräch das grundlegende Interesse der Gesprächspartner reflektiert werden und geklärt, ob es um wissenschaftliche Forschung, um Religionstheologie oder um den Austausch zwischen zwei gleichberechtigen Partnern geht. All diese Positionen führen zu unterschiedlichen Ergebnissen und Antworten auf die Frage nach der Rolle von Klang in interreligiösen Begegnungen. Dabei sind ebenfalls eurozentrische Denkmuster und Machtasymmetrien zu berücksichtigen. Nach dem hier verfolgten Verständnis von Religionswissenschaft kann diese in interreligiösen Begegnungen nur als Vermittlerin auftreten sowie wissenschaftliche Analysen der Begegnungen und ihrer Voraussetzungen anbieten.

Bärbel Beinhauer-Köhler

Klangkulturen und Soundscapes. «Musik» in religiös pluralen Räumen

1. Räume der Stille oder religiös plurale Räume des Klangs?

Vor einigen Jahren sah ich eine sephardische Familie, die an der Jerusalemer Klagemauer die Bar-Mizwa ihres Sohnes feierte. Die Festgruppe entfernte sich nach dessen Toralesung unter Trommelrhythmen und mit nordafrikanischen Gesängen. Palästinensische, ihrer Kleidung nach muslimische Passanten waren erkennbar von der Musik affiziert, und dies an einem für beide Religionsgemeinschaften politisch hochsensiblen Ort. Die Klänge hatten die Menschen beider Religionsgruppen unmittelbar berührt, vermutlich auch aufgrund ähnlicher Musikkulturen, waren aber, nicht zuletzt über den Ort des Geschehens, mit Konnotationen religiöser und politischer Identität und Alterität verbunden, die in diesem Falle eine gemeinsame musikalische Praxis verboten. Das dennoch unmittelbar verbindende Potenzial der Musik stand im Raum, wohl da man sich diesseits und jenseits des Zauns, der den Platz vor der Klagemauer abgrenzte, hören und sehen konnte. Im Folgenden möchte ich es mir angesichts dessen zur Aufgabe machen, ein Terrain religiöser Klangkulturen und ihrer Verortungen näher zu untersuchen, um die Möglichkeiten pluraler Klangräume auszuloten.

Dies erfolgt als sinnvolle Konkretisierung mit besonderem Blick auf die Räumlichkeiten zur Religionsbegegnung. Erste Sondierungen führen dabei zu einem besonderen Phänomen, dem «Raum der Stille». Nominell rekurriert dieses Label auf eine bestimmte Variante religiöser Praxis: auf Kontemplation, Andacht oder Meditation, alles Praktiken, in denen das Individuum eine nach außen hin stumm und in sich gekehrte innere Erfahrung sucht. Auch dies repräsentiert eine bestimmte Art von «Klang». Um mit Sabine Kraft zu sprechen, die als Kunsthistorikerin die einschlägige Monografie zum Thema verfasst hat:

> «Wo sich Menschen unterschiedlicher Religionszugehörigkeit mischen, tauchen multireligiöse Räume auf – überwiegend als bescheidene, aber

> durchdacht gestaltete Orte des Rückzugs. Das Bedürfnis nach Auszeit im Alltag, nach ruhigen und geschützten Räumen, die ein kurzes meditatives Innehalten erlauben, wächst zusehends in einer hektischer werdenden Welt. ‹Räume der Stille› stellen architektonische Oasen dar, die dem einzelnen Menschen in seinen vielfältigen Lebensbereichen quasi entgegenkommen.»[1]

Solche Rückzugsräume entstehen an Flughäfen, in Krankenhäusern, Einkaufszentren bis hin zu Messegeländen. Der evangelische Theologe Markus Nitschke ordnet mit Blick auf solche Kontexte Räume der Stille, anders als Kraft, kritisch transitorischen, sogenannten Nicht-Orten zu, die der französische Sozialphilosoph Marc Augé[2] für charakteristisch für die Moderne mit ihren entwurzelten Individuen hält. Für manche dieser Rückzugsorte trifft dies zu, wenn sie wenig betreut einfach ein Angebot darstellen, das etwa im Einkaufszentrum kaum wahrgenommen wird.

Wären allerdings alle diese Räume tatsächlich «still», bestenfalls weil darin fortwährend kontempliert würde oder aber weil sie ungenutzt in einem Dornröschenschlaf schlummern, würde der vorliegende Beitrag knapp ausfallen. Im Folgenden soll es jedoch um empirische Einblicke in ein durchaus vielfältiges sonales Leben in Räumen der Stille und ähnlichen Räumlichkeiten gehen.[3]

Darauf sind diese architektonisch allerdings wenig abgestimmt, teils auch, weil man Klänge aufgrund des Labels der Stille bisher kaum bei der Raumgestaltung berücksichtigt. Tatsächlich findet in variierenden Arrangements – *ein* Raum in abwechselnder Nutzung oder ein Flur mit separa-

---

[1] Sabine Kraft: Können interreligiöse Räume funktionieren? Eine Typologie und: Das «Haus der Stille» (Campus Westend, Frankfurt), in: Multireligiöse Gebetsräume, Kunst und Kirche 2 (2010), 30–35, hier 31. Vgl. zudem dies.: Räume der Stille, Marburg 2007.

[2] Vgl. Markus Nitschke: Multireligiöse Gebetsräume? Vorüberlegungen für eine Architektur des Dialogs, in: Multireligiöse Gebetsräume (Anm. 1), 36–38, hier 38.

[3] Grundsätzlich zu einer religionswissenschaftlichen Perspektive auf diese Räume: Bärbel Beinhauer-Köhler: Im Zwischenraum. Plurale Raumarrangements aus religionswissenschaftlicher Perspektive, in: dies. / Mirko Roth / Bernadette Schwarz-Boenneke (Hg.): Viele Religionen – ein Raum?! Analysen, Diskussionen und Konzepte, Berlin 2015, 55–76.

ten Gebetsräumen – durchaus klingende religiöse Praxis bis hin zum kollektiven Ritual mit religionsspezifischer Liturgie statt, allerdings in der Regel zeitlich oder räumlich separiert. Beispielsweise im Frankfurter Haus der Stille, das an den Unicampus Westend angrenzt, hängt an der Tür ein Stundenplan für Taizégebete, angeleitete Yogastunden oder islamische Gebetszeiten. Ein weitestgehend leerer Raum wird somit situativ zu einem religions- oder kulturspezifischer Nutzung, inklusive dazugehöriger *soundscapes*. Allerdings, und hier kann ich wieder auf Markus Nitschkes kritische Reflexion zu diesen Räumen zurückkommen:

«Die liturgische Nutzung für die seltenen gemeinsamen Anlässe ist nur ein Randphänomen, dem auch in den Raumkonzepten keine besondere Aufmerksamkeit geschenkt wird.»[4] Mit dieser Beobachtung seltener gemeinsamer liturgischer Praxis in für religiöse Pluralität konzipierten Räumen geht einher, dass in der bisherigen wissenschaftlichen Aufarbeitung des Phänomens kaum nach klanglichen Zeichen über die Stille hinaus gefragt wird. Welche Klänge kulturspezifisch hier wo im Religionsraum durch wen, für wen und wie gedeutet zu Gehör gebracht werden, und wo sich denkbare überlappende Klangkulturen räumlich präfigurieren lassen, dies sind Fragestellungen, die weitestgehend ein Desiderat darstellen. Vor allem dreht sich die Debatte um die Wahl architektonischer Elemente und deren visuelle Zeichenhaftigkeit: die Platzierung denkbarer Kuben, die Altäre assoziieren lassen, eine ideal mit Mekka kompatible Raumausrichtung, die Führung des Lichts, materielle Kultur, von Bestuhlung bis Ritualgerät, das nach Vorliebe aus Schränken geholt werden kann. Wechselnde Perspektiven auf die Zeichenhaftigkeit der Interieurs sowie eine visuelle Außenwirkung im öffentlichen Raum, *dies* sind die Parameter, die in der Regel abgefragt werden.[5] Dies entspricht keineswegs der realen Bedeutung von Klängen in Religionen, sondern spiegelt einerseits die Perspektiven der Träger solcher Räume und andererseits den bisherigen Verlauf der Fachdebatte; dazu gleich mehr im Theoriekapitel.

---

4 Nitschke: Multireligiöse Gebetsräume? (Anm. 2), 37.

5 Siehe neben Kraft und Nitschke im entsprechenden Themenheft von Kunst und Kirche: Multireligiöse Gebetsräume (Anm. 1) auch Beinhauer-Köhler/Roth/Schwarz-Boenneke (Hg.): Viele Religionen – ein Raum?! (Anm. 3) sowie Alexander-Kenneth Nagel: Beredtes Schweigen. Wie man Räume der Stille zum Sprechen bringt, in: Bärbel Beinhauer-Köhler u. a. (Hg.): Religion, Raum und Natur, Berlin 2017, 153–177.

Angestrebt wird eine deskriptive Perspektive auf das Thema, daher wird hier in einer ergebnisoffenen Formulierung von «religiös pluralen Raumarrangements»[6] gesprochen. Gedacht wird an einen Raum für mehrere Religionen oder an benachbarte Räume, in denen Religionen verstärkt gegenseitig wahrgenommen werden. Denkbar sind auch häufig vorgenommene situative Umnutzungen eines religionsspezifischen Raums für interreligiöse Begegnungen. Die eingeführten Begriffe wie der «Raum der Stille», dessen Bezeichnung oft zusätzliche Funktionen neben der Andacht verdeckt, oder der «multireligiöse Gebetsraum» scheinen im Gegensatz dazu Binnenperspektiven zu transportieren. So ist der «Raum der Stille» eine emische Bezeichnung mit theologischen Implikationen einer Religionen verbindenden Kultur in sich gekehrter Kontemplation; die Kennzeichnung als multireligiös provoziert regelmäßig theologische Verhältnisbestimmungen von Religionen untereinander. Um diese soll es im Folgenden nicht gehen, sondern um eine Beobachtung «dialogisch» orientierter Milieus, die sich in spezifischen Raumarrangements inklusive ihrer Klänge begegnen.

Nach theoretischen Vorüberlegungen schauen wir zunächst kurz auf Typen religiöser Klänge und dann zentral auf einige charakteristische Beispiele verschiedenartiger Räume und die Dimension des Klangs bei dortigen Religionskontakten, was zu abschließenden Überlegungen führt.

2. Theoretische Zugänge

Auf einer Theorieebene ist es innerhalb der Religionswissenschaft seit etwa 30 Jahren Standard, die kulturwissenschaftliche Religionsforschung als Destruktion sämtlicher Zeichen von Kommunikationssystemen zu verstehen: «Zeichen in diesem Sinne sind nicht nur oder vorrangig Wörter oder Sätze, sondern natürlich auch optische Zeichen, Ornamente etwa und ‹Bil-

[6] Dazu auch Beinhauer-Köhler: Im Zwischenraum (Anm. 3), 55–57.

der›, nicht zuletzt auch konventionalisierte Bewegungsabläufe (Gesten, ‹ritualisierte› Bewegungen, Tänze)»[7], schrieb Burkhard Gladigow paradigmatisch 1986. Gegen Ende des Zitats klingt bereits die performativ-auditive Dimension an, wenn diese auch innerhalb des Fachs lange Jahre noch weniger prominent untersucht wurden als andere Ebenen von Zeichensystemen.

Inzwischen entwickelte Ansätze in Richtung Klang sind Teil einer religionswissenschaftlichen Religionsästhetik. Hier steht die Wahrnehmung mit den menschlichen Sinnen (*aisthesis*) im Mittelpunkt, die für verschiedene Felder, wie das Sehen, die Haptik, das Hören usw. durchgespielt wird. Dass es dabei nicht um Ästhetik im Sinne des Schönen, angelehnt an eine philosophische und kunsttheoretische Perspektive des 18. und 19. Jahrhunderts geht, sondern um einen Rekurs auf Aristoteles' Einteilung der menschlichen Sinne, verdeutlichte Jürgen Mohn, der daher auch dem Begriff der Religionsaisthetik den Vorzug gibt.[8]

Birgit Meyer und Jojada Verrips verwenden in vergleichbarem Zusammenhang den Topos der *sensational forms*. Dabei handelt es sich um Sets eingeübter Körperpraktiken. Entgegen einem akademischen Blick auf einzelne Wahrnehmungsmöglichkeiten der Sinne wird dabei auf ihr vielschichtiges Zusammenspiel abgehoben, das gleichwohl bestimmte Formationen kenne, etwa die große Bedeutung von Geruch und Haptik für Besucher byzantinischer Messen. Regelmäßige Kirchenbesucher verbinde neben einem gemeinsamen Corpus bekannter Klänge, die vertraute Gefühlslagen evozieren, oft sogar ein bestimmter Stil sich zu kleiden, was alles zusammen zu einer «Beheimatung» führe.[9]

Parallel dazu arbeitet der Visualitätstheoretiker David Morgan, um kollektive Kulturen des Einsatzes der Sinne zu erfassen, mit dem Begriff des *social body*. Zwar beobachtet er vorwiegend Kulturen des Sehens, aber auch

---

7 Burkhard Gladigow: Gegenstände und wissenschaftlicher Kontext von Religionswissenschaft, in: Hubert Cancik / Burkhard Gladigow / Matthias Laubscher (Hg.): Handbuch religionswissenschaftlicher Grundbegriffe, Bd. 1, Stuttgart u. a. 1988, 26–40, hier 33.

8 Vgl. Jürgen Mohn: Religionsaisthetik. Religionen als Wahrnehmungsräume, in: Michael Stausberg (Hg.): Religionswissenschaft, Berlin/Boston 2012, 329–342.

9 Vgl. Birgit Meyer / Jojada Verrips: Aesthetics, in: David Morgan (Hg.): Key Words in Religion, Media and Culture, New York 2008, 20–30, hier 28.

diese lassen sich kaum separieren und unabhängig von andern Körperpraktiken verstehen. Menschen habitualisieren vielmehr ihre komplexe soziale und physische Disposition nach rituellen Gewohnheiten in Wechselwirkungen mit z. B. der Bestuhlung einer Kirche. Dazu heißt es zur Umschreibung einer gemeinsamen Formation der Körper während einer Predigt: «To sit in a church is to sit with others, to conform the social body of the group [...] Sitting in unison is no less important for mainstream Protestants than praying or singing together.»[10]

Es klingt an: Nicht selten werden diese grundlegenden religionsästhetischen Reflexionen explizit räumlich gedacht und berühren damit einen wichtigen Aspekt des vorliegenden Themas, siehe Morgans Beispiel vom Sitzen und Hören in der Kirche. Nicht ohne Reiz ist im Zitat die Umschreibung «sitting in unison». Die lautlichen Äußerungen einer protestantischen Liedkultur werden synästhetisch mit dem entsprechenden Usus des Sitzens analogisiert, was sicher der Erfahrungsdimension nahekommt; Singende, Betende oder einer Predigt Lauschende werden dies nicht unabhängig von ihrer Körperhaltung in den Bänken des Kirchenraums praktizieren.

Mohn kombiniert seine Überlegungen zur *aisthesis* mit der Beobachtung von Wahrnehmungsräumen. Gläubige kommunizieren mittels der ihnen geläufigen Zeichen in einer Lebenswelt, in der sie sich durch ihre Raumkonzeptionen zu orientieren suchen. Mohn analysiert entsprechend das buddhistische *bhavacakra*, das Rad des Werdens, als eine grafische Darstellung des kosmischen Geschehens und der Möglichkeiten der Erleuchtung. Diese sind in ein Rad eingeordnet, dessen Speichen die Welten der Wiedergeburt wie Erde, Unterwelt und Himmel visualisieren.[11] Der Raum begegnet in diesem Fall vor allem als sozial konstruierte Imagination.

Während eine sozial- und kulturwissenschaftlich geprägte Raumdiskussion die Idee des Raums, etwa um den Begriff der *mental map*, vorwiegend in soziale Konstruktionen auflöst, die gemeinsame Identitäten

---

[10] David Morgan: The Embodied Eye, Berkeley/Los Angeles (CA) 2012, 176. Siehe auch zur These des *social body* als Untersuchungszugang zu einer Autobahnkapelle in der Schweiz: Bärbel Beinhauer-Köhler: Natur als gestalterisches Zeichen am «Ort der Besinnung» der Autobahnraststätte Gotthard, in: dies. u. a. (Hg.): Religion. Raum, Natur. Religionswissenschaftliche Erkundungen (Marburger Religionswissenschaft im Diskurs 1), Berlin 2017, 11–25, hier 13.

[11] Vgl. Mohn: Religionsaisthetik (Anm. 8), 338–340.

prägen und die Verortung in einer Umwelt ermöglichen,[12] muss das vorliegende Theorieset auch physische Räume umfassen. Allerdings wird auch hier schnell deutlich, dass das eine vom anderen, also der konkrete, menschlich gestaltete Raum von seinen Nutzern und deren Imaginationen, nicht zu trennen ist. Der Soziologe Markus Schroer schreibt entsprechend in seinem Beitrag «Raum, Macht, Religion»: Nicht nur Religionen «machen» Räume, also Religionsgemeinschaften als Bauherren und ihre Architekten gestalten ihre Synagogen, Kirchen, Moscheen, Tempel nach ihren jeweiligen Vorstellungen, sondern auch Räume «machen» umgekehrt Religionen, im Sinne einer formativen Kraft, die dann auch Möglichkeiten der Nutzung und (z. B. liturgischen) Bewegung im Raum vorgibt.[13] Dies wirkt sich nicht zuletzt auf die Wahrnehmung von Klängen im Raum aus.

Die auditive Dimension von Religionen selbst wird inzwischen untersucht. Als wegweisend kann hier Annette Wilkes und Oliver Moebus' umfangreiche Studie «Sound and Communication. An Aesthetic Cultural History of Sanskrit Hinduism» (2011) zum Hinduismus als einer klangzentrierten Religion gelten. Hatte man sich zuvor schwerpunktartig vor allem den kognitiven Inhalten religionsphilosophischer indischer Glaubenswelten genähert, rücken die Autoren mit der Berücksichtigung des Klangs unser Verständnis einer komplexen Religion in ein anderes Licht. Die Tatsache, dass der «Text» des Veda regulär als Performanz zu Gehör gebracht wird, zusammen mit bestimmten eingeübten Melodien, Körperhaltung, Gestik und Mimik, verleiht der kognitiven Dimension ein spezifisches Gepräge, das europäische Forschung erst seit einiger Zeit zur

---

[12] Als Ausschnitte einer breiten kulturwissenschaftlichen Raumdebatte hier interessant: Sabine Damir-Geilsdorf / Angelika Hartmann / Béatrice Hendrich (Hg.): Mental Maps – Raum – Erinnerung. Kulturwissenschaftliche Zugänge zum Verhältnis von Raum und Erinnerung, Münster 2005 sowie Uwe Wirth (Hg.): Bewegen im Zwischenraum, Berlin 2012 inklusive Rekursen auf Homi K. Bhabha und das Konzept des Dritten Raums.

[13] Vgl. Markus Schroer: Raum, Macht, Religion. Über den Wandel sakraler Architektur, in: Beinhauer-Köhler/Roth/Schwarz-Boenneke (Hg.): Viele Religionen – ein Raum?! (Anm. 3), 17–34, hier 19.

Kenntnis nimmt, welches Ritualspezialisten und Laien jedoch primär erfahren.[14] Auch Wilke und Moebus erweisen sich dabei als Teil der umrissenen religionswissenschaftlichen Wende zur Religionsästhetik; auch sie beschreiben Wahrnehmungs- und Kommunikationsmuster einer Religion als soziokultureller Gruppe, in diesem Fall mit Fokus auf Klänge.

Ähnlich ist auch Isabel Laacks Arbeit «Religion und Musik in Glastonbury. Eine Fallstudie zu gegenwärtigen Formen religiöser Identitätsdiskurse» (2011)[15] einzuordnen. Laack nimmt ein bestimmtes Milieu in den Blick, dessen religiös-kulturelle Identität und Kommunikation durch Klänge geprägt ist. Sie beschreibt Glastonbury in ihrer empirischen Studie als spirituelles Zentrum mit einer ausdifferenzierten Band- und Musikkultur.

Interessanterweise fehlt in beiden Arbeiten ein Brückenschlag zur konkreten räumlichen Dimension. Wilke/Moebus geht es wesentlich um das Verhältnis von Text und Klang, Laack um die Vielfalt religiöser Stile in einer Stadt, die über ihr Festival dynamisiert ein Kristallisationspunkt alternativer Religionsentwicklungen ist. Die Verbindung einer Untersuchung religiöser Klänge und der Dimension des physischen Raums steht also innerhalb der Religionswissenschaft im engeren Sinne noch aus.[16]

Anregung bietet der Beitrag «Soundscape» der Ethnologin Dorothea Schulz in David Morgans Band «Keywords in Religion, Media and Culture» (2008). Sie spricht aus verschiedenen Gründen nicht von «Musik» oder «sakraler Musik»: Dies seien abendländische kultur- und religions-

---

[14] Vgl. Annette Wilke / Oliver Moebus: Sound and Communication. An Aesthetic Cultural History of Sanskrit Hinduism, Berlin/New York 2011; Annette Wilke: Text, Klang und Ritual, Plädoyer für eine Religionswissenschaft als Kulturhermeneutik, in: Michael Stausberg (Hg.): Religionswissenschaft, Berlin/Boston 2012, 407–420.

[15] Vgl. Isabel Laack: Religion und Musik in Glastonbury. Eine Fallstudie zu gegenwärtigen Formen religiöser Identitätsdiskurse, Göttingen 2011.

[16] Im Gegensatz zur Systematischen Theologie, wo soeben eine einschlägige Arbeit zu interreligiöser Musik erschienen ist: Verena Grüter: Klang – Raum – Religion. Ästhetische Dimensionen interreligiöser Begegnung am Beispiel des Festivals Musica Sacra International, Zürich 2017. Hier spielt das Setting eine wesentliche Rolle für Reflexionen zur ästhetischen Erfahrung.

spezifische Formate, während andere Kulturen ganz andere Verhältnisbestimmungen vornähmen.[17] Statt von Musik eher von Klängen zu sprechen, lässt also Raum für die Erfassung kultureller Vielfalt und deutet auf notwendige spezifische Einordnung klanglicher Genres, da sich im vorliegenden Themenfeld ganz verschiedene Ebenen jeweiliger Klangkulturen begegnen.

Schulz berücksichtigt in ihren Überlegungen bewusst die räumliche Dimension von Klängen und verweist auf den Begriff des *acoustic space* sowie dessen Prägung und Rezeption innerhalb der Medientheorie seit den 1950er Jahren mit der Zeitschrift «Explorations. Studies in Culture and Communication» (1953–1959), hg. von Marshall McLuhan und Edmund Carpenter. Carpenter entwickelte bereits die Idee eines *earpoint*, also die Frage nach der räumlichen Platzierung eines Hörers. Dabei ging er, im Gegensatz zu McLuhan, der über das Primat des Hörens gegenüber geringerer Bedeutung des Sehens reflektierte, von der Normalität der sensuell vielfältigen Wahrnehmung aus. Schulz verweist im Hinblick auf die Räumlichkeit der Klänge besonders auf Murray Schafer, der in «The Tuning of the World» (1977) zunächst die impliziten Wertungen von *music*, *sound* und *noise* auflösen wollte und lieber von *soundscapes* sprach, um eine nicht zuletzt kulturgeschichtlich gewachsene «Topografie» von Klängen samt enthaltener wertender Zuschreibungen zu beleuchten. In der Folge wurde der Begriff des *soundscape* unterschiedlich weiterentwickelt: In der musikwissenschaftlichen *acoustemology* ging es um die kritische Erfassung eines spezifischen sozialen Umfeldes mit seinen Klangteppichen wie dem Verkehr einer Stadt. Die Ethnologie oder Kulturanthropologie entwickelten das Konzept weiter in Richtung der Destruktion von Vorstellungen über Klänge und Wechselwirkungen zwischen Klang und Raum im Sinne konkreter Hörsituationen.[18]

Schulz selbst arbeitet zu Radiopredigern in Afrika, und der *soundscape* dient ihr als Begriff, um die Intermedialität und vielschichtige ästhetische Erfahrungsdimensionen zu erfassen: In ihrem Feld wirke ihr zufolge eine Tradition des *touch-sound*, zurückgehend auf einen populären islamischen Berührungskult einer in Dingen oder Menschen vermittelten göttlichen

---

[17] Vgl. Dorothea E. Schulz: Soundscape, in: David Morgan (Hg.): Key Words in Religion, Media and Culture, New York 2008, 172–186, hier 173. Vgl. auch Wilke/Moebus: Sound and Communication (Anm. 14), 121. 312–315.

[18] Vgl. a. a. O., 176 f.

Segenskraft (*baraka*). Diese gehe in einer oralen Kultur Afrikas eine Verbindung mit den Aktivitäten charismatischer Prediger ein, durch die sich Gläubige, selbst durch eine gehörte Radiopredigt vermittelt, unmittelbar, im Sinne der *baraka*, berührt fühlen können. *Soundscape* dient als Kernbegriff, um konkrete Hörerfahrungen in ihrer körperlich-habituellen und räumlichen Verankerung zu sehen: «Because soundscape is closely related to the body movement and sensation and anchors religious experience in the here and now, it implies a notion of localized ‹scape›.»[19]

Ähnlich verweist der Soziologe Holger Schulze auf die körperlich-räumlichen Erfahrungen von Klängen. Er arbeitet mit dem Begriff der «Hörhaltung», einer *hearing perspective* sowie dem *auditive habitus*.[20] Immer geht es ihm um leiblich bestimmte Klangpraktiken und Hörerfahrungen. Analog zu David Morgans Fokus auf ganze Blickkulturen wird nun das Hören als eine viele Sinne berührende Körperpraxis beschrieben, die ganze Gemeinschaften präge: «Hören ist materiell situiert und geprägt durch materiale Wirkungen einer Klangumgebung aus gegebener Landschafts- und Stadtplanung und jeder uns leiblich einhüllenden Architektur […].»[21]

Religiöse Klangräume (*soundscapes*) entstehen, diese Theoriesets zusammenfassend, also in einem sozialen Kontext im Wechselspiel von Produzenten und Rezipienten von Klängen, die dabei etablierten habituellen, d. h. körperlich-sensuellen und kognitiven Codes folgen und somit Klangkulturen ausbilden. Sie wirken auf der Ebene der individuellen Körperhaltungen und damit auch sozialen Verkörperung in einem dreidimensionalen Raum. Dieser formiert die klangliche Wahrnehmung *(earpoint)* ebenso, wie er mit der kulturspezifischen Deutung der Klänge in Zusammenhang steht.

---

[19] Vgl. a. a. O., 180–185, Zitat: 185.

[20] Vgl. Holger Schulze: Der Klang und die Sinne. Gegenstände und Methoden eines sonischen Materialismus, in: Herbert Kalthoff / Torsten Cress / Tobias Röhl (Hg.): Materialität. Herausforderungen für die Sozial- und Kulturwissenschaften, München 2016, 413–434, hier 417–420.

[21] A. a. O., 417.

3. Typen religiöser Klänge und ihre Lokalisierung

So ergeben sich kulturelle Unterschiede der Konnotationen von Klängen samt ihrer je eigenen Verortung in Religionsräumen. Dies kann an einschlägigen Beispielen exemplarisch aufgezeigt werden: Klänge werden etwa als *göttliche Manifestation oder Präsenz* wahrgenommen, besonders eindrücklich in der Rezitation des «Guru Granth Sahib» der Sikhs im Gurudwara, dem «Tor zum Guru».[22] Bei den Sikhs wird bereits in der Bezeichnung des Gebäudes dessen Funktion als Herberge des heiligen Buchs benannt, wobei dieses als die Sammlung des deifizierten Wissens der Gurus als Verkörperung der zehn Gurus gilt. Eine Lesung, die die Gurus quasi zum Sprechen bringt, erfolgt im adäquaten, sakral konnotierten Raum. Der Rezitator wird dabei – ohne selbst deifiziert zu werden – zum Medium des Klangs der göttlichen Entität. Die Sikhs geben dem durch die Platzierung des Rezitators neben dem Buchkorpus auf dem Altar unter einem Baldachin (Palki) Ausdruck. Für Laien gilt, dass der Gurudwara nur nach einer rituellen Waschung, ohne Schuhe sowie mit einer Kopfbedeckung betreten wird. Dann haben die Zuhörer und Zuhörerinnen sitzend oder die Guru-Bilder an den Wänden berührend und umherschreitend eine Weile an der klanglich vermittelten göttlichen Präsenz Anteil. Die fortwährende Lesung folgt festen, melodischen Regeln, ähnlich wie bei der Koran- und der hinduistischen Veda-Rezitation. Tatsächlich ist die Sikh-Religion historisch aus diesen beiden Wurzeln gespeist. Im Hintergrund steht hier ein Text und dessen «göttliche» Botschaft. Es geht damit zwar prinzipiell auch um kognitiv zugängliches Wissen, das oral vermittelt, aufgrund der sprachlichen Vielfalt des «Guru Granth Sahib» jedoch vorwiegend zum unmittelbarer auditiv erfahrenen, heilsmächtigen Zugang zu einer göttlichen Sphäre wird.

Andere Klänge haben den *Charakter eines Ritualelements und dienen der Verehrung von Gottheiten*. In einer Hindu-Puja[23] sind die elementaren,

[22] Christoph Peter Baumann: Sikhismus, in: Udo Tworuschka (Hg.): Heilige Stätten, Darmstadt 1994, 158–168; ders.: Heilige Schriften des Sikhismus, a. a. O., 197–210, hier 208 f. zu Lesungen.

[23] Axel Michaels: Der Hinduismus. Geschichte und Gegenwart, München 1998, 265–270, obwohl er interessanterweise die klangliche Dimension in seiner Übersicht über die Ritualelemente der Puja nur andeutet. Als Illustration der klanglichen Dimension dient jedoch fast jedwedes dokumentarisches Youtube-Video, das eine Puja zeigt.

rhythmisch strukturierten Klänge aus Glocken oder Trommeln, gesprochene Mantras oder gesungene Hymnen, analog zum Darbringen von Blumen oder Speisen oder Libationen mit Milch, ein Teil des Dienstes an Göttern, sei es daheim oder im Tempel. Ritualspezialisten halten minutiös die Regeln der Durchführung der Elemente vor und in dem Altarraum ein. Die Puja ist multisensual und multimedial angelegt und umfängt vor allem die sich vor den Altären sammelnden Besucher einer Tempel-Puja aufgrund der Fülle der Eindrücke, zu denen insbesondere bei Festen auch die Lautstärke der Klänge beiträgt, ganz unmittelbar. Sie werden durch das Zusammenspiel von Klang und anderen Eindrücken kaum in der Lage sein, das Geschehen kognitiv reduziert wahrzunehmen. Auch hier wird das Ergebnis eine Präsenzerfahrung sein, jedoch wird weniger grundsätzlich als bei der Rezitation im Gurudwara die Gegenwart Gottes durch Klang repräsentiert gedacht.

Derartige Versuche der Systematisierung von Typen des Klangs in religiösen Räumen müssen allerdings heuristischer Natur bleiben und dienen allein der notwendigen Schärfung des Bewusstseins für grundsätzliche Möglichkeiten der Zuschreibungen zu Klängen innerhalb von Religionen. Denn diese selbst können durchaus diskursive Konzepte von Klängen kennen. So lässt sich von der klassischen Puja eine historische Linie zurück in die ältere vedische Kultur verfolgen, bei der von einer Identifizierung von Opferndem, Opfer und Göttern im Akt des Geschehens ausgegangen wird. Eine Opferhandlung wird dabei durch Hymnenrezitation begleitet. Zudem bestehen dezidierte Vorstellungen von kosmischen Klängen und Silben, die das Universum durchziehen. Mantras repräsentieren und aktualisieren deren Kräfte. Dies wird neben ritualtheoretischen Abhandlungen auch narrativ umkleidet: Der Gott Shiva hält das Universum in der Form des Nataraja durch seinen energetischen Tanz in Schwung. Die Göttin Sarasvati, die auch für die Sprache und die Weisheit steht, spielt auf ihrer Sitar Tonleitern als sakralisierte Tonsysteme.[24] Angesichts dessen dürfte davon ausgegangen werden, dass die sonale Dimension auch Element der Sakralisierung einer Puja ist, die Götter und Geber umschließt, und dass der Klang somit bei entsprechender Kenntnis der Beteiligten nicht allein als Gabe für die Götter gilt.

---

[24] Wilke/Moebus: Sound and Communication (Anm. 14), 121. 312–315.

Auch die Sikhs kennen parallel zur Rezitation des «Guru Granth Sahib» eine Form des Gotteslobes, Shabad Kirtan, das auf einem dem Palki benachbarten Podest durch Sänger mit Harmonium- und Tablabegleitung dargebracht wird. Hierbei handelt es sich auch nach emischem Verständnis um «Musik» im Format des indischen Raga. Es handelt sich um Hymnen des Gotteslobes, die allerdings auch Textsequenzen des «Guru Granth Sahib» selbst enthalten – auch hier vermischen sich die Formate des Gotteslobes und der klanglichen Mediatisierung unmittelbarer Transzendenz.

Die Praxis, Gottheiten durch Klänge zu verehren, bietet sich an. Wir finden sie bei den alten Ägyptern mit dem Sistrum als Instrument der und für die Göttin Hathor. Wir wissen, dass in Luxor Chöre örtlicher Laien in den Tempeln sangen.[25] Die jüdisch-christliche Tradition kennt die Vorstellung von Engelchören, die Gott lobsingen. Hier hat eine, zunächst mönchisch-klösterliche und spätere Kultur der Kirchenmusik ihren Ursprung. Liturgien bauen auf Wechselgesängen auf, die religiöse und musikalische Spezialisten und Laien gleichermaßen in den Klang im Kirchenraum einbinden, wobei sich innerhalb einzelner Konfessionen variierende Kulturen herausgebildet haben.[26]

Derartige orthodoxe und orthopraxe Klangformen, die in den etablierten Religionsräumen, in einigen Religionen zudem unter Einhaltung religiöser Reinheitsvorschriften, dargebracht werden, lassen sich idealtypisch von *weiteren Genres religiöser «Musik»* trennen. Diese können im Unterschied zur hiesigen Kirchenmusikkultur sehr kritisch wahrgenommen werden. In theologisch-juristischen Debatten verschiedener islamischer Rechtsschulen wird diskutiert, wie weit mundane, menschliche Klänge womöglich zu unerlaubten Handlungen verführen. Auch wenn kein pauschales Urteil gefällt wird, diskutiert man die Gefahr der Musik, Menschen von Gott zu entfernen.[27] Dennoch verbreitete populäre Lieder (Sg. *nashid,* Pl. *inshad*) zum Lob Gottes und Muhammads werden bei religiösen Festen im Haus, teils in Räumlichkeiten der Moschee sowie an Schreinen und Wallfahrtsorten an Gräbern verstorbener Sufis oder anderer islamischer Heilsgestalten dargeboten. In Pakistan und Indien fallen

---

[25] Siegfried Morenz: Gott und Mensch im Alten Ägypten, Leipzig 1964, 100 f.

[26] Laack: Religion und Musik in Glastonbury (Anm. 15), 285–295, beschreibt solche für die Kirchenmusiken der Stadt.

[27] Hayrettin Karaman: Erlaubtes und Verwehrtes (Publikationen der Türkischen Religionsstiftung 54), Ankara 2002, 150–153.

Pilger zum Vortrag und Musik der Inshad unter Umständen geschlechtsübergreifend kollektiv in Trance, übrigens zuweilen gemeinsam mit Hindus aus der Nachbarschaft, wie Helene Basu und auch Jürgen Frembgen anmerken. Frauen agieren als Musikerinnen und Ritualspezialistinnen häufig im häuslichen Bereich, aber verschiedentlich finden in solchen Wallfahrtsschreinen auch sie Räumlichkeiten, um – diesseits offizieller religiöser Ämter, die traditionell Männer innehaben – ihre Expertise zum Ausdruck zu bringen.[28] De facto sind also Erfahrungsdimensionen von Klängen für Gläubige von hoher Bedeutung, allerdings konkurrieren soziale Trägerschaften und theologische Einschätzungen.

Unabhängig von dieser ersten Typisierung, die elementare Zuschreibungen zu religiösen Klängen nachzeichnet, lassen sich weitere Aspekte betrachten, wie eine je spezifische Körperkultur. Es ist ein großer Bestandteil orthopraxer Kontrolle, wer und wessen Körper öffentlich zu einem Medium eines göttlichen oder mit einer transzendenten Dimension assoziierten Klanges werden darf und somit machtvoll auf die Zuhörenden wirkt: Männer oder auch Frauen, Chöre von Klerikern, buddhistische Sutras rezitierende Mönche oder eine Gemeinde? Diese Kontrolle erstreckt sich bis in grundsätzliche Konstruktionen von Körperlichkeit und Geschlecht hinein: Die abendländische Religionstradition kennt in ihren arrivierten Formen zwar Musik, aber über lange Jahrhunderte keinen Tanz; die Bewegtheit von Gospelchören ist immer noch ein milieuspezifisches Phänomen. Im Gegensatz dazu finden sich im alevitischen Cem Gemeindeglieder beiderlei Geschlechts und verschiedenen Alters, die im Mittelpunkt des Cem Evi und der Gemeinde zu sakralen Klängen rituell tanzen.

Die Gebäude sind ebenfalls Teil der Kodierung dortiger Klänge: Handelt es sich um ein echtes «Haus Gottes», also im engeren Sinn einen sakralen Raum, wie in der historischen Rückschau der Jerusalemer, einen

[28] Vgl. Helene Basu: Die Heilige und das Weibliche. Geschlechter-Konstruktionen im indo-muslimischen Sufismus, in: ZE 119/2 (1994), 215–227; dies.: A Gendered Indian Ocean Site. Mai Mishra, African Spirit Possession and Sidi Women in Gujarat, in: dies. (Hg.): Journeys and Dwellings. Indian Ocean Themes in South Asia, Hyderabad 2008, 227–255, hier 241–244, zu den heiligen zugeordneten Musikinstrumenten, mit denen die Spezialisten und Spezialistinnen zu mystischen Zwecken und Heilungszwecken agieren. Vgl. auch Martin Weinhart: Der Rote Sufi, Dokumentarfilm, Deutschland 2011, wo der Ethnologe Jürgen Wasim Frembgen durch ein pakistanisches Heiligenfest führt.

antiken oder heute einen Hindu-Tempel, Gurudwara, oder, durch Reliquien und ewiges Licht vermittelt, eine konsekrierte katholische Kirche? Oder betont man eher den Charakter eines Raums für den gemeinschaftlichen Gottesdienst wie – auch dem Namen nach – mit der Synagoge, der Kirche oder der Freitagsmoschee (*jami*ʿ) oder auch dem Cem-Evi der Aleviten? Das Gebäude ist traditionell in höchstem Maße ein materieller Spiegel theologischer und sozialer Vorstellungen, bis hin zum Ausdruck von Machtansprüchen, wo auch die Produzenten von Klängen reflektiert platziert werden. Bisher wird ein solcher Machtdiskurs für städtische Räume wahrgenommen und im Wechselspiel der Weltanschauungen, angesichts kritischer Anfragen an Kirchenglocken und Muezzin-Rufe, diskutiert.[29] Im sakralen Raum müssen wir uns solche Aushandlungsprozesse als vorgängig vorstellen. Neben akustischen Notwendigkeiten haben sozial und rituell zum Ausdruck kommende Rollen, verflochten mit theologischen Prämissen, dafür gesorgt, dass in langer Tradition der Priester vor Kopf vom erhöhten Altarraum aus agiert, eine Predigt von der Kanzel, eine Orgel aus halber Höhe und der Gesang der Gemeinde im Kirchenschiff erklingen. Der muslimische Prediger geht bewusst nur bis zur Mitte des Minbar, der Kanzel, um zum Ausdruck zu bringen, dass im Islam keine Hierarchie zwischen den Gläubigen besteht.

Viele Dimensionen von Klängen in Religionsräumen sind also spezifisch präfiguriert. Musik in interreligiösen Begegnungen wird somit wohl eine Sonderform bleiben, schon alleine, weil es höchst kompliziert ist, in gelingender Weise in einem Raum die unterschiedlichen Vorstellungen von Klängen, ihren Produzenten und deren adäquater Platzierung zusammenzubringen. – Die Auseinandersetzung mit Religionen und ihrer Architektur hat allerdings schon seit Langem ergeben, dass die scheinbar dauerhaft gesetzten Räumlichkeiten und die Zuschreibung von Grundfunktionen zu diesen keine absoluten Grenzen für das dortige Geschehen setzen.[30] Je nach Aufgeschlossenheit jeweiliger Nutzer ergeben sich hier Spielräume, auch für interkulturelle Veranstaltungen.

---

[29] Isaac A. Weiner hebt auf die Kirchenglocken ab: vgl. ders.: Sound, in: Brent Plate (Hg.): Key Terms in Material Religion, London u. a. 2015, 215–221; vgl. auch ders.: Religion out Loud. Religious Sound, Public Space, and American Pluralism, New York 2014; Patrick A. Desplat / Dorothea E. Schulz (Hg.): Prayer in the City: The Making of Muslim Sacred Places and Urban Life, Bielefeld 2012.

[30] Lindsay Jones: Hermeneutics of Sacred Architecture, Bd. 2, Cambridge 2000, 185.

4. Konstellationen der Begegnung religiöser Klangkulturen

Als exemplarische Einblicke dienen nun vier Skizzen interreligiöser und interkultureller Begegnungen in spezifischen Räumen. Sie sollen Muster und Möglichkeiten bestimmter Konstellationen aufzeigen. Immer geht es um interreligiöse Milieus, die in einem speziellen Setting gegenseitig Klänge ihrer religiösen Kulturen zu Gehör bringen; bisher erfolgt dies eher selten in eigens dafür konzipierten Räumlichkeiten.

1) Das erste Beispiel entstammt dem Kontext des «Hauses der Religionen» in Bern, das 2014 fertiggestellt wurde. Es stellt als ein Neubauprojekt von acht beteiligten Religionen eine große Besonderheit dar. Das Haus löst die strukturelle Herausforderung einer religionsverbindenden Architektur und Zeichenhaftigkeit: Einzelreligionen verfügen über einen eigenen Raum für spezifische rituelle Formen, ein Gemeinschaftsbereich dient gemeinsamen Projekten. In Bern existierte im Vorfeld eine besonders lebendige interreligiöse Szene, und bereits während der Entstehung des Hauses wurde der Annäherungsprozess der Religionsgemeinschaften durch Mediation und professionelle Konfliktlösungsstrategien gerahmt.[31]

Der konkrete Einblick repräsentiert einen ersten, in interreligiösen Begegnungen gängigen Fall: Eine Religionsgruppe öffnet ihre eigenen Räume und Liturgien für Gäste, die dann mehr oder weniger die Möglichkeit zur Teilhabe haben, mit dem Vorzug, einen authentischen Einblick zu genießen. In einer Rubrik der Homepage des Hauses der Religionen, wo die religionsspezifischen Räume vorgestellt werden,[32] ist auf einem Foto eine Gruppe buddhistischer Mönche zu sehen, die einen islamischen Freitagsgottesdienst der Moschee besucht. Betrachter sehen durch eine Gruppe von vier Männern, die im Hintergrund der Betenden stehen, hindurch auf Muslime, die gerade die Prostration im islamischen Gebetsritual vollziehen. Genau gesagt sind drei der vier Männer von hinten als buddhistische Mönche in einer typischen gelb-orangen Robe zu erkennen,

[31] Gerda Hauck-Hieronimi: Acht Weltreligionen – ein Dach – ein gemeinsamer Betrieb, in: Beinhauer-Köhler/Roth/Schwarz-Boenneke (Hg.): Viele Religionen – ein Raum?! (Anm. 3), 163–175, hier 166 f. 171. Siehe auch die Selbstdarstellung des prozesshaft verstandenen Projekts einer symmetrischen Begegnung von Religionen: Haus der Religionen (Hg.): Gegenwärtig, noch nicht fertig. Haus der Religionen – Dialog der Kulturen, Bern 2012.

[32] https://www.haus-der-religionen.ch/bilder und dort die Rubrik «Aus den Sakralräumen» (12.12.2017).

während ein vierter ganz links in einer indisch-pakistanisch wirkenden Kleidung nicht einer Religion zuzuordnen ist.

Dabei müssen wir uns die Klangkulisse des rituellen Freitagsgebets vorstellen, eine durch den Imam, den Vorbeter, vorgegebene Abfolge melodisch rezitierter Koransequenzen, wie die Fatiha, die erste Sure des Koran, oder gesprochene Lobformeln wie «allahu akbar», «Gott ist am größten», oder «subhan allah», «gelobt sei Gott». Natürlich ist dies nicht primär als Klangerlebnis konstruiert, sondern als eines des gemeinschaftlichen körperlich, sprachlich und innerlich vollzogenen Gebets innerhalb einer spezifischen Raum- und Körperordnung mit Ausrichtung nach Mekka. Die im Hintergrund gut auszumachende Gebetsnische hat nebenbei auch die Funktion eines Klangverstärkers, wenn der Imam sich ihr direkt zuwendet. Denn im Vordergrund der Betenden dürfen wir uns den Imam denken, der hier im Moment des Niederkniens nicht eigens erkennbar ist, aber das Gebet von seinem Platz vor dem Mihrab, der Gebetsnische, aus leitet. Als Teil des Salat, des Pflichtgebets, haben auch die nichtmuslimischen Besucher über ihr Hör- und Sehvermögen am Ritual teil. Dazu gehören rezitierte Koranverse, ebenso wie nur gemurmelte Gebetsformeln, also auch hier eine Mischung der Mediatisierung des Gotteswortes selbst und des Lobpreises Allahs. Im weiteren Sinne eines *soundscape* dürften aber ebenso die Geräusche der Männer, die sich im Wechsel von Stehen, Sitzen und Knien, durch den Teppich gedämpft, leise bewegen, zum Gesamteindruck beitragen.

Es fällt auf, dass die buddhistischen Besucher im vorliegenden Fall nicht ebenfalls auf dem Teppich Platz genommen haben, wie es andere Besuchergruppen in Moscheen durchaus tun. Dass die buddhistischen Repräsentanten stehen, markiert sehr wahrscheinlich eine gewollte Verhältnisbestimmung zweier *social bodies* (Morgan) mit nicht zuletzt eigenen Hörpositionen im Raum. So kann keine Verwechslung von Teilnehmern am Gebet und Gästen aufkommen. Die gegenseitige Wahrnehmung ist zwar gegeben und beiderseits gewünscht, aber die Möglichkeit einer inneren Berührung durch diese islamische gottesdienstliche Form der Verehrung, die immer auch das arabische Gotteswort zum Klang bringt und präsent macht, ist nicht intendiert oder soll jedenfalls nicht in Form eines offiziellen Fotos zum Ausdruck kommen.

2) Das zweite Beispiel repräsentiert ein verbreitetes Format, bei dem eine Kirche den Raum für eine interreligiöse Feier bereitstellt. Im Beispiel

geht es um eine interreligiöse Silvesterfeier in der Hamburger Christuskirche; ein regelmäßiges Ereignis, das 2016 unter dem Motto «Hass ist keine Alternative» stand und große Religionen einband. Hier liegt eine dichte Beschreibung teilnehmender Beobachtung vor, die ihren Reiz nicht zuletzt daraus bezieht, dass auch Hörerfahrungen im Rahmen eines umfassenderen *soundscape* dokumentiert wurden.[33] Aus dieser umfangreichen Beschreibung wird neben dem Weg des Beobachters in die Kirche ein ausgewähltes Teilereignis vorgestellt.

> «[...] Die Luft war geschwängert mit dem Duft von Schwarzpulver und hin und wieder zogen typische Rauchschwaden durch die Gegend. Nicht zu vergessen sind natürlich die kleinen Explosionen, die bereits einige Tage, vielleicht sogar Wochen vor dem eigentlichen Jahresübergang zu hören sind und von den kleinen Knallkörpern, den ‹Böllern›, ausgehen. In dieser Mischung aus Hast, Böllerduft und erwartungsvollem Ausnahmezustand ging ich dem Gebäude der Christuskirche entgegen.
>
> [...] Auf der Bühne, d. h. in dem Bereich zwischen der ersten Bankreihe und dem erhöhten Altarraum, herrschte geschäftiges Treiben, und es gab einiges zu sehen. Neben den festen Bestandteilen auf der Altarebene, wie dem Taufbecken und dem Altar selbst, fanden sich links auf mittlerer Höhe ein beleuchteter großer Stern, schräg darunter etwas unscheinbar eine kleine Krippenszene aus Holzfiguren sowie auf der rechten Seite des Altars ein pompöser, geschmückter und beleuchteter Weihnachtsbaum. Im dämmrigen Licht, das den Kirchenraum warm einhüllte, traten die beleuchteten Elemente besonders hervor. Die christliche oder zumindest die heute mit dem Christentum assoziierte Symbolik fällt hier direkt ins Auge. Dass sich das eigentliche Geschehen der Feier davor, d. h. vor dem Hintergrund dieser weihnachtlichen Szenerie abspielte, verkörpert sinnbildlich die christliche Gastgeberschaft des Events. Die Kirche umhegt und beherbergt hier im wahrsten Sinne das inter(/multi-?)religiöse Geschehen.
>
> [...] Der interreligiöse Kontrast wurde direkt zu Beginn auf eindrücklichste Art hergestellt. Unmittelbar vor den Altarstufen stand ein Hocker mit einer großen Laterne, auf der sich wiederum ein nestartig präpariertes Tuch befand. Sinn und Inhalt dieses Aufbaus wurden erst gegen Ende der

[33] Ich danke Herrn Mehmet Kalender, Universität Göttingen, sehr für die Bereitstellung dieses Teils des Manuskripts seiner im Entstehen begriffenen Dissertation über interreligiöse und interkulturelle Feiern.

Veranstaltung enthüllt. Daneben positionierte sich eine Gruppe von Musikern, die auf dem Programmzettel als ‹Krishna-Tempel-Musikgruppe› angekündigt wurde. Die vier Personen begannen zum Auftakt der Feier zu trommeln, zu klingeln, zu singen und forderten mit indisch anmutenden Klängen die weihnachtliche Aura heraus. Ein Hindupriester gesellte sich zu den Musikern auf die Bühne, erklomm die erste Stufe zum Altar und vollführte Bewegungen. Es dauerte einen kurzen Moment, Darbietung und Bühne zu verarbeiten, so dass der Priester mit seinen Bewegungen zunächst undefiniert das Bild bereicherte. Dann aber meine ich erkannt zu haben, was dort passierte. Er tanzte. Der Hindupriester bewegte sich rhythmisch zur Musik und drehte sich dabei. Sanft ließ er die Arme wiegen, hob sie bald hoch und senkte sie wieder. In sicher unbeabsichtigter Ähnlichkeit zum aaronitischen Segen breitete er die Arme auch aus, dabei war er mal zum Publikum gewandt und mal zum Altar und dem dahinter prangenden Buntglasfenster, in das dezent ein Kreuz eingearbeitet worden war. So irritierend und gleichzeitig bezaubernd die Szene war, so schnell ging sie auch zu Ende. Die Musik verstummte, die Protagonisten räumten die Bühne […].»

Das räumliche Arrangement wirkt in seiner Komposition eher zufällig. Die in der nachweihnachtlichen Kirche gesetzte visuelle Rahmung des Geschehens wird nicht zugunsten der Feier aufgehoben, wenn auch ein neues Element, das «Nest» als späterer Bezugspunkt der Feier hinzugefügt wird. Diese visuelle christliche Rahmung ist nicht zu unterschätzen, denken wir an das Zitat von Schulze zurück, der der Architektur als Vorgabe für leiblich umfassende Hörhaltungen hohen Stellenwert beimaß. Insofern erscheinen die hinduistischen Klänge dem Beobachter als eine Herausforderung der «weihnachtlichen Aura» der Kirche und ihres Dekors.

Der Brahmane agiert vor dem Altarbereich, was vom Beobachter als eine Bühnensituation wahrgenommen wird. Der kognitive Sinn der Aktivität erschließt sich nicht, das Geschehen regt jedoch zum Nachdenken darüber an, siehe beispielsweise der Verweis auf den Aaronitischen Segen, an den die Tanzhaltung des religiösen Spezialisten aus dem Hinduismus erinnert. Es kann davon ausgegangen werden, dass die Hindus für diesen gemeinsamen Gottesdienst ein exemplarisches Format wählten, mit dem sie in Musik und Tanz den Gott Krishna verehren. Der Beobachter ist davon durchaus affiziert, kann das Geschehen aber in der Kürze der Zeit kaum verarbeiten, ehe die nächste Religion ihren Beitrag beginnt. Auch wenn er in seiner Funktion als Forscher sicher nicht generell stellvertretend für die Masse der Teilnehmenden stehen kann, so gibt doch seine Dokumentation im Sinne einer teilnehmenden Beobachtung denkbare Wahrnehmungsmuster wieder.

Sicher führt die Konstellation mit dem weihnachtlich geschmückten Altarraum als Bühne für die Praxis anderer Religionen absehbar zu Irritationen. Womöglich erfüllt aber auch die bloße Anwesenheit einer Reihe in Hamburg heimischer Religionen ihren Zweck, und die sich versammelnde plurale Gruppe erfährt in dieser gemeinsamen Feier in der Kirche den Jahreswechsel als für alle gleichermaßen herausragenden zeitlichen Markpunkt verbindend. Die Klänge, die zwischen bekannt und unbekannt changieren und individuell in unterschiedlichem Maße affizieren mögen, scheinen ein nicht unwesentlicher Bestandteil der Gesamtatmosphäre einer solchen Veranstaltung zu sein, die wie erwähnt in der genannten Hamburger Kirche schon eine Tradition besitzt.

3) Die Berner Publikation von 2012 «Gegenwärtig – noch nicht fertig. Haus der Religionen – Dialog der Kulturen» bietet als Illustration einer dritten Konstellation erstaunlich viele Fotos und ganze Serien, die Klangerlebnisse dokumentieren. Der in Bern auch schon vor der Fertigstellung des eigenen Hauses intensive Dialog wird mit besonders lebendigen Eindrücken religiöser Feste illustriert, was in jedem Fall für die grundsätzliche Bedeutung von Klang und Musik im interreligiösen Kontakt spricht. Diese reichhaltige Dokumentation von Veranstaltungen mit religiös gemischtem Publikum lässt uns zwar die Klänge wieder nur imaginieren, aber gibt in hohem Maße Einblicke in die Settings räumlicher Positionierung und die *earpoints* der Teilnehmenden an interreligiösen Veranstaltungen.

Wiederholt wurde vor der Einweihung des Hauses bei besonderen Anlässen wie einem interkulturellen Fest ein dritter Ort genutzt, wo Religionsgemeinschaften Teile ihrer Glaubenspraxis präsentierten. Hier besteht eine Affinität zur Konstellation 2 mit der interreligiösen Silvesterfeier in Hamburg, insofern als verschiedene Religionsgemeinschaften gemeinsam eine Veranstaltung organisieren und bestreiten und sich wechselseitig in den ihnen vertrauten Formaten einbringen. Allerdings ist nun der Bühnencharakter noch ausgeprägter, weil der unmittelbar umgebende Raum kein Sakralraum ist. Es liegt auf der Hand, dass andere Möglichkeiten der Wahrnehmung einer Religion gegeben sind, wenn ihre Klänge nicht im Sakralraum einer anderen Religion ertönen und Brüche wie beim Brahmanen in der Hamburger Christuskirche wegfallen. Und im Unterschied zur Konstellation 1, wo Raum, Religion und Klang eine Einheit bildeten, ist nun eine artifizielle Inszenierung gegeben, allerdings für alle beteiligten Religionen in gleicher Weise.

So wurde 2007 anlässlich einer Ausstellung «Feste im Licht» in einer Werkshalle als vorübergehendem Vorläufer des Berner «Hauses der Religionen» unmittelbar neben dem auf Bildern noch sichtbaren Ausstellungsbereich auf einer Bühne indischer Tanz dargeboten. Die Abbildungen zeigen Musiker mit indischen Saiteninstrumenten sowie Tanzszenen, erhöht auf einer Bühne, die sich vor einem Zuschauerbereich erstreckt. Das erkennbar gemischte Publikum hat dort wie in einem Konzert oder Theater Platz genommen.[34] Diese Formation von Akteur/-innen und Publikum ist auch bei Ramayana-Vorführungen in einem indischen oder balinesischen Dorf Usus.

Positionierungen Agierender und Zuschauender bzw. Zuhörender können das Muster einer Bühne mit gegenüberliegenden Zuschauerreihen auch grundsätzlich variieren: Aleviten kennen eine Tanzvorführung als Teil ihrer typischen Liturgie im Cem, dem Gemeinschaftsgottesdienst. Zur Saz, einem Saiteninstrument, das mystische Klänge assoziieren lässt, tanzen ausgewählte Mitglieder der Gemeinde, Männer und Frauen, die in diesem Tanz, ähnlich wie beim Kreistanz der Mevlevi-Derwische, allesamt auf Gott bezogen sind. Die Gemeinde sitzt darum im Kreis.[35] Dies wird in Bern nachempfunden, wo allerdings auch Nicht-Aleviten in diesem umgebenden Kreis sitzen, hier nicht in einem Cem-Evi, sondern bei einem Sonderanlass, der Nacht der Religionen 2011, wo das Cem in einer Aula einer Berufsschule stattfand.[36] Das Publikum hatte die Wahl, dies als Musik- und Tanzvorführung wahrzunehmen, oder sich im Kreis sitzend auch als Teil des religiösen Geschehens zu begreifen.

4) Eine vierte Konstellation variiert die dritte: Wieder innerhalb eines neutralen Raums werden auf einer Bühne nun von Musikern mit vielfältigem Hintergrund in einer gemeinsamen Performanz religiös konnotierte Klänge dargeboten. Illustrieren mag dies die Mannheimer Gruppe Hosh

---

[34] Haus der Religionen (Hg.): Gegenwärtig, noch nicht fertig (Anm. 31), 79. 84 f.

[35] Ismail Kaplan: Das Alevitentum. Eine Glaubens- und Lebensgemeinschaft in Deutschland, Köln 2004, 76–79.

[36] Haus der Religionen (Hg.): Gegenwärtig, noch nicht fertig (Anm. 31), 189.

Neva (pers. für «schöne Melodie»), eine seit 1987 bestehende Musikgruppe mit türkisch-stämmigen muslimischen, aber auch christlichen Musikern, die sufische Traditionen des für seine religiöse Vielfalt bekannten türkisch-anatolisch-zentralasiatischen Kulturraums aufgreifen. Sie suchen eine religiöse Erfahrung, die Religionsgrenzen überschreiten kann. So heißt es im Booklet ihrer CD von 2004:

> «Dort gibt es keine islamische, jüdische, christliche oder hinduistische Mystik mehr, sondern nur noch das Erleben der einen, ewigen Realität. So musizieren bei Hosh Neva Muslime und Christen gemeinsam. Der interreligiöse Dialog ist der Gruppe ein wichtiges Anliegen.»[37]

Hosh Neva musizieren im Kontext des Mannheimer Vereins Gayanshala e. V. zur Pflege der Musikkultur des Orients, welche in der dortigen Wahrnehmung auch Indien inkludiert.[38] Die Gruppe musiziert auch auf Weltmusik-Festivals und dortigen Bühnen.[39] Eine religiöse Dimension entsteht dann nicht von vornherein durch Räume mit einer entsprechenden Anmutung. Die religiöse Dimension entsteht vielmehr durch die Konnotation der Klänge, getragene Melodien der Musikinstrumente Ney, Oud und Saz, des Tamburins sowie des Gesangs, die dem Sufismus zugeordnet werden können, und dies sicher auch seitens eines interessierten Publikums, das vorwiegend dann zu einem Konzert erscheint, wenn es sich zu dieser Art Musik affin fühlt. Bei diesen Konzerten tritt vor den Musikern manchmal auch eine Tänzerin oder ein Tänzer in der Tradition der Mevlevi-Derwische auf, was eine körperlich-räumliche Dimension der Musik visualisiert – zumal wenn man die Symbolik des Himmel und Erde verbindenden Tanzes kennt.

Dieses Beispiel zielt viel eher als alle vorherigen darauf ab, Nichtmuslime in eine islamisch konnotierte mystische Erfahrungswelt mit hineinzunehmen. In den vorherigen Fallbeispielen waren die Grenzen zwischen den separat oder zeitlich nacheinander in Erscheinung tretenden und sensuelle Angebote präsentierenden Religionen nach wie vor zu erkennen,

---

[37] Booklet der CD Hosh Neva: Hu, 2004, 4.

[38] www.gayanshala.sufismus.de/ (21.12.2017).

[39] https://www.youtube.com/watch?v=lOUPtqz5cF8 (19.12.2017) zum Konzert in München Gasteig 2016 oder beim Festival der Sufimusik im März 2017 in Flensburg: www.atem-raum-klang.de/wp-content/uploads/2017/01/2017_Mrz_Musikfestival.pdf (19.12.2017).

in den ersten beiden Beispielen schon alleine in Auseinandersetzung mit den religionsspezifischen Räumen; während im letzten Beispiel explizit eine Überschreitung dieser Grenzen intendiert wird, schon durch die Auffassung der Musiker, dass der Sufismus andere Religionen inkludiere.

5. Ausblick

Diese erste Betrachtung der Platzierungspraxis in konkreten Räumen, sowohl von Religionsmitgliedern als auch von Gästen mit den ihnen eigenen *earpoints* und *soundscapes*, kann helfen, das multidimensionale Geschehen gemeinsamer Klangerfahrung analytisch aufzuschlüsseln. Dabei ergeben sich als wesentliche Aspekte:

Der Raum: Ist es ein spezifischer Religionsraum oder ein für religiöse Performanzen vorgesehener religiös pluraler Raum oder gar ein «Raum der Stille»? Ist es ein religionsneutraler Raum wie eine Konzert- oder Stadthalle? Überall rahmt das räumliche Gepräge die wahrgenommene Zeichenhaftigkeit, inklusive der Klänge, und wird Emotionen der Identität oder Alterität, der symmetrischen oder asymmetrischen Religionsbegegnung evozieren.

Verortung im Raum: Gemeinschaften formieren sich in ihren Religionsräumen in unterschiedlicher Weise, sei es axial oder frontal auf einen Altar, die Gebetsnische oder den Toraschrein ausgerichtet, sei es kreisförmig wie beim Cem der Aleviten, oder sei es dezentral wie innerhalb eines Hindutempels mit unterschiedlichen Altären. Dort bestehen Wechselwirkungen mit jeweils geläufigen Kulturen der Performanz bis hin zum Theater, die auch beim vorliegenden Thema zum Tragen kommen.

Immer wieder fanden sich Variationen einer bühnenartigen Erhöhung, auf der religiöse Spezialist/-innen oder Musiker/-innen einen Beitrag leisten, der anderen, die als Zuhörerinnen und Zuhörer teilhaben, zu Gehör und Gesicht gebracht wird. Die physischen *earpoints* der Zuhörenden bilden dabei vordergründig eine eigene Formation; die Zuhörenden werden jedoch womöglich Unterschiedliches mit dieser Anordnung assoziieren, weil sie in unterschiedlicher Art und Weise in solche Formate sozialisiert sind. Eindrücklich sind mir zwei Konzerte als Begleitprogramm einer Tagung in Izmir in der Türkei in einem Konzertsaal in Erinnerung, wo Zuhörerinnen und Zuhörer klassischer osmanischer Musik keinesfalls konzentriert oder gar andächtig lauschten, sondern leise plauderten, Telefonate entgegennahmen, ein- und ausgingen. Wieder sei an die *sensational forms* (Meyer/Verrips) erinnert oder den *social body* (Morgan) und ganz speziell den *auditive habitus* (Schulze). Auch kulturelle Gewohnheiten werden Möglichkeiten einer persönlichen Teilhabe an einer Darbietung «religiöser Musik» auf einer Bühne regulieren oder aber pluralisieren.

Die Akteure sind vor allem in den spezifischen Klangkulturen der Religionen mit Funktionen und Rollen belegt. Sie sind nicht automatisch «Musiker», sondern vielleicht primär ein Brahmane und Ritualspezialist, als Imam Mittler des Wortes Allahs; sie besitzen eine Funktion in einem Spektrum von Spezialist/-innen wie der Kantor im Unterschied zum Rabbiner, der Kirchenmusiker im Unterschied zur Pfarrerin – oder es sind religiöse Laien, die beispielsweise bei den Baha'i bewusst keine religiösen Hierarchien, aber gerne Chöre bilden. Manches Mal mag auch die Migrationssituation verantwortlich zeichnen, dass eine Ausdifferenzierung religiöser Funktionen wie bei Christen und Juden mit religiösen Spezialisten und solchen für religiöse Klänge weniger vorhanden ist. Hier mag vor allem religionsintern ein Wissen um die Zuschreibung zu einer Akteurin oder einem Akteur wirken, während bei Außenstehenden diese Kenntnis meist fehlt, was in einer wechselseitigen Performanz allerdings innovative Zugänge der Wahrnehmung eröffnen könnte.

Zudem ist die Frage des Geschlechts ein Zeichen, das sehr verschieden belegt sein wird. Religiösen Systemen entsprechend wirken elaborierte Vorstellungen einer Anthropologie und Theologie, die für die Geschlechter in der Regel dezidierte Rollen in einer religiösen oder auch religionsaffinen Performanz vorsehen. So ging die Tochter eines Imams und populäre Musikerin Umm Kulthum in der Mitte des 20. Jahrhunderts in Ägypten mehrfach an die Grenzen des Denkbaren und verzichtete schließlich als Frau auf öffentliche Koranrezitationen und eine Einspielung des gesamten Koran.[40] Derartige Zuordnungen können innerhalb einer Religion sehr kontrovers diskutiert werden. Auch hier ist es eine Frage religionsübergreifenden Wissens übereinander, ob der Auftritt einer Person im Grenzgebiet religiöser Klangräume womöglich auch Grenzen innerhalb der Geschlechterkonstruktionen einer Kultur überschreitet.

[40] Laura Lohman: Umm Kulthūm. Artistic Agency and the Shaping of an Arab Legend, 1967–2007, Middletown 2010, 74 f. Einzelne Suren-Rezitationen im Radio haben sich erhalten.

Das Genre der Klänge ist vergleichbar von Bedeutung, jedenfalls für Kenner einer Religion, die all die oben genannten Zuordnungen – Klang als Repräsentation einer transzendenten Dimension, Musik als Gottesdienst und Verehrung usw. – einschätzen können. Dann verhindert das Wissen, etwa um die klingende Präsenz Gottes in der Koranrezitation, bei Menschen anderen Glaubens womöglich eine Teilhabe am Geschehen, wie bei den Buddhisten im Moscheeraum im Berner «Haus der Religionen».

Unter Umständen finden sich aber auch religiös anschlussfähige oder affizierende Musikstile, wie bei Hosh Neva die Sufimusik eines breiten geografischen musikalischen Raums, die im Selbstverständnis der Musiker auch die Religionsgrenzen auf der gemeinsamen Suche nach Gott überschreitet. Milieuspezifisch besteht eine Aufgeschlossenheit, sich genau durch solche Klänge, unabhängig von religiöser Herkunft unmittelbar berühren zu lassen.

Einige Projekte, so der in diesem Band beschriebene Interreligiöse Chor Frankfurt, setzen auf die oben beschriebenen Kenntnisse, um in thematischen Kompositionen mit Rekursen auf die jeweiligen Klang-, Rezitations- und Musikkulturen und auf der Basis gemeinsamer Diskussion der musizierenden Religionsvertreterinnen und Religionsvertreter, Spezialisten und Laien, gemeinsam neue Klangwelten zu entwickeln. Solche Projekte lassen sich nicht auf die Schnelle realisieren und benötigen ein hohes Maß an Sensibilität für je eigene und gegenseitige Erwartungen.

Ebenso wie auch Räume der Stille oder religiös plurale Raumarrangements dann dauerhaft mit Leben gefüllt werden können, wenn religionsspezifische Besonderheiten im Blick sind, so ist dies auch bei Klangexperimenten oder Musik in solchen und vergleichbaren Räumen denkbar. Idealerweise würde ein dafür vorgesehener Raum für die dortigen Akteurinnen und Akteure paritätische Voraussetzungen bereitstellen: eine architektonische Rahmung und Zeichenhaftigkeit des Interieurs, die keine Prädispositionen in Richtung einer Religion vorgibt, sondern symmetrische Begegnungen ermöglicht. Als ein Novum an die Ansprüche an derartige Räume müsste über die Frage nach einer festen Bühne samt Zuhörerbereich oder potenziell im Raum flexibel einzunehmende *earpoints* nachgedacht werden.

Unabhängig davon werden religiöse Klänge, wird speziell Musik das Potenzial haben, Menschen zu berühren und Grenzen bekannter Klangwelten zu überschreiten. Dies ist in kulturellen Übergangszonen im Mittelmeerraum seit Jahrhunderten der Fall. Fatih Akin hat in seinem Dokumentarfilm «Crossing the Bridge. The Sound of Istanbul» (Deutschland 2005) Musikgruppen diverser Stile präsentiert, samt lebendiger Reminiszenzen an die dort einst starke jüdische Kultur. Das Jugendradio des «Hauses der Religionen» in Bern entführt mit einer Grafik eines Raumschiffs mit jungen Musikbegeisterten aus verschiedenen Religionen utopisch in den Weltraum.[41] In ihrem spielerischen Potenzial auch zur Improvisation vermögen Musikerinnen und Musiker grundsätzlich Grenzen zu überschreiten, sodass manche hier gestellte Frage obsolet werden mag. Geht es jedoch um die Begegnung spezifischer *soundscapes* von Religionen, so spielen ihre gängigen Lokalisierungen und Verkörperungen eine große Rolle, um Potenziale ihrer gegenseitigen Wahrnehmung in einem spezifischen Raum reflektiert ausloten zu können.

---

[41] https://soundcloud.com/radiorabe/jugendradio-imhaus-der-religionen-was-ich-glaube-6-juli-2017mp3 (12.12.2017).

III. TEIL

MUSIKWISSENSCHAFTLICHE PERSPEKTIVEN

Britta Sweers

Musik in interkulturellen und interreligiösen Begegnungsprozessen: Ethnomusikologische Perspektiven

Musik als eine «verbindende Sprache»[1] – die «Brücken zwischen den Völkern»[2] (und Religionen) bauen und einen «Dialog über Grenzen hinweg»[3] aufbauen kann: Diese Schlagworte fallen häufig in Verbindung mit den Erfolgen des 1999 von Daniel Barenboim und Edward Said gegründeten West-Eastern Divan Orchestra, das aus israelischen, palästinensischen und anderen arabischen Musikern besteht – und vor allem, wie auf der Webseite des Orchesters unter dem Schlagwort «Equal in Music»[4] betont wird, die Koexistenz der verschiedenen Religionen betont. Ähnliche Beschreibungen finden sich, um ein jüngeres Beispiel zu zitieren, auch in Verbindung mit dem Syrian Expat Philharmonic Orchestra, das 2015 in Deutschland aus geflüchteten professionellen syrischen Musikern gegründet wurde.[5]

Aus der Perspektive der Ethnomusikologie ist jedoch kritisch zu hinterfragen, ob Musik tatsächlich eine Sprache ist, die alle Menschen, jede Kultur und Religion miteinander verbindet. Barenboims Jugendorchester funktioniert deshalb so beispielhaft, weil alle Musikerinnen und Musiker eine ähnliche westlich-kunstmusikalisch fundierte Ausbildung und damit

---

[1] Vgl. z. B. Christiane Habermalz: «Musik ohne Grenzen». Deutschlandfunk, 08.12.2016: www.deutschlandfunk.de/barenboim-said-akademie-musik-ohne-grenzen.1773.de.html?dram:article_id=373398 (01.02.2018).

[2] Vgl. Stefan Gerich: «Brücken zwischen den Völkern schlagen». Deutschlandfunk, 21.08.2005: www.deutschlandfunkkultur.de/ bruecken-zwischen-den-voelkern-schlagen.950.de.html?dram:article_id=133211 (01.02.2018).

[3] Gero Schliess: «Musikalischer Dialog über Grenzen hinweg.» Quantara.de, 12.07.2016: https://de.qantara.de/inhalt/interview-mit-daniel-barenboim-musikalischer-dialog-ueber-grenzen-hinweg (01.02.2018).

[4] Webseite West-Eastern Divan Orchestra: https://www.west-eastern-divan.org/ (01.02.2018).

[5] Webseite Syrian Expat Philharmonic Orchestra: www.sepo-philharmonic.com (01.02.2018).

Musiksprache teilen. Zugleich stammen sie aus soziokulturellen Kontexten, in welchen komponierte Instrumentalmusik und professionelles Musizieren über Geschlechtergrenzen hinweg wertgeschätzt wird. Viele Kulturen haben jedoch unterschiedliche Konzepte und Begriffe von Musik[6] oder gesellschaftliche Bedeutungszuweisungen und Rezeptionsweisen. Bereits in den sogenannten westlichen Kulturen lässt sich erkennen, dass diese zwischen den Gesellschaftsschichten und Generationen teilweise eklatant voneinander abweichen. Darüber hinaus hat musikalische Performanz eine identitätsbildende Funktion sowohl hinsichtlich ethnischer, nationaler als auch religiöser kollektiver Identitäten.[7] Sie kann also zugleich konfliktverstärkend sein, wie Lehrpersonen mit Kindern aus ex-jugoslawischen oder aus türkischen und kurdischen Herkunftskulturen in einer Klasse erfahren müssen, wenn die Präsentation bzw. Präsenz der jeweiligen Musik als – auch aus den Elternhäusern erlebte – nationale intendierte Abgrenzung und Provokation erfahren bzw. interpretiert wird. Sie kann auch mit nationalistischen Aktivitäten verbunden sein, sodass die Auseinandersetzung mit dem lokalen Konfliktpotenzial in diesen Projekten die Integration gerade behindern kann.[8]

Da Musik in nahezu alle menschlichen Bereiche hineinwirkt, ist jedoch die Arbeit mit interkulturellen Musikprojekten auch mit Blick auf den Verständigungsprozess zwischen den Religionen naheliegend. Dies nicht nur hinsichtlich der konfliktlösenden kulturpolitischen Rolle der Musik wie im Falle von Barenboims West-Eastern Divan Orchestra, sondern auch auf breiterer gesellschaftlicher Ebene: Während sich der Interreligiöse

---

[6] Guy L. Beck: Sacred Sound. Experiencing Music in World Religions, Waterloo (ON) 2006, 15–25.

[7] Vgl. dazu als Überblick Robert Lidskog: The Role of Music in Ethnic Identity Formation in Diaspora. A Research Review, in: International Social Science Journal 66/219–220 (2016), 23–38.

[8] Vgl. dazu u. a. Jens Knigge / Hendrikje Mautner-Obst (Hg.), Reponses to Diversity. Musikunterricht und -vermittlung im Spannungsfeld globaler und lokaler Veränderungen, Stuttgart 2013 sowie Britta Sweers: The Public Display of Migrants in National(ist) Conflict Situations in Europe. An Analytical Reflection on University-Based Ethnomusicological Activism, in: Svanibor Pettan / Jeff Todd Titon (Hg.): Oxford Handbook of Applied Ethnomusicology, Oxford/New York 2015, 511–550.

Chor Frankfurt direkt mit dem Verständigungsprozess zwischen den Religionen auseinandersetzt[9], werden primär weltliche Integrationsprojekte wie die Jeki-Programme gleichfalls von religiös geprägten Aushandlungsprozessen geprägt. Vor diesem Hintergrund diskutiert folgender Artikel Möglichkeiten und Perspektiven der wissenschaftlichen Auseinandersetzung mit Musik in interkulturell-religiösen Begegnungen, die weit über die moderne Migrationssituation hinausgehen, aus einer breiteren ethnomusikologischen Perspektive.

1. Musik im religiösen Kontext aus ethnomusikologischer Perspektive: Eine kurze Bestandsaufnahme

Da Musik wie auch der Klang und die Performanz eine derart zentrale Rolle in nahezu jeder globalen religiösen Praxis spielen und diese Verbindung weit in andere Lebensbereiche hineinreicht, haben sich die meisten Ethnomusikolog/-innen mit religiösen Aspekten in irgendeiner Form auseinandergesetzt. Wie Judith Becker, eine auf javanische Gamelanmusik spezialisierte US-amerikanische Ethnomusikologin, betont:

> «Music plays a constitutive role in the religious practices of many peoples, as a marker of liturgical moments, as an adhesive in producing psychological and physical unity in a congregation, and as a component in states of religious ecstasy. For the most part, however, the role of music in religious practices is not scripturically defined. Its function comes about through age-old custom and is part of ‹common› unreflective understandings.»[10]

Diese zentrale Rolle wird von Guy L. Beck, Herausgeber einer der ersten übergreifenden ethnomusikologischen Anthologien «Sacred Sound: Experiencing Music in World Religions», aufgegriffen: «[...] there were almost no communities or groups within the major world religions in which chant and music did not play a vital role»[11]. Wie Beck weiter ausführt, existiert eine intrinsische Verbindung zwischen Ritual und musikalischer Aktivität

---

9 S. dazu den Artikel von Bettina Strübel und Rainer Kessler in diesem Band.

10 Judith Becker: Tantrism, Rasa, and Javense Gamelan Music, in: Lawrence E. Sullivan (Hg.): «Enchanting Powers». Music in the World's Religions, Cambridge (MA) 1997, 15–59, hier 15.

11 Beck: Sacred Sound (Anm. 6), 1.

unabhängig von den teilweise extremen inhaltlichen Unterschieden in nahezu allen Religionen:[12] «[M]usic was the ‹glue› in the ritual that bound together word and action and also reinforced static social and religious hierarchies.»[13] Zugleich ist Musik kreativ und beweglich – und in manchen Kulturen teilweise deutlichen Veränderungen unterworfen.

In Einzelstudien sind musikalische Praktiken verschiedener religiöser Traditionen wie Judentum, Islam oder Hinduismus untersucht worden. Von besonderem Interesse sind aber gerade auch Untersuchungen zur Bedeutung von Musik in schriftlosen religiösen Ritualen wie etwa verschiedenen Formen des Schamanismus.[14] Grundlegende übergreifende ethnomusikologische Veröffentlichungen wie Becks Anthologie sind jedoch erst vergleichsweise spät erschienen bzw. fehlen nach wie vor – vielleicht auch angesichts der so großen Vielfalt und Komplexität. Selbst in Helen Myers' fachprägender Einführung in die Ethnomusikologie von 1992 fehlt ein grundlegendes Kapitel zu diesem Bereich; Religion wird hier einzig in Verbindung mit der Trennung in weibliche und männliche Sphären diskutiert, da entsprechend einseitige Perspektiven den Validierungsanspruch ethnomusikologischer Beobachtungen bei fehlender Reflexion des «Gender-bias» stark behindern können.[15] Dies zeigt sich ebenfalls in Bruno Nettls «The Study of Ethnomusicology: Twenty-nine Issues and Concepts»[16] – einer weiteren zentralen Facheinführung innerhalb der US-amerikanischen Ethnomusikologie: Auch hier wird Religion nur innerhalb

---

[12] Ebd.

[13] A. a. O., 2.

[14] Eine vollständige Übersicht der Publikationen würde hier den Rahmen sprengen. Beispielhaft seien daher nur genannt: Regula Burkhardt Qureshi: Sufi Music of India and Pakistan. Sound, Context and Meaning in Qawwali [1986], New York/Oxford ²2006; Simon Mills: Healing Rhythms. The World of South Korea's East Coast Heredity Shamans, Aldershot 2007; David Harnish / Anne K. Rasmussen (Hg.): Divine Inspirations. Music and Islam in Indonesia, New York/Oxford 2011; Jeffrey A. Summit: Singing God's Words. The Performance of Biblical Chant in Contemporary Judaism, New York/Oxford 2016.

[15] Vgl. Helen Myers (Hg.): Ethnomusicology. An Introduction, New York/London 1992; hier auch Margaret Sarkissian: Gender and Music, 337–348, hier 342.

[16] Bruno Nettl: The Study of Ethnomusicology. Twenty-nine Issues and Concepts, Urbana-Champaign (IL) 1983.

der breiteren Diskussion zu Funktionen der Musik, nicht aber als eigenständiger übergreifender Komplex behandelt. Es fehlen somit nach wie vor stärker vergleichende Darstellungen jenseits einer eurozentrischen Perspektive zu Kontext und Funktion, welche eine Grundlage zur weitergehenden Auseinandersetzung mit interkulturellen und -religiösen Schnittstellen bzw. auch Konfliktpunkten bilden könnten. Das beinhaltet gerade auch performative Aspekte: Wie Beck weiter betont, sind die meisten Liturgien mit einer Form der musikalischen Performanz verbunden. Dies betrifft in erster Linie grundlegende schriftliche Überlieferungen der religiösen Traditionen wie etwa den Koran, die Bibel und die Torah – um nur die drei monotheistischen Religionen zu nennen –, die in den gottesdienstlichen Liturgien performativ verklanglicht werden.

Das gilt aber auch für religiöse Rituale in Kulturen ohne primäre schriftliche Klangfixierung: Wie mir ein australischer Aborigine am Rande der Weltkonferenz des International Council for Traditional Music 2013 in Shanghai sagte, ist die Trennlinie zwischen Wort und Gesang in seiner Kultur ein gradueller, kein absoluter Gegensatz. Aus Becks Perspektive ist die Unterscheidung zwischen der oftmals aus westlich-europäischer Sicht vorgenommenen Trennung von Religion als Text einerseits und als performative Kultur andererseits nicht haltbar – auch nicht im Christentum: Musik und Choral sind zentral in der religiösen Erfahrung, weshalb eine Auseinandersetzung allein mit dem religiösen Text aus seiner Sicht für das tiefere Verständnis von Religion nicht ausreicht. Vielmehr muss der Kontext jeweils mit eingebunden werden.

Dies wird auch im Rahmenwerk der kulturanthropologisch geprägten ethnomusikologischen Herangehensweise reflektiert, welche immer die Auseinandersetzung mit der klingenden musikalischen Substanz mit der performativen Ebene verbindet und darüber hinaus in eine Untersuchung des (z. B. soziokulturellen) Kontextes mit seiner Vielfalt an Komponenten einbettet: Verschiedene Kulturen verwenden die teilweise extrem unterschiedlich geschaffene (komponierte oder improvisierte) Musik im religiösen Kontext zu oftmals sehr unterschiedlichen Zwecken – und in sehr unterschiedlichen Ausprägungen. Das betrifft nicht nur das musikalische Material selbst, sondern etwa auch die genderbezogene Beteiligung, die Ausführung (einstimmig oder mehrstimmig; mit oder ohne Instrumente, denen in den verschiedenen Religionen ein unterschiedlicher Stellenwert zugesprochen wird) oder den Stellenwert der Professionalität der Ausübenden. Das bedeutet aber, dass das Verständnis von Musik aufgrund dieser kontextgebundenen Wahrnehmung im interkulturellen Vergleich nicht einheitlich und somit oftmals keine universelle Sprache ist und gerade mit Blick auf einen tieferen Verständigungsprozess eine umfassende Auseinandersetzung benötigt.

Wie grundlegend die performative Seite selbst innerhalb des Christentums bei identischen liturgischen Komponenten abweichen und dadurch andere Interpretationen repräsentieren kann, zeigt die seit 2013 von der Ethnomusikologin Serena Facci geleitete vergleichende Studie zur Vielfalt christlicher Kulturen in Rom, die durch moderne Migration und den Zustrom von Flüchtlingen ab 2015 extrem angewachsen sind. Wie Facci in einer Tagungspräsentation 2017 berichtete,[17] werden in der Folge dieser Entwicklungen teilweise räumlich eigenständige – z. B. syrische und kongolesische – Kirchen mit hauptberuflichen Priestern neu gegründet. Zwar teilen alle Richtungen gemeinsame liturgische Elemente, unterscheiden sich jedoch – wie Faccis Team herausarbeiten konnte – grundlegend in der Performanz (etwa hinsichtlich der musikalischen Ausführung oder der aktiv beteiligten Gruppen) und Emotionalität teilweise erheblich, was die Frage aufwirft, inwieweit somit auch eine eigene Gottesdiensttheologie aus der liturgischen Performanz heraus entsteht.

2. Religiös geprägte Misstöne in interkulturellen Begegnungen

Wie schnell unterschiedliche religiös geprägte Auffassungen von Musik und musikalischem Kontext gutgemeinte Integrationsansätze erschweren können, lässt sich anhand des folgenden Beispiels verdeutlichen: 2011 gründete das Musikkonservatorium («Konsi») Bern die gemeinnützige Stiftung Jeki Bern mit dem Ziel, in enger Zusammenarbeit mit den öffentlichen Schulen der Stadt benachteiligten Kindern den Vokal- und Instrumentalunterricht zu ermöglichen.[18] Im Gegensatz zu Deutschland, wo JeKi («Jedem Kind ein Instrument») bereits in sehr vielen Städten fest

---

[17] Serena Facci / Alessandro Cosentino: Panel-Präsentation «Problems of Method in Fieldwork among the Immigrant Christian Communities in Rome», XXXXIII European Seminar in Ethnomusicology, 05.–09.09.2017, Tbilisi State Conservatoire, Georgien.

[18] Vgl. Flyer «Jedem Kind ein Instrument» (Jeki Bern): www.konsibern.ch/fileadmin/daten/2014/Flyer_2014/JekiBern_Flyer_RZ.pdf (01.02.2018).

etabliert ist, bleibt Jeki Bern – auch angesichts weiterer Projekte und Organisationen wie das durch die International Yehudi Menuhin Foundation gegründete «MUS-E Schweiz»[19] oder das stark von dem venezolanischen «El Sistema»-Projekt inspirierte und 2012 in der Schweiz gegründete «Superar Suisse»[20] – eher auf den lokalen Berner Kontext fokussiert. Wie sich in einer 2012–2017 durchgeführten begleitenden Evaluation durch die Musikwissenschaft Bern[21] gezeigt hat, war dies eher von Vorteil, da sich Jeki Bern stark an den lokalen Bedürfnissen (Ausrichtung auf die jeweilige soziale Quartiers-Situation) und Möglichkeiten (wie vorhandene Infrastruktur von Schulen, städtischem Konservatorium und öffentlichen Aufführungsräumen) orientieren und gut vernetzen konnte.

Ein zentrales Ziel ist dabei die Integration bzw. auch die interkulturelle Verständigung durch Musik. Jeki Bern baut dazu auf einer gestuften Unterrichtskonzeption auf: Davon ausgehend, dass Kinder am natürlichsten über die Stimme einen Zugang zur Musik finden, erfolgt in den ersten zwei Jahren zunächst obligatorischer Singklassenunterricht, bevor die Kinder im dritten und vierten Jahr für einen geringen Unkostenbeitrag (hundert Franken pro Semester) Zugang zum Instrumentalunterricht (für klassische Instrumente) – sowohl Einzel- als auch Ensemble-Unterricht – erhalten, während die Instrumente kostenlos ausgeliehen werden können. In der Langzeit-Evaluation[22] ließen sich positive Effekte bei den Kindern – gerade bei jenen mit Migrationshintergrund – eindeutig nachweisen: Unabhängig von der Begeisterung für Musik zeigte sich bei vielen Kindern eine Stärkung der Konzentration und des Selbstwertgefühls, was letztendlich auch auf die Integrationsfähigkeit ausstrahlt: So ließ sich nachweisen, dass die Kinder des Jeki-Programms tatsächlich auch wesentlich besser sozial integriert waren: Selbst jene Kinder, die den Jeki-Unterricht beendet hatten, blieben nachfolgend oftmals in Vereinen (z. B. im sportlichen Bereich) aktiv – im Gegensatz zu anderen Kindern, welche entsprechende

[19] Vgl. «Programm MUS-E»: www.mus-e.ch/mus-e/programm. asp?navid=2 (01.02.2018).

[20] Vgl. «Superar Suisse»: www.superarsuisse.org/ueberuns/ (01.02.2018).

[21] Durch die Autorin und ein studentisches Evaluationsteam (Samuel Inniger und Julia Jordi) 2012–2017.

[22] Als Kombination aus quantitativ-statischen Daten und qualitativen Interviews (u. a. mit Lehrkräften, Kindern, Eltern und Organisatoren) in zwei Untersuchungseinheiten (2012–2015; 2015–2017).

organisierte und sozial vernetzte Freizeitaktivitäten in einem deutlich geringeren Umfang wahrnahmen.

Zu den zentralen, von Schülerinnen und Schülern gleichermaßen wie von den Eltern wertgeschätzten Höhepunkten des immer noch wachsenden Programms gehört die jährliche Konzertveranstaltung. Gerade hier ließen sich jedoch im letzten Evaluationsblock (2015–2017) religiös begründete Konfliktpunkte erkennen: 2016 musste das Jahreskonzert aus organisatorischen Gründen kurzfristig vom KulturCasino auf einen anderen Konzertort ausweichen. Als idealer Raum erwies sich die von den Organisator/-innen als neutraler Ort für die musikalische Aufführung wahrgenommene Französische Kirche, welche – wie viele Kirchen – ebenfalls weltlichen Veranstaltungen offensteht. Wurden kirchliche Räume – wie in der ehemaligen DDR – in den religiös-liberaleren Regionen Europas als Alternativräume auch für weltliche Veranstaltungen wahrgenommen, so entwickelte sich hier innerhalb der modernen Migrationssituation ein Konflikt: Diverse Eltern mit muslimischem Hintergrund[23] meldeten in der Folge ihre Kinder für das Konzert ab. Dies verdeutlicht, wie sehr die Wahrnehmung und Erfahrung von Musik immer auch untrennbar mit den soziokulturellen, -politischen und religiösen Aspekten des physischen Raumes verbunden ist: Der Raum war, obwohl er nur eine Notlösung darstellen sollte, für die vermutlich aus vorwiegend konservativen religiösen Richtungen stammenden Familien zu stark religiös konnotiert. Vereinzelt zeigten sich entsprechende Probleme auch in den Singklassen bezüglich der engen Verflechtung von klanglicher Performanz und Gender, hier bezüglich des gemeinsamen Singens von Mädchen und Jungen, selbst bei weltlichem Repertoire. Dies mag vor dem Hintergrund, dass die weibliche Stimme in der Öffentlichkeit in diversen Kulturen ein Problem darstellt – und etwa im Iran und in Afghanistan lange verboten war – nicht verwundern, erschwerte jedoch die Integrationsansätze, die auf der gemeinsamen Singerfahrung aufbauen. Dafür eine langfristige Lösung zu finden, wird nicht nur für Jeki Bern eine der Aufgaben für die nächsten Jahre darstellen; diese und ähnliche Situationen verdeutlichen die übergreifende Notwendigkeit der Auseinandersetzung mit den religiös-kulturellen Konzepten aller beteiligten Gruppen.

[23] Es gab bisher aus keiner anderen Religion entsprechende Rückmeldungen.

3. Interreligiöse Begegnungen und Auseinandersetzungen in Nordskandinavien

Wie zentral der Akt der Performanz sein kann, lässt sich anhand eines interkulturellen und -religiösen Begegnungsprozesses in Verbindung mit den Saami-Kulturen illustrieren: Im Rahmen der alljährlichen Tagung des European Seminars in Ethnomusicology, die im September 2006 im schwedischen Jokkmokk am Polarkreis stattfand, gab es auch ein Konzert mit Joik-Gesang in der lokalen, 1886/1887 erbauten Kirche, die mit ihrer fast quadratischen Form den Zelten der früheren Lebensweise der Saamen nachempfunden worden war. Uns fiel auf, dass die schwedischen Kolleg/-innen sehr aufgeregt waren, denn das Konzert stellte ein absolutes Novum in der Geschichte der lokalen saamischen Kultur und im Verhältnis des Joiks zur regionalen christlichen Kultur, dem Laestadianismus dar.

Der Joik, die zentrale Vokaltradition der Saamen, wird oftmals als eine halb improvisatorische, teilweise jodelähnliche Gesangsform beschrieben. Die moderne finnische Joikerin Ursula Länsman-Pirttijärvi (* 1971), ehemaliges Mitglied der saamischen Joik-Gruppe Angelit, beschrieb die Wirkung und Funktion eines Joiks dabei wie folgt:

> «A *yoik* is not merely a description; it attempts to capture its subject in its entirety: it's like a holographic, multi-dimensional living image, a replica, not just a flat photograph or simple visual memory. It is not about something, it is that something. It does not begin and it does not end. A *yoik* does not need to have words – its narrative is in its power, it can tell a life story in a song.»[24]

Dieser Definition zufolge entsteht somit ein Objekt (z. B. ein Gegenstand, Tier, Mensch oder Berg) in jenem Moment, in dem es gejoikt wird, mit seinen ganzen Eigenschaften vor dem inneren Auge des Joikers oder der Joikerin – aber auch in der inneren Wahrnehmung jener anwesenden Personen, die mit der gejoikten Person in irgendeiner Form verbunden sind. Ein Joik ist somit nicht nur die Gesangskunst einer Einzelperson mit einer bestimmten musikalischen Struktur, sondern auch eine *Performanz,* in der etliche äußere und innere Faktoren zusammenspielen müssen, bevor z. B. eine Person in einer Art emotionalen Raum vor Joiker/-in und Zuhörer/-

[24] Ursula Länsman: Sámi Culture and the Yoik, in: Folk World 9 (5/1999): www.folkworld.de/9/e/sami.html (01.02.2018).

innen stehen kann. Darüber hinaus existiert eine untrennbare Einheit zwischen Joiker/-in, Gejoiktem und dem Joik (der/die Sänger/-in ist somit mit dem gejoikten Vogel, Menschen usw. identisch); und in der Vorstellung der Saamen ist eine Person erst dann wirklich tot, wenn man ihren Joik vergessen hat.[25]

Eine zentrale Figur in der frühen Joik-Dokumentation war der schwedische evangelisch-lutherische Pfarrer Lars Levi Laestadius (1800–1861), auch Begründer der in der Region noch immer vorherrschenden Erweckungsbewegung des Laestadianismus.[26] Laestadius, dessen Mutter selbst Saamin war, kombinierte u. a. den schamanischen Naturglauben der Saamen mit einer strengen christlichen Morallehre. Obwohl der Laestadianismus beispielsweise stark rhythmische Musik ablehnt, ist für diese Richtung, die sich durchaus als synkretisch bezeichnen lässt, noch immer ein sehr emotionales, fast ekstatisches Abendmahl kennzeichnend, das deutliche Ähnlichkeiten mit den schamanischen Trance-Sessions aufweist.[27]

Einerseits wurde der Laestadianismus sogar als Rettungsanker für die extrem unterdrückte, oftmals alkoholabhängige saamische Bevölkerung beschrieben,[28] andererseits führte die zunehmende Dominanz dieser Bewegung zu einer weiteren Entwurzelung, indem etwa die (seit dem 12. Jahrhundert belegte) schamanische Tradition verboten wurde. Jene war auch eng mit der ansonsten materiell sehr kargen Musiktraditionen verflochten,[29] insbesondere mit den Trommeln als zentralem Symbol, welche während der Kolonialisierungsphase Lapplands ab dem späten

---

[25] Darüber hinaus ist der Eigentümer des Joiks immer das Gejoikte, was im Gegensatz zur westlichen Urheberperspektive steht.

[26] Victor Cornell: Laestadianism and Its Role in the Loss of the Traditional Sámi Worldview, 2009:
www.utexas.edu/courses/diehtu/ siida/christian/vulle.htm. (01.02.2018).
Vgl. Britta Sweers: «Wie ein mehrdimensionales, lebendiges Bild …». Beispiele musikalischer Raum- und Zeitwahrnehmung aus ethnomusikologischer Perspektive, in: Hartmut Möller / Martin Schröder (Hg.): Musik – Kultur – Wissenschaft (Rostocker Studien zur Musikwissenschaft und Musikpädagogik 1), Essen 2011, 107–132.

[27] Cornell: Laestadianism (Anm. 26), 10.

[28] A. a. O., 6 f. Laestadius predigte gerade in seiner Anfangszeit stark gegen den Alkoholmissbrauch.

[29] Ebd.

17. Jahrhundert gezielt vernichtet wurden. Der zuvor erwähnte Konferenzort Jokkmokk wurde vor allem als Zentrum nordschwedisch-saamischer Kultur und durch das dortige «Ájtte – Gebirgs- und Saamenmuseum» bekannt, welches eine große Sammlung der verbliebenen Schamanen-Trommeln beherbergt. Auch der Joik als zentrale Vokaltradition wurde aufgrund der gleichfalls engen Verbindung mit dem Schamanismus marginalisiert – in Finnland war Joiken bis in die 1970er Jahre hinein verboten.[30]

Vor dem hier skizzierten Hintergrund wird nachvollziehbar, weshalb das Konzert regional als spektakulärer Akt erfahren wurde: Der Akt des Joikens war zuvor immer auch mit einem Widerstand gegen die hegemoniale Dominanz der christlich-schwedischen Nationalidentität interpretiert worden. Nach dem Konzert wurde wiederholt von einem Akt der Versöhnung gesprochen, aber im Gegensatz zu dem Berner Jeki-Projekt ging es bei der hier beschriebenen interreligiös-musikalischen Begegnung und Aussöhnung um zwei Glaubenssysteme, die sich akut – gerade in einem liberalen Kontext – nicht mehr als Bedrohung wahrnahmen.

Diese interreligiös-versöhnende Auseinandersetzung fand einen gleichfalls deutlichen Ausdruck in der «Arctic Mass» («Aelijes Gaaltije»).[31] Basierend auf der südsaamischen Liturgie wurde diese moderne Messe von dem norwegisch-saamischen Komponisten Frode Fjellheim (*1959) im Jahr 1995 als Auftragswerk geschrieben und erstmals 2000 auf dem Harstadt-Festival in Norwegen aufgeführt. Die kompositorische Gesamtstruktur folgt dem klassischen liturgischen Rahmen aus Kyrie – Gloria – Credo – Sanctus – Benedictus – Agnus Dei, welcher um traditionelle saamische Elemente ergänzt wurde, wie etwa der vierte Track «Jubmelen

[30] Tina K. Ramnarine: Acoustemology, Indigeneity, and Joik in Valkeapää's Symfonic Activism. Views from Europe's Arctic Fringes for Environmental Ethnomusicology, in: Ethnomusicology 53/2 (2009), 187–217, hier 197.

[31] Frode Fjellheim: Aejlies gaaltije – the sacred source – an arctic mass, Vuelie 2004 (vucd 801). Trackliste: 1. Preeludijumme (Prelude); 2. Kyjrie (Kyrie); 3. Jubmelem heevehtibie (Gloria); 4. Jubmelen vuelie (Yoik of God); 5. Tjåehkere (The Sacred Mountain); 6. Aejlies gaaltije (The Sacred Source); 7. Gamle året (Folk Tune from Lofoten); 8. Kun tieni aivan (A Finnish Hymn); 9. Biejjiem jih askem (A South Sámi Hymn); 10. Aehtjie mijjen (Pater Noster); 11. Laavloen heevehtibie (Benedictus); 12. Aejlies, aejlies, aejlies (Sanctus); 13. Jupmelen laampe (Agnus Dei); 14. Golme aejkien (Three Times); 15. Elmien Aehtjie (Father in Heaven).

vuelie» («Yoik of God»). Basierend auf einer Aufnahme und Transkription des schwedischen Joik-Sammlers Karl Tirén (1869–1955) reflektiert dieser hier instrumental eingespielte Joik einen der komplexesten spirituellen Aspekte der saamischen Kultur: Da im Akt des Joikens der/die Joiker/-in, der Joik und das Gejoikte als untrennbare Einheit wahrgenommen werden, sind hier in der Performanz Musiker/-in, Joik und Gott als untrennbare Einheit miteinander verbunden. Nachfolgend (Track 5) hat Fjellheim die Adaption eines Joiks an einen für die Saamen heiligen Berg ergänzt und damit eine Verbindung zwischen christlicher und saamischer Spiritualität geschaffen. Darüber hinausgehend sind aber die verschiedenen Kulturen der Skandinavier und Saamen nicht nur durch die transregionale sprachliche Kombination in der Liturgie und den Hymnen verbunden (Südsaamisch, Finnisch, Nordnorwegisch, Nordsaami und Latein). Vielmehr sind sie auch in der Performanz wie im Kyrie (Track 2) oder Gloria (Track 3) durch das Nebeneinander von individuell identifizierbaren kunstmusikalisch-westlichen, Folk- und Joik-Stimmen zugleich untrennbar miteinander verbunden. Fjellheim ist damit eine vielschichtige musikalisch-religiöse Fusion gelungen, wobei – gerade mit Blick auf gegenwärtige Prozesse in Europa – abermals betont werden muss, dass dieser Versöhnungs- und Verständigungsprozess eine jahrhundertelange Kolonialzeit Nordskandinaviens beendet.

4. Erweiterte Perspektiven durch die Soundscape-Forschung

Aufgrund der so unterschiedlichen Konzeptionen von Musik und Klang beschäftigt sich die Ethnomusikologie jedoch nicht nur mit Musik im engeren Sinne als harmonisch geordnete Klänge, sondern auch mit dem Klang im weitesten Sinne, was Umgebungsgeräusche und Lärm mit einschließt. Ein zentrales Themenfeld, das in den vergangenen Jahren an wachsender Popularität gewonnen hat, ist dabei die sogenannte Soundscape-Forschung: In der Auseinandersetzung mit sogenannten *soundscapes* geht es um die Erkundung von Klanglandschaften – in kartografischer Form, aber vor allem hinsichtlich der Analyse der soziokulturellen und politischen Bedeutungen, die Klängen zugeschrieben werden.[32] Diverse,

[32] Prägend war hier vor allem Raymond Murray Schafer: The Tuning of the World, New York 1977.

ebenfalls in Bern durchgeführte Forschungsprojekte[33] zeigen, dass die emotionale Bindung an Klänge eine zentrale Rolle im menschlichen Leben spielt. Aber auch in vielen Religionen hat der nach außen gerichtete Klang eine wichtige Funktion. Eine der wenigen Ausnahmen unter den großen Weltreligionen ist das Judentum (außerhalb Israels und größerer, insbesondere orthodoxer Gemeinden wie in New York), welches – nicht zuletzt aufgrund der jahrtausendelangen Verfolgung – oftmals (wie im Fall des Chassidismus) eine nach innen gerichtete Klanglandschaft entwickelt hat.[34]

Im Fall des Christentums stellen hier die Kirchenglocken das zentrale nach außen gerichtete Klangelement dar, deren Wahrnehmbarkeit in früheren Jahrhunderten sogar den Kirchenkreis markieren konnte.[35] Wie die noch vorhandenen Glockenfamilien größerer Kathedralen oder Dome belegen, prägten die Glocken den menschlichen Alltag – nicht nur als Zeitmesser (z. B. mit einer Mittagsglocke), sondern auch als Signalgeber für Hinrichtungen (Armesünderglocke) und Gefahren (Feuerglocke) – und gelten bis in die Gegenwart hinein als wichtige Warnsignale bei Sturmfluten in Norddeutschland. Im Rahmen des Berner Forschungsprojektes konnte das slowenische Team u. a. nachweisen, dass sich vor allem jene von den Kirchenglocken gestört fühlen (und diese zu falschen Zeiten hören), die nicht Kirchenmitglieder sind.

Bereits der Vergleich zu anderen christlichen Denominationen (z. B. den orthodoxen Kirchen) zeigt, dass jede Glaubensrichtung, ähnlich wie die liturgische Performativität, ihre eigene äußere *soundscape* hat, da der Umgang mit den Glocken teilweise sehr unterschiedlich sein kann. Das Nebeneinander christlicher Denominationen bedeutet somit auch ein Nebeneinander von religiösen *soundscapes* – die sich aber, anders als im Idealfall von schallisolierten Räumlichkeiten, gegenseitig durchdringen oder übertönen und somit zu extrem konfliktbelasteten Situationen führen

---

[33] Vgl. z. B. City Sonic Ecology. The Urban Soundscapes of Bern, Ljubljana, and Belgrade (SNF SCOPES Projekt 2014–2017; Projektleitung: Britta Sweers): http://citysonicecology.com (01.02.2018).

[34] Wie auf einem Diskussionsforum im Rahmen der Veranstaltung Tag der Klänge – «Wie klingt Religion in der Stadt?» – im Berner Haus der Religionen (22.10.2017) deutlich wurde, werden aufgrund der derzeit politisch bedrohlichen Situation inzwischen in der Synagoge auch die Fenster geschlossen gehalten.

[35] Vgl. dazu Schafer: The Tuning of the World (Anm. 32).

können. So war die Schweizer Volksinitiative «Gegen den Bau von Minaretten» (umgangssprachlich «Minarettverbot») von 2009[36] zwar einerseits vor allem auf die architektonische Seite ausgerichtet, legte damit aber andererseits die Basis für eine fehlende Abbildung der muslimischen Bevölkerung in der öffentlichen *soundscape*, wodurch diese auf einen inneren Klangraum begrenzt wurde.

In Bern ist die muslimische Gemeinde beispielsweise Teil des «Hauses der Religionen» – das, 2002 gegründet, sich seit 2014 in einem eigenen Gebäude am Europaplatz befindet und insgesamt acht Religionsgemeinschaften unter einem Dach beherbergt.[37] Obwohl architektonisch für ein religiöses Miteinander präzise durchgeplant, stellt das Gebäude dennoch Herausforderungen aufgrund der als nicht ganz optimal empfundenen Schalldämmung dar. Wie im Kontext einer Diskussionsrunde «Wie klingt Bern» zum Thementag «Tag der Klänge» (24.10.2017) im Haus der Religionen deutlich wurde, muss das klangliche Miteinander permanent neu ausgehandelt werden – etwa wenn die klanglich sehr durchdringenden Hindu-Rituale zeitgleich zu den buddhistischen Meditationen stattfinden. Hinsichtlich der äußeren *soundscape* hat sich gerade die Hindu-Gemeinschaft stark an die Schweizer Bedürfnisse angepasst – etwa, indem die Anzahl der Prozessionen reduziert wurde oder auch, indem auf Glockenklänge im Außenraum verzichtet wurde. Stattdessen wurde, wie Sivakeerty Thillaiambelem (Verein Saivanerikoodam) als Vertreter der Hindu-Gemeinschaft berichtete, der Klang der christlichen Glocken zu etwas Eigenem – als Repräsentant für den OM-Klang – adaptiert, indem innerlich beim Klang einer Kirchenglocke gebetet wird. Aus seiner Sicht macht es keinen Unterschied, welche konkrete Glocke hier ertönt.

Bereits die westlich-christlichen Konflikte um die Kirchenglocken illustrieren, dass ein zentrales Problem in der Lautstärke liegt, wobei in der Gegenwart vor allem die Verwendung von elektronischen Hilfsmitteln die Konflikte zwischen den Religionen extrem verstärkt: So wurde im März 2017 in Israel die sogenannte «Muezzin Bill» verabschiedet, wonach Lautsprecherdurchsagen an religiösen Stätten von 23.00 bis 7.00 Uhr verboten

[36] Vgl. dazu Eidgenössische Volksinitiative «Gegen den Bau von Minaretten», Schweizer Eidgenossenschaft, Bundeskanzlei BK: https://www. bk.admin.ch/ch/d/pore/vi/vis353.html (01.02.2018).

[37] Vgl. dazu die Webseite Haus der Religionen – Dialog der Kulturen: https://www.haus-der-religionen.ch (01.02.2018).

sind – und damit auch der morgendliche Gebetsruf.[38] Anders formuliert wurde hier der politisch-religiöse Konflikt durch die Implementierung eines Anti-Lärm-Gesetzes (das sich offiziell gegen eine technische Einrichtung, den Lautsprecher, richtet) beendet, jedoch nicht wirklich gelöst. Ähnliche Klangstrategien lassen sich jedoch gleichfalls innerhalb orthodoxer jüdischer Bevölkerungsschichten beobachten – etwa durch die Verwendung von Sirenen zum Beginn und Ende des Sabbats, was etwa in Brooklyn/New York zu entsprechenden Debatten und Fernsehberichten hinsichtlich der Lärmbelastung für die nichtjüdischen und Anwohner liberalerer Ausrichtungen geführt hat.[39]

Doch auch Märsche und Prozessionen gehören zu den äußeren Klanglandschaften, welche durch eine entsprechende Kontextualisierung – und Musik existiert niemals in einem neutralen Raum – verstärkendes Konfliktpotential in sich tragen: War es in Nordirland bereits der ebenfalls von Musik mit lokal-historisch eindeutig konnotierten Repertoires begleitete Marsch des protestantischen «Orange Order» am 12. Juli zum Sieg des protestantischen William of Orange über den katholischen James II. im Battle of Boyne (1690), so geht es im hinduistischen Kontext auch um den Lärmpegel selbst: So entschied sich der indische Supreme Court – ausgehend von der Beobachtung, dass Prozessionen (oftmals mit Trommeln und Lautsprechern), die an anderen religiösen Stätten vorbeiziehen, zu Konflikten wegen Lärmbelästigung führen – für die Implementierung einer gesetzlichen Regelung: Da die Verbreitung der entsprechenden Religionen mit Trommeln und Lautsprechern in den gesetzlichen Texten nicht ausdrücklich gefordert wird, ist er nicht zwingend notwendig – und muss entsprechend reduziert werden.[40]

Diese Beispiele werfen eine Vielfalt von Fragen nach dem klanglichen Umgang mit einem religiösen Miteinander auf: Ist es ein kakofones oder

---

[38] Vgl. dazu Raoul Wootliff / Alexander Fulbright: ‹Muezzin bill› passes first hurdle in stormy knesset session, The Times of Israel, 08.03.2017: www.timesofisrael.com/muezzin-bill-passes-first-hurdle-in-stormy-knesset-session/ (01.02.2018).

[39] Vgl. New York Neighbors. Brooklyn Synagogue Siren is Dangerously Loud, CBS, 28.10.2016: https://newyork.cbslocal.com/2016/10/28/bedford-stuyvesant-syngagoue-siren/ (01.02.2018).

[40] Ira Das: Staat und Religion in Indien. Eine rechtswissenschaftliche Untersuchung, Tübingen 2004, 92.

polyfones Nebeneinander? Unter welchen Voraussetzungen kann ein klangliches Miteinander funktionieren? Gibt es eine dominante Stimme? Werden weitere Stimmen zugelassen – oder als Bedrohung empfunden? Welche (auch historischen) Faktoren spielen hier noch mit hinein – wenn man etwa an die Konflikte in den südlichen Gebieten des ehemaligen Jugoslawiens denkt, wo die religiösen Klänge zugleich hochgradig emotional aufgeladen waren bzw. sind?

5. Interkulturelle Begegnungsprozesse aus musikpädagogischer Perspektive

Das wirft abschließend die etwas allgemeinere Frage nach dem praktischen Umgang mit interkulturell-religiösen Begegnungsprozessen im Europa der Gegenwart auf. Im Folgenden sollen einige Ansätze aus der mit der Ethnomusikologie verbundenen Inter- und Transkulturellen Musikpädagogik diskutiert werden, die sich seit den 1990er Jahren im deutschsprachigen Raum mit der Entwicklung eines entsprechenden Musikunterrichts beschäftigt – und deren Diskurse, aber auch Probleme sich gleichfalls auf den Umgang mit musikalisch-interreligiösen Begegnungen übertragen lassen. Das betrifft bereits die wissenschaftliche Ausgangssituation: Da sich Deutschland erst seit den späten 1990er Jahren offiziell als Migrationsland wahrzunehmen begann, gab es lange nur wenig ethnomusikologische Grundlagenforschung, welche als Basis für entsprechende pädagogische Adaptionen hätte dienen können: Es wurde vereinzelt zu türkischer Musik gearbeitet[41], aber mit Blick auf das komplexe kulturelle Mosaik Deutschlands ist die bisherige Forschung fragmentarisch. Da die Ethnomusikologie als Disziplin darüber hinaus gerade im deutschsprachigen Raum vergleichsweise klein ist, bleibt die notwendige Aufarbeitung schwierig, auch hinsichtlich der religiösen Musikkulturen oder dem durch die Religion bestimmten Verhältnis zur Musik (was weitere Aspekte wie Gender, Klasse, ethnische Zugehörigkeit usw. umfasst).

Die *Kontextualisierung* als zentrale ethnomusikologische Perspektive bliebt ein wichtiger Arbeitsschritt auch in der praktischen Umsetzung:

[41] Vgl. etwa Martin Greve: Die Musik der imaginären Türkei. Musik und Musikleben im Kontext der Migration aus der Türkei in Deutschland, Stuttgart/Weimar 2003.

Dies betrifft etwa die große Spannweite der adressierten bzw. thematisierten, z. B. religiösen Kulturen – mit einerseits hochgradig liberalen Muslimen, welche geschlechterübergreifend musikalisch aktiv sind, wie etwa eine britisch-iranische Kollegin muslimischen Hintergrunds, die in einem christlich-kulturellen Schulkontext sozialisiert und von der westlichen Kunstmusik, aber auch religiösen Geschichten ästhetisch angesprochen wurde. Als anderes Extrem stehen dem die in dem Jeki-Beispiel erwähnten konservativen Richtungen gegenüber, die nicht nur die geschlechtliche Trennung der Musikausübung betonen, sondern auch wesentlich schwerer für – gerade auch öffentliche – interkulturelle Projekte erreichbar sind als jene aus liberalen Kontexten.[42] Das Wissen um Kontexte kann aber ebenfalls hinsichtlich der Verortung der Musikausübung weiterhelfen: Eigene Seminar-Feldforschungen in Bern aus der Zeit von 2008 bis 2017 haben verdeutlicht (und dies lässt sich auch auf andere Kontexte übertragen), dass viele Migrant/-innen ihre Traditionen mitgebracht haben, die jedoch häufig in einem privaten Kontext oder innerhalb eigener Vereine ausgeübt werden. Gerade in Verbindung mit dem Rostocker «Polyphonie der Kulturen»-Projekt (2006/2008), in dessen Rahmen auch eine CD mit Weltmusik, Musik von Migranten und von interkulturellen Gruppen produziert wurde[43], aber auch in Bern hat sich gezeigt, dass Musik als Kontakt mit der öffentlichen Sphäre oft wiederum nur ein Medium für den liberaleren Teil der Migrant/-innen darstellt, während musikalische Fusionen im Sinne eines interkulturellen Austauschs vorwiegend in weltlichen und weniger bzw. langsamer in religiösen Kontexten erfolgen.

---

[42] Ich möchte hier nicht zu pessimistisch klingen, aber wie mir ein Vertreter des Verfassungsschutzes im Rahmen eines Rostocker Projektes über rechtsextreme Musik (Britta Sweers und Lena Fassnacht: Polyfonie der Kulturen. Bunt statt braun/HMT Rostock, 2 Tle., 2006/2008) sagte – erreichen kann man jene, die unsicher sind oder schwanken, aber nicht jene, die fundamental in der extremen Position sind. Diese sind nicht Ziel der Toleranzprojekte. Das lässt sich in abgewandelter Form auch auf interkulturelle Begegnungsprojekte übertragen. Vgl. Britta Sweers: The Public Display of Migrants in National(ist) Conflict Situations in Europe. An Analytical Reflection on University-Based Ethnomusicological Activism, in: Svanibor Pettan / Jeff Todd Titon (Hg.): Oxford Handbook of Applied Ethnomusicology, Oxford/New York 2015, 511–550.

[43] Vgl. Anm. 42.

Vielen erfolgreichen musikpädagogischen Projekten geht daher *eine Bestimmung der Schnittstellen zwischen den Kulturen* voraus – und auch Barenboims West-Eastern Divan Orchestra funktioniert nur mit der Schnittstelle der westlichen Kunstmusik. In der interkulturellen Musikpädagogik wurde das Auffinden von Schnittstellen zum Kern der praktischen Arbeit: Zentral für den *interkulturellen Schnittstellenansatz*, der von Musikpädagogin Irmgard Merkt[44] entwickelt und nachfolgend von Wolfgang Martin Stroh erweitert wurde,[45] sind die Elemente (Musik-)Erfahrung, interkultureller Vergleich und kulturelle Transformation. Auf der Basis einer wissenschaftlich grundierten Auseinandersetzung mit einer z. B. nichtwestlichen Kultur durch den Lehrer oder die Lehrerin steht hier zunächst das Auffinden von interkulturellen Gemeinsamkeiten (oder Schnittstellen) im Mittelpunkt. Damit soll es Schulkindern ermöglicht werden, Zugang zu anderen Musikkonzepten zu erlangen – in Form von Aufführungen, Diskussionen, aber auch in hörender Auseinandersetzung, die sich vom Vertrauten hin zum Unbekannten bewegt, abgerundet durch eine öffentliche Präsentation des Erarbeiteten.

Das dahinterstehende Ziel einer selbstbestimmten und sozial verantwortlichen Beweglichkeit innerhalb eines multikulturellen Deutschlands durch die Erfahrung mit Musik wurde nachfolgend als transkulturelle Musikpädagogik bezeichnet. Dies war nicht nur mit einer zunehmenden Wahrnehmung von Kultur als einem konstanten Prozess verbunden, welcher eine Vielfalt an Bedeutungen produziert,[46] sondern auch mit der Erkenntnis, dass Identitätskonstruktionen extrem vielschichtig sein können. Entscheidend für eine erfolgreiche Umsetzung ist daher eine klare (auch Selbst-)Reflexion der den Projekten zugrundeliegenden, oftmals sehr unbewussten Kulturkonzepte bzw. -ideale aller beteiligten Seiten: Wie unter-

---

[44] Irmgard Merkt: Das Eigene und das Fremde. Aspekte interkultureller Musikpädagogik, in: Reinhard C. Böhle (Hg.): Möglichkeiten der Interkulturellen Ästhetischen Erziehung in Theorie und Praxis, Frankfurt a. M. 1993, 141–151.

[45] Wolfgang Martin Stroh: Musik der einen Welt im Unterricht, in: Werner Jank (Hg.): Musikdidaktik. Praxishandbuch für die Sekundarstufe I und II, Berlin 2005, 185–192.

[46] Vgl. als frühen Vorläufer: Volker Schütz: Interkulturelle Musikerziehung. Vom Umgang mit dem Fremden als Weg zum Eigenen, in: Musik und Bildung 5 (1997), 4–8.

schiedlich die Ausrichtungen sein können, wird gerade anhand der Schlagworte von Inter-, Multi-, und Transkulturalität deutlich, die jeweils eine andere Herangehensweise betonen:[47]

Interkulturalität repräsentiert hier die dialogische Begegnung zwischen den Angehörigen verschiedener Kulturen, was zu einem neuen Begegnungsraum über das Entdecken gemeinsamer Schnittmengen führen kann, wobei aber kulturelle Differenzen beibehalten werden.

Multikulturalität, geprägt von der Perspektive des kulturellen Relativismus, beschreibt eine Form gesellschaftlichen Zusammenlebens, das von einem gleichberechtigten Nebeneinander verschiedener Kulturen ausgeht – d. h. die Kulturen werden als farbiges Mosaik wahrgenommen, in dessen Kontext das Zusammenleben von Anerkennung der Differenzen durch alle Seiten geprägt ist.

Transkulturalität repräsentiert eine wechselseitige Durchdringung, welche zu einer Auflösung der Grenzen zwischen dem Eigenen und dem Anderen und gleichfalls zur Entwicklung neuer kultureller Verbindungen führt.

Das zunehmende Plädoyer für eine transkulturelle Musikpädagogik kann dabei aber auch als Abgrenzung von weiteren, die pädagogischen Umsetzungen prägenden Konzepten verstanden werden, wie anhand von Dorothee Barths Differenzierung eines *normativen*, *ethnisch-holistischen* und *konzeptorientieren* Kulturbegriffs[48] deutlich wird:

Die bewertende oder vorschreibende *normative* Sichtweise legt (bewusst oder unbewusst) jene Normen fest, anhand derer Schülerinnen und Schüler lernen, Musik zu bewerten. Die oftmals in Lehrplänen vorgenommene Fixierung auf Werke der Hochkultur als Referenzpunkt steht jedoch der Alltagserfahrung der Schülerinnen und Schüler gegenüber, welche häufig andere Normen – gerade auch hinsichtlich ihrer popmusikalischen Sozialisation oder ihres Migrationskontextes – mitbringen. Dies wirft die Frage auf, was z. B. bei interkulturell-religiösen Projekten jeweils als Referenzpunkt genommen wird.

---

47 Die Begriffe werden teilweise sehr unterschiedlich definiert. Vgl. etwa Barbara Alge / Oliver Krämer: Glossar zentraler Begriffe, in: dies. (Hg.): Beyond Borders: Welt – Musik – Pädagogik. Musikpädagogik und Ethnomusikologie im Diskurs, Augsburg 2013, 249–256.

48 Dorothee Barth: Ethnie, Bildung oder Bedeutung? Zum Kulturbegriff in der interkulturell orientierten Musikpädagogik [2008], Augsburg ^{2}2013.

Barth geht darüber hinaus der Frage nach, inwieweit der Unterricht nicht oftmals von einer *ethnisch-holistischen* Wahrnehmung geprägt ist, welche eine andere Kultur als Einheit mit einer identifizierbaren kulturellen Basis betrachtet. Dadurch werden Differenzen innerhalb einer eigentlich aus individuellen Mikrokulturen bestehenden Kultur negiert und gleichzeitig deutlich abgegrenzt. Dieser Ansatz zeigt sich häufig in pädagogischen Materialien zu nichtwestlichen Kulturen, welche vor allem das Andere einer fremden Kultur hervorheben (z. B. japanische Shakuhachi-Musik), die Gemeinsamkeiten, etwa mit dem globalen Mainstream, eher übergehen und Musiker/-innen trotz generationsmäßiger oder soziologischer Unterschiede auf eine einzige ethnische Klangidentität reduzieren. Inwiefern liegt dieser Ansatz unbewusst auch interreligiösen Projekten zugrunde?

Der *konzeptorientierte* Ansatz geht schließlich davon aus, dass ein Individuum sich alle umgebenden kulturellen Elemente als etwas Eigenes aneignen kann. Ein einzelnes Musikstück oder Genre kann somit eine Vielfalt an Bedeutungen annehmen. Darüber hinaus wird davon ausgegangen, dass Teenager – wie Erwachsene – ständig sich ändernde Präferenzen haben. Musik in jeder Form bedeutet hier einen Weg, um eine vielschichtige Identität zu entwickeln – sei es mit Klezmer-Musik, Balkan-Rhythmen oder Hip Hop. Der transkulturellen Musikpädagogik entsprechend geht Barth von einem sehr optimistischen Ideal der Wahlfreiheit bezüglich der kulturellen Determinanten aus – was aber, wie ich hier argumentieren würde, nur in einem liberalen soziokulturellen Kontext funktioniert. Das sind Beobachtungen, die sich auch auf religiös-interkulturelle Projekte übertragen lassen.

Während ich diese Diskurse aus der inter-/transkulturellen Musikpädagogik hier nur kurz allgemein skizziert habe, so denke ich, dass viele musikalisch-interreligiöse Projekte von entsprechenden Überlegungen stark profitieren könnten bzw. dass diese als noch weiter auszubauender Orientierungsrahmen dazu beitragen könnten, mögliche Konfliktpunkte und Missverständnisse zu reflektieren.

6. Kurzer Ausblick

Da Musik auf so viele Lebensbereiche – bewusst und unterbewusst – einwirkt, ist die Bedeutung der Musik für Integrationsarbeit, gerade auch auf religiöser Ebene, nicht zu unterschätzen. Aber es sind schwierige Gratwanderungen, die ohne die entsprechende Reflexion leicht in das Gegenteil umkippen können. Und gerade Religion stellt für die gesellschaftlich-praktische Anwendung von wissenschaftlichen Beobachtungen eine besondere Herausforderung dar, die lange auch unterschätzt wurde. Doch die Ergebnisse zeigen, dass es sich lohnt und dass eine engere Zusammenarbeit zwischen Ethnomusikologie bzw. Musikwissenschaft und Theologie extrem bereichernd sein kann.

Barbara Alge

Musik und religiöse Erfahrung: Musikethnologische Perspektiven

Während ich die Bedeutung von Musik als einem Aspekt religiöser Handlung bereits an anderer Stelle diskutiert habe[1], versteht sich dieser Beitrag als Erweiterung der Diskussion der Frage «Was ist religiöse Musik?» und problematisiert religiöse Erfahrung mit Musik aus Sicht einer ethnografisch orientierten Musikethnologie[2]. Ich frage, ob Musik selbst eine religiöse Erfahrung hervorrufen und eine Begegnung mit dem von Rudolf Otto als «Heiliges» Bezeichnetem[3] ermöglichen kann oder ob sie erst durch den Kontext, in dem sie stattfindet, religiös wird. Theoretische Überlegungen unter Einbezug von Musikethnologie (Blacking, Reily, Beck, Meneses)[4], Anthropologie (Csordas[5]), Musikpädagogik (Stange[6]),

---

[1] Barbara Alge: Musik als religiöses Ritual: Die Folia im Heiliggeistkult der Azoren, in: Peter Bubman / Birgit Weyel: Praktische Theologie und Musik (VWGTh 34), Gütersloh 2012, 13–29.

[2] Dass eine rein funktionale Erklärung von Musik nicht ausreicht, wenn der Mensch mit Musik auch religiöse Erfahrungen machen kann, darauf weist der Musikwissenschaftler Rainer Bayreuther hin (ders.: Was ist religiöse Musik?, Badenweiler 2010).

[3] Rudolf Otto: Das Heilige. Über das Irrationale in der Idee des Göttlichen und sein Verhältnis zum Rationalen [1917], München 2014. Ich ziehe Otto – womöglich naiv, da ich mit religionswissenschaftlichen Diskursen nicht vertraut bin – hinzu, um eine deutsche Entsprechung zu finden für das, was im Englischen als «sacredness» bezeichnet wird.

[4] John Blacking: How Musical is Man?, Seattle (WA) 1973; Suzel Ana Reily: Voices of the Magi. Enchanted Journeys in Southeast Brazil, Chicago 2002; Guy L. Beck (Hg.): Sacred Sound. Experiencing Music in World Religions, Waterloo (ON) 2006; Juan Diego Meneses: Listening with the Body. An Aesthetics of Spirit Possession Outside the Terreiro, in: Ethnomusicology 60/2 (2016), 89–124.

[5] Thomas Csordas: Embodiment as a Paradigm for Anthropology, in: Ethos 18/1 (1990), 5–47.

[6] Christoph Stange: Religiöse Musik unter veränderten Vorzeichen, in: Diskussion Musikpädagogik 48/10 (2010), 47–51.

Ritualstudien (Rappaport, Turner, Kertzer)[7] und Religionswissenschaft (Münster, Laack)[8] werden am Beispiel einer Folia-Musikgruppe der Heiliggeistfeste auf den Azoren durchexerziert.

Sowohl Musik als auch Religion verstehe ich als kulturelle Praktiken, die erst im Kontext, also unter Berücksichtigung des wechselseitigen Einflusses verschiedener zur Praxis gehörender Elemente, ihre Bedeutung erhalten und Erfahrungen, Vorstellungen und Assoziationen generieren. «Religion», «das Heilige», «Musik» und in Folge auch «religiöse Musik» verwende ich als diskursive Konstruktionen, deren Definition vom Erkenntnisinteresse des jeweiligen Betrachters abhängt und deren Bedeutung ebenfalls erst aus dem historisch, kulturell, ökonomisch und sozial geprägten Kontext erwächst. Die Begriffe sind als ethnozentrische Kategorien zu verstehen und sind einer Verwendung als interkulturelle Analysekategorien nicht dienlich.

«Religion» verstehe ich als ein System, das den Menschen dazu dient, die Welt zu interpretieren, das soziale Verhaltensnormen in einer bestimmten Gruppe von Personen vorschreibt und Menschen in ihrer Beziehung zur metaphysischen und göttlichen Welt Orientierung gibt. Das religiöse Feld ist ein komplexes System von Ideen, Praktiken und Akteur/-innen, in dem unterschiedliche Austauschprozesse stattfinden und in dem Grenzen auf flexible Weise und situiert innerhalb und außerhalb des religiösen Feldes markiert sind.[9] Charakteristika verschiedener Komponen-

---

[7] Roy A. Rappaport: Ritual and Religion in the Making of Humanity, Cambridge 1999; Victor Turner: From Ritual to Theatre. The Human Seriousness of Play, New York 1982; David I. Kertzer: Ritual, Politics, and Power, New Haven/London 1988.

[8] Daniel Münster: Religionsästhetik und Anthropologie der Sinne. Vorarbeiten zu einer Religionsethnologie der Produktion und Rezeption ritueller Medien, München 2001; Isabel Laack: Religion und Musik in Glastonbury. Eine Fallstudie zu gegenwärtigen Formen religiöser Identitätsdiskurse, Göttingen 2011.

[9] Ich lehne mich hier an Isabel Laacks Definition des religiösen Feldes an: «[…] der Forschende [findet] ein fluides und vielfältig schillerndes ‹Feld› von religiösen Ideen, Praktiken und Akteuren [vor], in dem diverse kreuz und quer verlaufende Austauschprozesse stattfinden und Grenzen sowohl innerhalb als auch zum ‹nicht-religiösen› (Um)feld flexibel und situativ gezogen werden.» (A. a. O., 25.)

ten dieses Feldes sind nicht nur von der Perspektive des Betrachters bestimmt, sondern auch von seiner Beziehung zu anderen sozialen und kulturellen Tatsachen in der Vergangenheit und Gegenwart.

1. Religiöse Erfahrung

Die religiöse Erfahrung ist nach Gustav Mensching ein «Ergriffensein» – ein Gefühl, das mehr als Emotion und Kognition ist und das Leben existenziell erfüllt und bestimmt.[10] Es handelt sich dabei um eine Kategorie der christlich-jüdischen Philosophie, die sich auf eine Erfahrung des Transzendenten und der Begegnung mit dem «Heiligen» bezieht. Das Transzendente – so füge ich hinzu – birgt allerdings die Problematik, dass es sich eigentlich jeglicher Definition entzieht. Schwierig zu fassen ist auch der Begriff des «Heiligen». Dieser leitet sich vom lateinischen *sacrum* ab, einem Wort, das sich auf die Götter bezieht oder etwas, das in deren Macht ist. Die Erfahrung des Heiligen bezeichnet Otto mit dem Begriff des Numinosen – ein Begriff, der sich auf die Gefühle bezieht, die sich der rationalen Kognition entziehen und starke Emotionen hervorrufen.[11] Um die Sakralisierung, also die Heiligmachung, von Objekten und Räumen zu verstehen und zu spüren, muss man um diese Kategorie der Sakralisierung wissen. Dieses Wissen wird durch Enkulturation und Erfahrung erlangt, und, so behaupte ich mit dem Anthropologen Thomas Csordas, es braucht auch eine Verkörperung dieses Wissens, ein Körperwissen, ein – wie Csordas schreibt – «Embodiment in charismatischer religiöser Erfahrung»[12]. Das Heilige (orig. «the sacred») bezeichnet Csordas als eine Modalität menschlicher Erfahrung.[13]

---

10 Mensching, zitiert in Udo Tworuschka: Homo religiosus audiens. Der Beitrag Gustav Menschings zu einer ‹Religionsphänomenologie des Auditiven›, in: Hans Gerold Hödl / Veronika Futterknecht (Hg.): Religionen nach der Säkularisierung, Festschrift für Johann Figl zum 65. Geburtstag, Wien 2011, 355–377.

11 Otto: Das Heilige (Anm. 3).

12 Csordas: Embodiment as a Paradigm for Anthropology (Anm. 5), 34.

13 Ebd.

Die Bedeutung des Körpers in der Sakralisierung von Musik wird auch im Artikel «Listening with the Body: an Aesthetics of Spirit Possession Outside the *Terreiro*» von Juan Diego Diaz Meneses thematisiert.[14]

> Practitioners perceive music not merely through a layer of cognitive categories and symbolic associations, but with a trained and responsive body, through habits copied from others and socially reinforced, and by means of their own musical skills, arduously acquired and actively engaged in listening.[15]

In Anlehnung an dieses Zitat von Greg Downey argumentiert Meneses, dass Praktizierende des afro-brasilianischen Candomblé-Rituals in ihrer Wahrnehmung der Musik des Candomblé außerhalb des rituell-religiösen Kontexts auf ihr Wissen und ihre Erfahrung ritueller Verkörperung zurückgreifen. Auch wenn die Musik des Candomblé von einem Jazz-Orchester auf die Bühne gebracht wird, ist es manchen Praktizierenden möglich, die Geheimnisse des Candomblé bzw. seine Religiösität in sich zu spüren. Es gelingt dem Jazzorchester Rumpilezz aus Bahia, eine mystische und heilige Aura auf der Bühne herzustellen, wenn sie Musik des Candomblé in rekontextualisierter Weise darbietet. «Sacred energies» kommen dann beim Publikum an, wenn dieses den auf die Bühne gebrachten Candomblé-Gesängen positiv gegenübersteht und vorher möglichst schon mit Candomblé in Berührung gekommen ist. Es braucht also die entsprechende Einstellung, eine entsprechende Prädisposition jedes Einzelnen.

Anstatt von «religiöser Erfahrung» zu sprechen, schlägt die Ethnomusikologin Suzel Ana Reily das Konzept der «Verzauberung» (*enchantment*) des Soziologen Max Weber vor. Dieses Konzept ist offener und erlaubt die Analyse von Erfahrungen performativer Praktiken auf der Ebene des Individuums trotz des kulturell markierten Inhalts. «Verzauberung» ist nach Reily ein geladener Erfahrungsraum, in dem die Gläubigen einen Moment der harmonischen sozialen Ordnung erleben und in dem die vom religiösen Diskurs vorgeschriebene Moral von allen akzeptiert wird. Damit diese «Verzauberung» stattfinden kann, braucht es eben eine bestimmte Prädisposition der Ausführenden der religiösen Praxis, die wiederum beeinflusst

[14] Meneses: Listening with the Body (Anm. 4).

[15] So der Anthropologe Greg Downey, zitiert nach Meneses: Listening with the Body (Anm. 4), 94.

ist von Gedächtnis, dem aktuellen Zustand der Teilnehmenden und dem Raum, in dem sie sich treffen.

Dass Musik, Gerüche, Klänge, Texte, Rezitationen, und andere performative Praktiken und Rituale Medien religiöser Erfahrung sind, zeigt uns die Religionsästhetik. Kognitive und sinnliche Momente der religiösen Handlung verschmelzen zu einem Gesamterlebnis, die ästhetische und diskursive Dimension von Religion verschmilzt zu einer untrennbaren Einheit.

Ritual verstehe ich in diesem Zusammenhang mit David Kertzer[16] als kulturell standardisierte, wiederholte Aktivität von primär symbolischem Charakter, die die alltägliche Funktion und Bedeutung von Raum und Zeit verändert. Rituale haben immer Anfang und Ende. Ihnen können vielfältige Bedeutungen zugeschrieben werden. Dabei geht es nicht nur um semantische, kognitiv erfassbare Bedeutungen, sondern auch um die ästhetischen, sinnlichen Bedeutungen und Wirkungen.

2. Religiöse Musik

Während Klang eine im Raum physisch messbare Schwingung ist, ist Musik nicht etwas physisch Messbares, sondern entsteht aus dem Prozess der Wahrnehmung. Nicht alle Gesellschaften der Welt verwenden das Wort «Musik», um von Praktiken zu sprechen, die aus europäischer Sicht als Musik kategorisiert werden würden. Damit Klang zu «Musik» wird, braucht er Assoziationen. Oder, um mit dem Ethnomusikologen John Blacking zu sprechen, Musik ist «menschlich organisierter Klang», zusammengesetzt aus Aspekten, die als «musikalisch» wahrgenommen werden (z. B. Klang, Partitur) und Aspekten, die als «außermusikalisch» oder sogar «nicht-musikalisch» wahrgenommen werden (sozialer, kultureller und historischer Kontext).[17] Musik kann, so Bayreuther, transzendent wirken und verzaubern, ohne religiös zu sein. Dazu braucht es eine Interaktion zwischen ästhetischer Erfahrung und Botschaft.[18] Klang allein ist wie ein

---

[16] Kertzer: Ritual, Politics, and Power (Anm. 7), 9.

[17] Blacking: How Musical is Man? (Anm. 4).

[18] Bayreuther: Was ist religiöse Musik? (Anm. 2). Vgl. auch Meneses: Listening with the Body (Anm. 4).

leeres Gefäß, er hat keinen Inhalt. Er braucht metaphorische Assoziationen, um bedeutend zu werden.

«Religiöse Musik» trägt dazu bei, religiöse Texte, Gedanken, Gefühle, Wünsche und Sehnsüchte zu generieren oder auszudrücken. Sie organisiert die rituelle Zeit und verbindet eine bestimmte soziale Gruppe auf bestimmte Art mit einem System der Interpretation der Welt, für das ein nicht verfügbares Transzendentes konstitutiv ist und in Form einer Lebenspraxis verbindlich wird. Religiöse Musik verbindet das Wort und die Handlung. Sie stärkt soziale und religiöse Hierarchien. Die Einbettung religiöser Musik in die jeweilige Kultur ist ein notwendiges Element bei der Bestimmung des Begriffs religiöser Musik, so schreibt der Musikpädagoge Christoph Stange. Religion ist integrierender Teil der Lebensführung und religiöse Musik etwas im Leben Integriertes. Entscheidend für Stange ist dabei die Intention, die Musik in der für die jeweilige soziale Gruppe typischen Weise an ein Weltdeutungssystem anzubinden, für das ein unverfügbares Transzendentes konstitutiv ist und das in Form einer Lebenspraxis Verbindlichkeit erfährt.

Der schwedische Musikwissenschaftler Eyolf Østrem betont, dass jede Musik potenziell religiös ist. Die Frage ist nicht, *was* sie bedeutet, sondern *wie* sie bedeutet.[19] Das Religiöse kommt nicht von der Musik, sondern von ihrer Beziehung zu anderen Elementen religiöser Praxis. Laut Rainer Bayreuther wird Musik religiös, wenn sie mit einer religiösen Erfahrung verbunden wird, eingebettet in eine bestimmte kulturell-religiöse Praktik und basierend auf dem religiösen Gefühl, das der Hörer und die Hörerin mitbringt. Die religiöse Erfahrung der Musik fällt mit der kulturell-religiösen Praxis zusammen und wird durch Imitation und Kollektivierung kulturalisiert.[20] Der Mensch hört nicht nur die Worte des religiösen Diskurses, sondern – so Hans-Günter Heimbrock – erreicht die religiöse Erfahrung durch die Wahrnehmung von Klängen.[21]

In seiner Studie über «Die Musik und das Unaussprechliche», geht Eyolf Østrem unter anderem von einer Opposition zwischen «Vernunft»

---

[19] Eyolf Østrem: Music and the Ineffable, in: Siglind Bruhn (Hg.): Voicing the Ineffable: Musical Representations of Religious Experience (Interplay: Music in Interdisciplinary Dialogue 3), Hillsdale (NY) 2002, 287–313, hier 306–311.

[20] Bayreuther: Was ist religiöse Musik? (Anm. 2), 10. 28. 45.

[21] Hans-Günter Heimbrock: Über die religiöse Wirkung von Klängen. Phänomenologische und psychoanalytische Zugänge, in: APR 22/1 (1997) 100–115, hier 105.

und «Emotion» aus, wie sie von Augustin vorgeschlagen wurde: auf der einen Seite gibt es das Herz, die Freude, den Affekt, das Lied und den Klang – also all das, was sich mit Worten nicht sagen lässt; auf der anderen Seite gibt es die Worte mit ihrer Bedeutung.[22] Das rationale Denken identifiziert sich mit einem konzeptuellen und verbalen Verstehen, während sich die Emotion mit dem identifiziert, was man nicht mit Worten sagen kann. Emotion identifiziert sich mit Klang, also mit dem Sinnlichen, dem Körperlichen, dem, was an kein Konzept gebunden werden kann. Sie verbindet sich auch mit der Seele und zugleich, über die Verbindung der Seele mit dem Göttlichen, mit einem «Gott». Das Sinnliche wird durch sein Unaussprechliches zu einem direkten Weg zu Gott – zu dem, der letztendlich das Unaussprechliche ist. Für Østrem ist Musik nicht nur eine Nachahmung von Emotionen, sondern wird zu einem Mittel, durch das Emotionen direkt ausgedrückt werden können ohne den Umweg über die konzeptuelle Sprache. Wie Suzel Reily schreibt, verknüpfen sich religiöser Diskurs und ästhetische Erfahrung durch die musikalische Performance, und die Teilnehmenden tendieren dazu, den rituellen Raum als Begegnung mit einer moralischen Ordnung des Heiligen (orig. «the sacred») zu erfahren.[23]

Eine Definition von religiöser Musik verbirgt sich in dieser Beziehung zwischen Wirkung und Kontext. Raum und Klang konstituieren sich gegenseitig in der Schaffung des Heiligen. Form und Inhalt können nicht getrennt werden. Mittel wie Klang tragen nicht nur eine Bedeutung, sondern haben auch selbst eine sinnliche Bedeutung. Das heißt, dass sich religiöse Mittel nicht nur auf eine Theorie oder Kosmologie beziehen, sondern auch eine sinnliche Seite haben.

Im Sinne von Daniel Münster problematisiere ich im Folgenden, wie Form, Inhalt und Rezeption von Musik zusammenzudenken sind, um zu religiöser Musik zu werden.[24] Auf der Grundlage der hier präsentierten theoretischen Impulse folgt nun meine Ethnografie der *folia* in den Heiliggeistfesten auf den Azoren, um am Ende des Beitrags zu folgenden Fragen zurückzukehren: Was ist religiöse Musik? Liegt die religiöse Bedeutung auch in der Musik selbst oder nur in deren kulturellen Kontext?

---

22 Østrem: Music and the Ineffable (Anm. 19), 306–311.

23 Reily: Voices of the Magi (Anm. 4), 16 f.

24 Münster: Religionsästhetik und Anthropologie der Sinne (Anm. 8), 44. 126–136. 151.

Fördert Musik selbst religiöse Erfahrung? Ist Musik selbst eine religiöse Handlung oder wird sie nur durch ihren religiösen Kontext zu einer?

3. Heiliggeistfeste auf den Azoren

Der Heiliggeistkult war im 14. und 15. Jahrhundert der populärste religiöse Kult in Portugal, wo er vor allem in der Region Beira, im Süden des Landes und auf den Inseln, also Madeira und den Azoren, praktiziert wurde. Er erstreckte sich über mehrere Monate des Jahres und fand zu Pfingsten seinen Höhepunkt. Die populärsten Heiliggeistfeste sind heute die, die auf den neun Inseln der Azoren gefeiert werden, wo die Feste auch unter dem Begriff *Impérios* (dt. «Imperien») bekannt sind. Auch in Gemeinschaften mit einem azorianischen Migrationshintergrund in den USA und in Brasilien sind Heiliggeistfeste zu finden.

Die *Impérios* finden zwischen Mai und September und besonders zu Pfingsten und dem Fest der Dreifaltigkeit statt. Der Ausdruck *Império* bezieht sich auf eine Darstellung eines Hofstaats mit einem *imperador* (Kaiser), einer *imperatriz* (Kaiserin) und ihren *ajudantes* (Helfern).[25] Zu den *ajudantes* gehört auch eine musikalische Gruppe, die *folia* genannt wird und deren Zusammensetzung von Insel zu Insel unterschiedlich ist.[26]

Ein *Império* beginnt mit dem Tag, an dem die Krone abgeholt wird, und endet mit dem Tag der Krönung des *imperador* im Rahmen der von einem Priester der katholischen Kirche organisierten Krönungsmesse (*missa de coroação*[27]). Eine Vorbereitungszeit mit Zusammenkünften und gemeinsamem Beten geht dem *Império* voran. Die Rituale eines *Império* finden in eigens dafür gebauten Gebäuden statt.

---

[25] Für den portugiesischen Philosophen Agostinho da Silva handelt es sich hier um ein *enactment* eines Imperiums, das in der Zukunft erwartet wird – ein Imperium, in dem Kinder regieren und es Konsumgüter gratis für alle gibt (João Leal: Nação e império: Agostinho da Silva e as Festas do Espírito Santo, in: Práticas da História 4 [2017], 75–111, hier 95).

[26] Der portugiesische Anthropologe João Leal spricht in seiner Monografie zu den Heiliggeistfesten auf den Azoren nicht von «Musikgruppe» oder von der «Musik» der *folia,* bezeichnet die *folia* aber als «musikalische Begleitung» (João Leal: As festas do Espírito Santo nos Açores. Um estudo de antropologia social, Lissabon 1994, 40).

[27] A. a. O., 46.

Die Insel Santa Maria ist die erste azorianische Insel, die von den Portugiesen 1427 entdeckt und ab 1432 bevölkert wurde. Deshalb sollen – so informiert eine Tourismusbroschüre des Rathauses der Stadt Vila do Porto (Santa Maria) aus dem Jahr 2006 – die Heiliggeistfeste auf Santa Maria die «ältesten und genuinsten» von allen azorianischen Inseln sein. Neben dem Alter der Insel wird dieser Mythos auch von der Zusammensetzung der Musikgruppe der *folia* inspiriert, die weniger Instrumente beinhaltet als *folias* anderer azorianischer Inseln.[28] Auf Santa Maria werden von der *folia* beispielsweise keine Gitarren und Akkordeons verwendet, sondern nur Trommel (*tambor*) und kleine Metallplatten (*testos*).

Anders als auf anderen Inseln werden auf Santa Maria die Feste nicht von sogenannten *mordomos* organisiert und auf Santa Maria erhalten alle Teilnehmenden kostenlos Essen und Trinken – nach dem Vorbild von Königin Isabel von Aragon (1271–1336, Königin von Portugal 1282–1325), die Rosen zu Brot machen und somit das Volk sättigen konnte. Dem Ursprungsmythos nach soll der Heiliggeistkult von Königin Isabel in der Stadt Alenquer im 13. Jahrhundert eingeführt worden sein und, wie João Leal zeigt, gibt es verschiedene Versionen dieses Ursprungsmythos, der erst im 17. Jahrhundert verschriftlicht wurde.[29] Königin Isabel wird in Portugal und Brasilien als populäre Heilige verehrt. Das Motto der Heiliggeistfeste auf den Azoren lautet «den Armen zu essen geben wie die Heilige Isabel». Die Bevölkerung von Santa Maria verehrt den Heiligen Geist sehr. Dies drückt sich in den sogenannten Heiliggeistkronen aus, die auf den Köpfen von Heiligenstatuen in Kirchen und Kapellen zu sehen sind – und auch darin, dass Privatpersonen Heiliggeistkronen besitzen.

In fast allen Orten der Insel gibt es Kapellen und Gebäude, die für die Heiliggeistfeste verwendet werden. Diese Gebäude sind die sogenannte *copeira*, der Raum, in dem getrunken und gegessen wird, und das sogenannte *teatro* (oder *triato*), das für die sogenannten *rituais da mesa* (dt. Tischrituale) verwendet wird. Zwischen den verschiedenen *freguesias* (Kirchengemeinden) auf Santa Maria gibt es Unterschiede im Ablauf, in der Anzahl der Teilnehmenden und im Repertoire der *folia*. Ein komplettes *Império* enthält die *sopas do Espírito Santo* (Heiliggeistsuppen), *roscas* (Brote), die musikalische Begleitung durch die *folia* sowie den kompletten Hofstaat und alle Rituale.

---

28 A. a. O., 287 f.

29 A. a. O., 7.

Im Mai 2006 habe ich an einem *Império* teilgenommen, in dem ein ca. fünfzigjähriges Ehepaar aus der Gemeinde Pedras de S. Pedro ein *Império* als *promessa* («Versprechen») für die Heilige Jungfrau von Fátima und zugleich für den Heiligen Geist organisiert hat. Ein *Império* ist für den *imperador*, den Organisator, ein Ritual im Leben, das so wichtig ist wie Taufe und Heirat. João Leal bezeichnet die *promessa* als «regulierendes und privilegiertes Instrument der Beziehung zu Gott», als «religiösen Vertrag zwischen *imperador* und Gott».[30] Der *imperador* bemüht sich deshalb um einen reibungslosen Ablauf des Festes und offeriert Essen und Trinken für alle Teilnehmenden und Gäste. João Leal versteht diese Ausgaben als wichtigstes Mittel zum Erlangen der göttlichen Gnade.[31] Finanziert wird das Fest von der sogenannten *irmandade* («Bruderschaft»), also den Personen, die Geld für das Fest spenden.

Das *Império* im Kontext des Festes der Heiligen Jungfrau von Fátima, das am 13. Mai 2006 stattgefunden hat, bestand beispielsweise aus rund 117 Bruderschaftsmitgliedern. Um die ca. 360 Gäste mit Heiliggeistsuppen und Broten zu versorgen, waren ca. 40 *ajudantes* im Einsatz: Freunde, Familie und Nachbarn der *imperadores*, also des organisierenden Ehepaares. Die *ajudantes* sind an einem Halstuch zu erkennen.

4. Die Folia

Folia bezeichnet in Portugal Fantasietänze, die von Trommeln begleitet werden und in katholischen Prozessionen, vor allem zu Fronleichnam und dem Johannisfest, im 15. und 16. Jahrhundert aufgeführt wurden. In Monchique in Südportugal bezeichnet *folia* das gesamte Heiliggeistfest, während im restlichen Portugal nur die Festteilnehmenden damit gemeint sind. Auf den Azoren sind die *foliões* (Mehrzahl von *folião*) auf der einen Seite die Festteilnehmenden, auf der anderen Seite bezeichnet *folia* eben die Musiker der *Impérios*. Dem Ursprungsmythos nach soll die Musikgruppe der *folia* von den Mauren herrühren, die mit Musik und Tanz in den Prozessionen von Alenquer im 14. Jahrhundert teilnahmen. Auf der Insel São Miguel ist zudem der Mythos verbreitet, dass die Trommeln der *folia* sogar eine Epidemie im Jahre 1673 beenden konnten. Auf São Miguel

30 A. a. O., 67 f.

31 A. a. O., 73.

hat die *folia* auch eine Schutzfunktion gegen Epidemien und Plagen inne.[32]

Eine Folia-Musikgruppe auf Santa Maria beinhaltet die Funktionen des *mestre*, der Trommel spielt, den Spieler der *testos* (Metallplatten) und den Fahnenträger. Alle drei – traditionell männlichen – Musiker singen auch. Oftmals stammen die Mitglieder einer *folia* aus derselben Familie. Die Musik wird mündlich tradiert. Der Gesang der *folia* auf Santa Maria ist monofon und wird von Trommel und Metallplatten begleitet. Die Melodie ist repetitiv und von kleinen Intervallen bestimmt. Sie verwendet Töne einer hexatonischen Leiter.

Das Repertoire der *folia* setzt sich aus dem *cantar normal do Espírito Santo*, aus der *alvorada*, den *falsetes* und dem Lied «Os Moiros» zusammen.[33] Das *cantar normal* hat eine bestimmte Melodie und Struktur, sein Text kann profan oder religiös sein und besingt die Geschichte der *impérios*, Bibelgeschichten und Moral, kann Begrüßungen ausdrücken oder ein gerade stattfindendes *Império* kommentieren. Die *alvoradas* werden während den Tischritualen gesungen. Sie haben eine vorgeschriebene Melodie und Struktur, während sich der Text auf den Ablauf dieser Rituale bezieht. Der Inhalt des Liedes «Os Moiros» («Die Mauren») ist profan, seine Melodie, Struktur und Text festgelegt. Die Texte werden im *cantar normal* und in der *alvorada* vom *mestre* spontan geschaffen, während ihm die beiden anderen Sänger, also der Spieler der *testos* und der Fahnenträger, von den Lippen ablesen, um zeitgleich den gleichen Text zu singen. Die Herausforderung dabei ist, die Silben des Textes so zu wählen, dass sie sich in die vorgeschriebene Struktur des Gesanges einfügen und die Texte zugleich stimmig sind. Die *falsetes* sind Gesänge, die die Teilnehmenden des *Império* mit profanen Inhalten unterhalten sollen. So werden unter anderem das Leben und der Wein besungen. Sakrale und ludische Elemente treffen hier zusammen. Den fließenden Übergang vom Sakralen zum Ludischen konnte ich auch in der erwähnten *alumiação* beobachten, in dem vom ernst dargebotenen und eine sakrale Atmosphäre

---

32 Weitere Beziehungen zwischen *folias* und Wundern (port. *milagres*) werden von Leal erwähnt (vgl. a. a. O., 71).

33 Zu sehen und zu hören in Barbara Alge: Religious Festivities, Ritual Dances and Popular Theatre in Portugal (2004–2006), in: Ethnographic for Instruction and Analysis Digital Archive, Bloomington, URL «Scene ‹Alumiação (lighting) and folia (musical group)›»; https://media.eviada.org/ eviadasb/displaysegment.html?id=16-S9398&videoPlayer=SWF (21.02.2018).

herstellenden Repertoire direkt in gemeinsames Musizieren zum Spaß übergegangen wurde und die Frauen unter anderem die *folia* spielerisch imitierten.[34]

Auf Santa Maria kann die *folia* das Haus der *imperadores* schon im Rahmen der gemeinschaftlichen Treffen zum Gebet vor dem Festtag, also in der Zeit der Novene, besuchen, um dort zu musizieren. Als erste offizielle Aufführung der *folia* gilt aber ihre musikalische Begleitung der *alumiação*, einem Ritual, das im Haus der *imperadores* stattfindet und bei dem ein Rosenkranz gebetet wird am Tag vor dem Fest. In der *alumiação* präsentiert die *folia* ihr gesamtes Repertoire. Am 10. Mai 2006 besang die *folia* in diesem Kontext im *cantar normal* die Königin Isabel und das aktuelle Fest.

Am ersten Tag des *Império* wird dann das rohe Fleisch verteilt und das Fleisch vom Priester gesegnet. In der Nacht zum zweiten Festtag, werden ab 3.00 Uhr nachts die Suppen an die Leute verteilt, die nicht zum *Império* kommen können, zum Beispiel wegen Krankheit. Im Mai 2006 konnte ich beobachten, dass auch einer evangelischen Familie eine Heiliggeistsuppe gebracht wurde. Da es beim *Império*, dem ich beigewohnt habe, keine festen Gebäude gab, wurde am zweiten Tag das *teatro* aufgebaut. Auch die *copeira* war als Zelt improvisiert. Am Nachmittag des zweiten Tages fand dann das Ritual des «Levar a Coroa» («das Mitnehmen der Krone») begleitet vom *cantar normal* der *folia* statt. In diesem Ritual küssen die *imperadores* und *ajudantes* die Heiliggeistkrone in einem eigens für das Fest ausgerichteten Zimmer im Haus der *imperadores*. Auf das Ritual folgte dann die Prozession vom Haus der *imperadores* zur Fátima-Kapelle. Die *folia* begleitete auch die Prozession mit einem *cantar normal*, das sich mit Passagen, in denen nur Trommel und Metallplatten gespielt wurden, abwechselte. Bei der Kapelle angekommen, besang die *folia* die Erscheinung der Heiligen Jungfrau in Fátima. In der anschließenden Messe sprach der Priester über die Beziehung zwischen dem *Império* und der katholischen Kirche und betonte, dass die Heilige Jungfrau von Fátima die Frau des Heiligen Geistes sei.[35] Dieses Detail bedarf einer besonderen

[34] Zum Sakral-Ludischen der *alumiação* vgl. auch Leal: As festas do Espírito Santo nos Açores (Anm. 26), 45.

[35] Originalaufnahme des Diskurses des Priesters, vgl. V 2334, Phonogrammarchiv Wien.

Beachtung: Da der Heiliggeistkult von der katholischen Kirche als heidnisch angesehen wird, wird er nicht von allen Priestern auf den Azoren gern gesehen.[36] Aus diesem Grund mag der Priester beim *Império* im Mai 2006 auf Santa Maria wohl auch eine Verbindung zwischen dem Heiligen Geist und der Heiligen Jungfrau hergestellt haben.[37] Am Ende der Messe konnte ich alle Messbesucher dabei erleben, wie sie die Brote zum Klang des *cantar normal* der *folia* in die Höhe hielten.

Am Haupttag, dem 13. Mai 2006, defilierte dann der Hofstaat vom Zelt der *copeira* zur Kapelle, wo das Ritual der Krönung des Kaisers stattfand. Der *imperador* und seine leibliche Tochter wurden gekrönt und mussten den Stab mit der Heiliggeisttaube unter Applaus der Zuschauer küssen. Beim Auszug aus der Kapelle formierte sich der Hofstaat, umzingelt von den Stäben, die von den *trinchantes* und *briadores* gehalten wurden. Zum Hofstaat innerhalb des Feldes gehörten die Kaiserin, der Tischpräsident mit der Heiliggeistkrone, das Tischmädchen und Kinder. Die *folia* begleitete den Hofstaat mit Trommel und Metallplatten. Im *teatro* fanden dann die Tischrituale statt. Während die Personen des Hofstaates im *teatro* blieben, brachten die *briadores* Besteck und andere Objekte für die Tischrituale aus der *copeira*, begleitet von Trommel und Metallplatten. Vor dem Theater präsentierte die *folia* dann die *alvorada* und das *cantar normal*. Der Tischpräsident bediente das Tischmädchen mit einer Suppe, Brot und Wasser. Der Priester segnete das Brot, das dann vom Tischpräsidenten und Saalmeister verteilt wurde. Der *mestre* der *folia* koordinierte den Ablauf, da er diesen auswendig weiß und als Autorität in den *Impérios* respektiert wird. Nach den Ritualen kamen dann die Besucher mit Broten zum *teatro* und die *folia* besang Mitglieder und Gäste in der Melodie des *cantar normal* und mit dem Lied «Os Moiros». Zeitgleich fand eine andere Messe außerhalb des *Império* in der Kapelle statt, da am 13. Mai auch das Fest zu Ehren der Heiligen Jungfrau von Fátima gefeiert wurde.

Am Abend des 13. Mai wurde die Krone vom *teatro* in einem Ritual namens «Levantar a Coroa» («das Erheben der Krone») zur Kapelle ge-

---

36 Auch der portugiesische Philosoph Agostinho da Silva weist darauf hin, dass die Heiliggeistfeste für eine Religiosität sui generis stehen, die aber vom römischen Katholizismus abweicht (Leal: Nação e império [Anm. 25], 94 f.).

37 Zur Problematik des Heiliggeistfestes in Beziehung zur römisch-katholischen Kirche siehe Leal: As festas do Espírito Santo nos Açores (Anm. 26), 278 f.

bracht. In der Kapelle überreichte der *imperador* die Krone allen Anwesenden zum Küssen. Am Ende dieses Rituals umarmte die *imperatriz* ihren Sohn und daraufhin umarmten sich auch alle Anwesenden. Für mich war an dieser Stelle ein emotionaler Höhepunkt zu spüren – ein, wie Rudolf Otto es nennt, «Mysterium Tremendum» –, das so stark war, dass ich den Moment der Umarmungen nicht filmte. Alle Festmomente und auch dieser wurden von der *folia* mit dem *cantar normal* begleitet. Am Ende der Messe sangen alle Anwesenden ein Lied zum Abschied für die Heilige Jungfrau und die *folia* beendete die Zeremonie erneut mit dem Ruf «Viva o Espírito Santo!». Währenddessen ging das Essen in der *copeira* weiter. Am nächsten Tag, dem 14. Mai 2006, versammelten sich die *imperadores* und *ajudantes* nochmals für Aufräumungsarbeiten um die *copeira* und im Haus der *imperadores.*

5. Musik und religiöse Erfahrung

Im abschließenden Teil diskutiere ich nun, wie Form, Inhalt und Rezeption der *folia* zusammenzudenken sind, damit diese zu religiöser Musik wird. Zentral ist hierbei die Frage nach der religiösen Erfahrung, hervorgerufen durch die *folia,* und die Frage nach der Bedeutung dieser religiösen Erfahrung.

Zunächst einmal lässt sich die *folia* nur schwer in die Kategorie «religiöse Musik» einordnen vor dem Hintergrund, dass es sich bei ihr nicht um einen musikalischen Ausdruck einer bestimmten Religion, sondern um einen Ausdruck von Volkskatholizismus, also vernakularer, ortsgewachsener, religiöser Praktiken, handelt. Das religiöse Feld, in das es sich einfügt, ist das *Império.* Die *folia* hat keine liturgische Funktion, sondern eine rituelle und kann als «sakrale Musik» bezeichnet werden, da sie versucht, eine Beziehung zwischen Menschen und göttlichen Entitäten herzustellen – allen voran dem Heiligen Geist.

In der Frage, ob die *folia* von Santa Maria eine religiöse Erfahrung und eine Begegnung mit dem Heiligen schafft, oder ob sie rein durch den Kontext, in dem sie stattfindet und durch ihre Beziehung zu anderen Elementen religiöser Praxis, religiös wird, gehe ich von meiner Beobachtung eines *Império,* sowie von meinem Wissen über die Geschichte und den soziokulturellen Kontext der Praktik aus Sekundärquellen aus.

An erster Stelle ist die *folia* eines der Rituale im *Império*, neben Prozessionen, Messen und Essenszusammenkünften. Ihre rituellen Charakteristika sind Repetition, Homogenität, Formalität, Invariabilität, Liminalität[38], Performativität, Symbolismus und Antiquität. Als Ritual verstärkt die *folia* Identitäten[39], Gemeinschaften und ihre Werte, soll eine Wirkung haben und nicht nur Unterhaltung sein. Sie soll die Akteurinnen und Akteure mit einer übernatürlichen Kraft in Verbindung bringen.[40] Obwohl die Akteur/-innen des *Império* die Codes des Rituals nicht geschaffen haben, können sie das Ritual dekodifizieren.[41]

Rituale per se sind noch nicht religiös, obwohl sie – wie religiöse Praktiken – von symbolischem Charakter sind und die alltägliche Funktion und Bedeutung von Raum und Zeit verändern. Durch ihre monotonen Gesänge und textlichen Inhalte, die sich zum einen auf die Ursprungslegende des Heiliggeistkults im 14. Jahrhundert, zum anderen auf Bibelgeschichten beziehen, versetzt die *folia* die Zuhörer in vergangene Zeiten und andere Orte als die des Festgeschehens. Als Deutungsschema des Rituals gilt für Roy Rappaport gemeinhin der Mythos bzw. nach ihm kann ein Mythos in einem Ritual oder Kult realisiert werden.[42] Als Interpretationsschema des Rituals der *folia* dient die Legende der Heiligen Isabel und als Ursprungsmythos die musikalischen Beiträge der Mauren in mittelalterlichen Prozessionen. Diese Geschichten werden im Gesang der *folia* erinnert.

Rituale verstärken das Gefühl von Gemeinschaft im Sinne einer – um hier mit Victor Turner zu sprechen – *communitas*, einer Auflösung alltäglich-sozialer Strukturen.[43] Im Falle des Heiliggeistkults wird die Gesellschaft eines Hofstaats geschaffen. Eine harmonische soziale Ordnung wird

---

[38] Der Begriff der Liminalität bezeichnet einen Schwellenzustand, eine Loslösung von der herrschenden Sozialordnung (mehr dazu vgl. Richard Schechner: Performance Studies. An Introduction [2002], New York 2006, 66–70).

[39] Ich verweise hier auf den Vortrag von Britta Sweers bei der Tagung, auf welcher der vorliegende Band basiert: Sweers wies auf die Verbundenheit religiöser Musik mit nationaler und ethnischer Identität hin.

[40] Henry Bial (Hg.): The Performance Studies Reader, New York 2007, 87.

[41] Rappaport: Ritual and Religion in the Making of Humanity (Anm. 7), 32.

[42] Ebd.

[43] Mit dem Begriff «communitas» bezeichnet Victor Turner etwas, das über die Dichotomie Individuum-Gemeinschaft hinausgeht, ein Phänomen, in dem sich soziale Strukturen auflösen und zugleich Individualität erhalten bleibt

hergestellt. Die Musik der *folia* verstärkt das Gefühl dieser *communitas* und sie markiert den rituellen Raum des *Império*.

Die Musiker, die *foliões*, nehmen innerhalb der sozialen Hierarchie des *Império* eine wichtige Stellung ein. Sie sind es, die den Ablauf des Festes überschauen und mit ihren Gesängen zwischen dem Heiligen Geist und den Festteilnehmenden vermitteln. Sie begleiten das Fest nicht nur musikalisch, sondern sind wichtige Personen des *Império* und mit ihren Halstüchern und der Fahne den anderen Helfern des *Império* gleich- oder sogar übergestellt. Die Bedeutung der *folia* drückt sich unter anderem auch darin aus, dass sie zum Beispiel auf der Azoreninsel São Miguel eine Schutzfunktion innehat.

Den in der *folia* auf Santa Maria verwendeten Instrumenten, also Trommel und Metallplatten, wird eine geheiligte Aura verliehen, indem sie während des Festes auf dem Altar im Zimmer des Heiligen Geistes im Haus der *imperadores* aufbewahrt werden, neben anderen religiösen Objekten wie Rosenkränzen, Bibel und der Statue der Heiligen Jungfrau. Fábio Ribeiro weist auf die Wichtigkeit von Gefühlen von Tradition und Glauben in religiösen Ritualen hin. Eingriffe von Seiten des Klerus wie etwa Vorschriften des Tempos des Festes könnten sich auf die Religiosität eines musikalischen Rituals auswirken[44] und, so behaupte ich, *Impérios* und *folias* könnten ihre geheiligte Aura verlieren, wenn sie von kulturellen Institutionen finanziell gefördert werden, anstatt aus den gemeinsamen Anstrengungen der jeweiligen Gemeinschaft zu entstehen.

Die diskursive Dimension der *folia* liegt in den Texten der Gesänge. Neben der Geschichte der *Impérios* singen die *foliões* auch über den Ablauf der Feste und über teilnehmende Personen des jeweils stattfindenden *Impérios*. Sie vermitteln religiöse Werte und appellieren an die Moral. Mittels der Texte transzendiert die *folia* Zeit und Raum. Juan Diego Meneses argumentiert, dass Information über Religion stärker über Texte generiert wird als über reine Melodien.[45]

Aber nicht nur mittels der Texte, sondern auch mittels des Klangs, also der ästhetischen Dimension, werden Zeit und Raum transzendiert. Die

---

und während dessen Dauer alle gleich sind (ders.: From Ritual to Theatre [Anm. 7], 45).

[44] Fábio Henrique Ribeiro: Música e religião. Interfaces na produção da performance, in: Opus, Porto Alegre, 19/2 (Dez. 2013), 243–264, hier 254 f.

[45] Meneses: Listening with the Body (Anm. 4), 114.

repetitiven, zeitlosen, monofonen Gesänge der *folia* rufen Assoziationen zum Mittelalter hervor, wie z. B. in klanglicher Hinsicht den Cantus Planus (Gesang, bestehend aus rhythmisch gleichförmigem Vortrag) oder – durch den zugrunde liegenden Ursprungsmythos – musikalische Ausführungen der Mauren in den Prozessionen zur Zeit der Heiligen Königin Isabel.[46] Der Klang der *folia* verleiht dem *Império* eine feierliche Aura und schafft ein religiöses Ambiente durch die Metallplatten, deren Klang an Glocken erinnert, wie sie auch während dem Offertorium einer Messe verwendet werden. Die Trommel vermittelt eine «sinnliche Energie»[47] und wird gemeinsam mit den *testos* in Momenten des Übergangs verwendet – wie in der Prozession des Hofstaates vom Haus der *imperadores* zur Kapelle und von der Kapelle zum *teatro*.[48] Fábio Ribeiro betont die Wichtigkeit der Wiederholung in religiös-ritueller Musik: «Der zyklische Charakter der Lieder suggeriert Gebete, die ihre Periodizität brauchen, um das nötige Resultat zu erreichen», und «das repetitive quasi unendliche Aufrechterhalten der rhythmischen Muster übt eine essenzielle Funktion für die Verbreitung einer rituellen Atmosphäre in jedem Kontext aus». «Auf diese Weise», so schreibt Ribeiro weiter, «wird die Zeit zum fundamentalen Element für den Umgang mit dem Heiligen und der Wirkung der Performance».[49] Wie schon gesagt, konstituieren sich Raum und Zeit gegenseitig in der Schaffung des Heiligen. So verleiht die *folia* den Gebäuden der *Impérios* Heiligkeit und vice versa verleihen rituelle Objekte wie Fahnen, Kronen, Heiliggeistsuppen, Stäbe usw. der Musik der *folia* Heiligkeit. Die verschiedenen Dimensionen, in denen sich das Heilige manifestiert, besitzen eine rituelle Wichtigkeit und – in der Folge – auch eine performative, und so schafft der Prozess der performativen Ritualisierung eine Relativierung der Konzepte des Heiligen und Profanen und verbindet in manchen Momenten Volksreligiosität mit institutionalisierter Religiosität,

---

[46] Dies unterstreicht auch den Portugal zugeschriebenen Mediävalismus, der in Narrativen zur Nationalidentität Portugals reiteriert wird und für den die Heiliggeistfeste, die von Königin Isabel zur Zeit des Reiches von D. Dinis gegründet wurden, einen wichtigen Moment darstellen (Leal: Nação e império [Anm. 25], 86).

[47] Münster: Religionsästhetik und Anthropologie der Sinne (Anm. 8), 123.

[48] A. a. O., 122.

[49] Ribeiro: Música e religião (Anm. 44), 254.

während er in wieder anderen laut Fábio Ribeiro «einen Schock zwischen diesen beiden Formen der Religiosität hervorruft».[50]

Eine Definition von «religiöser Musik» liegt in dieser Wechselbeziehung zwischen Wirkung und Kontext. Musik ist ein starkes Mittel, um religiöse Überzeugung und Hingabe zu generieren,[51] aber sie reicht nicht aus, um das Heilige zu erfahren. Erst im Kontext, das heißt zusammen mit anderen Elementen religiöser Praxis wie Gebeten, Objekten, Ritualen, Düften, Essen usw., wird Musik zu einer religiösen Handlung. Wie ich es hier mit einer Beschreibung der Funktion der *folia* auf Santa Maria versucht habe zu zeigen, kann die *folia* im religiösen Kontext auch für profane Zwecke verwendet werden, nämlich zur Unterhaltung.

Die Frage, wie viele Dimensionen es braucht, bis eine Musik «religiös» wird, muss offen bleiben. Was es allerdings braucht: Ein Individuum muss schon ein religiöse Sensibilität oder eine Prädisposition zur religiösen Deutung der Erfahrung mitbringen, um religiöse Musik erfahren zu können.[52] Wer keinen kulturellen Background und kein kulturelles Körperwissen von Santa Maria hat, aber vielleicht einen christlichen Background mitbringt, mag von der *folia* und von der Gesellschaft, die das *Império* repräsentiert, verzaubert sein. Vor allem neben den religiös-rituellen Objekten wirkt die Musik der *folia* «religiös». Sie wirkt auch noch religiös, wenn die *foliões* für die Festbesucher zur Unterhaltung singen – einerseits, wegen der ästhetischen Dimension, dem Klang, andererseits wegen der Tatsache, dass die *folia* hauptsächlich im religiösen, sakralen Kontext zu erleben ist.

Formal drückt sich das Religiöse der *folia* in den Texten der Gesänge aus, die einerseits religiöse Ereignisse (Bibelgeschichte, Legenden) und die Beschreibung der religiösen Handlungen beim Fest selbst beinhalten, andererseits die Moral, die vom religiösen Diskurs vorgeschrieben wird, besingen. Der sakrale Charakter der verwendeten Musikinstrumente drückt sich in ihrer Aufbewahrung am Altar im Haus der Kaiser aus. Zudem tritt die *folia* in und vor religiösen Räumen auf. Raum und Klang bedingen sich hier wechselseitig in der Schaffung des Religiösen.

Ausgehend von der Annahme, dass Klang in erster Instanz ein leeres Gefäß ist, da er an sich noch keine unmittelbare semantische Ebene enthält, ist das Religiöse nicht in der musikalischen Struktur festzumachen.

---

50 A. a. O., 263.

51 Stange: Religiöse Musik unter veränderten Vorzeichen (Anm. 6), 50.

52 Bayreuther: Was ist religiöse Musik? (Anm. 2), 65.

Es braucht dazu metaphorische Assoziation. Mit der *folia* assoziiert werden kann aufgrund der Einstimmigkeit also z. B. der Cantus Planus des Mittelalters. Allerdings weist die Musik der *folia* im Unterschied zum Cantus Planus eine metrische Regelmäßigkeit auf. Die Musik der *folia* klingt feierlich, nüchtern und würdevoll. Sie spiegelt in ihrer Struktur eine Einheit wieder und die Glockenklänge der *testos* erinnern an die Bedeutung von Glocken im christlich-religiösen Kontext. Die repetitive Musik während aller drei Festtage ermöglicht eine besondere ästhetische Erfahrung. Bei mir, die ich ein Körperwissen aus dem Katholizismus mitbringe, begünstigte sie eine religiöse Versenkung. Als teilnehmende Beobachterin wurde ich von der Musik und von dem Ernst, mit dem die rituelle Gemeinschaft eines «Hofstaats» dargestellt wurde, «verzaubert». Musik dient also der Verbindung von religiösem Diskurs und ästhetischer Erfahrung, die die Teilnehmenden den rituellen Raum als Begegnung mit dem Heiligen Geist erfahren lassen.

Die kognitive Auswirkung von Verzauberung kann allerdings nur im Kontext gemessen werden. Es bedarf nicht unbedingt religiöser Musik, um verzaubert zu werden. Das Besondere stammt also nicht von der Musik allein, sondern aus ihrer wechselseitigen Beziehung mit anderen Elementen der religiösen Praxis. Ferner ist auch die Prädisposition der Teilnehmenden direkt in der Wirksamkeit der Verzauberung enthalten. Jeder und jede bringt seine und ihre ganz eigenen Erfahrungen als Zuhörer und Zuschauerin mit – manche vielleicht mit einem bestimmten Erfahrungsschatz aus der christlichen Religion, andere wiederum mit einem Erfahrungsschatz aus anderen Religionen oder auch keiner Religion – und somit reinterpretiert jeder und jede die *folia* auf eine ganz eigene Weise. Ob hier der von Verena Grüter bei der Tagung in Augst postulierte gemeinsame Erfahrungsschatz menschlicher emotionaler Grundgestimmtheiten wie Liebe, Hingabe, Vertrauen, Humanität und Frieden eine Rolle spielt, bleibt ebenfalls eine offene Frage, eine Anregung für zukünftige Forschungen zur azorianischen *folia*.

IV. TEIL

THEOLOGISCHE, PHILOSOPHISCHE, MEDIENTHEORETISCHE REFLEXIONEN

Ruth Illman

Musik als interreligiöser Dialog: Ein nicht-binärer Ansatz

Der Titel dieses Artikels – Musik *als* interreligiöser Dialog: Ein nicht-binärer Ansatz – zeigt die beiden Thesen an, die in diesem Aufsatz vorgestellt und begründet werden. Die erste These verbirgt sich in der kleinen, aber entscheidenden Präposition «als»: in der Überzeugung, dass Musik und die Künste generell nicht bloße Darstellungen theologischer Aussagen und kognitiver Inhalte sind, sondern selbst schon als interreligiöser Dialog gelten können. Die Künste unterstützen das Bemühen um den Dialog nicht nur. Sie müssen auch als eigenständige Träger und Vermittler von Sinngehalt wahrgenommen werden. Die zweite These legt den Fokus auf nicht-binäre Ansätze für den Dialog, d. h. auf Ansätze, die den intellektuellen Gehalt und die künstlerische Gestalt, das rationale Urteilsvermögen und die emotionale Ausdruckskraft – kurz gesagt: Worte und Melodien – nicht als Gegensätze betrachten. Diese zwei Thesen mögen manchen Wissenschaftlerinnen und Wissenschaftlern provokant erscheinen, dennoch hoffe ich im Folgenden darlegen zu können, was sie beinhalten. Dabei nehme ich Bezug auf religionswissenschaftliche Ansätze, die Musik und religiöse Transformationsprozesse zueinander ins Verhältnis setzen.

Die Künste erschaffen eigene ausdifferenzierte Räume für den Dialog. Dieser Ansatz, der von der aktuellen ästhetischen Wende in der Religionswissenschaft inspiriert ist, wertet textzentrierte und rationale Bemühungen um interreligiösen Dialog nicht ab, sondern plädiert für eine komplexere, nicht-binäre Sicht auf diese Dialoge, in der kulturelle und emotionale, geistige und leibliche Dimensionen miteinander verbunden sind.

Um diese Thesen zu veranschaulichen, werte ich eine Fallstudie aus, die im interreligiösen Dialog engagierte europäische Künstlerinnen und Künstler vorstellt. Dabei greife ich insbesondere auf Reflexionen des schwedisch-muslimischen Musikers Chokri Mensi zurück. Zum Schluss werde ich das Konzept des «klingenden Dialogs» mit der ethnografischen Erzählung der Fallstudie vergleichen und Konsequenzen im Hinblick auf weiterführende Forschungen ziehen.

1. Musik und religiöse Transformationsprozesse

Die Verknüpfung von Religion und Musik ist heute hochaktuell. Einige Religionswissenschaftlerinnen und Religionswissenschaftler heben die Rolle von Musik als treibender Kraft religiöser Transformationsprozesse hervor und viele Feldforschende machen auf die wichtige Rolle von Musik in interreligiösen Begegnungen aufmerksam. Religiöse Musik scheint Bedürfnisse zu befriedigen, die Menschen aller Religionen heute verspüren. Sie ermöglicht konkrete Formen der Teilnahme und bietet körperbezogene, emotionale und kreative Wege, Religion zum Ausdruck zu bringen und zu erleben.[1]

Innerhalb des wissenschaftlichen Diskurses über zeitgenössische Religiosität wird der Fokus zunehmend auf Musik gelegt, die als dynamische Kraft rationale Reaktionen hervorruft und darüber hinaus soziale Identifikation und emotionale Bindung an religiöse Kontexte, Narrative und Weltanschauungen ermöglicht.[2] Für Isabel Laack spielen Musik und Klang eine wichtige Rolle in der zeitgenössischen Religiosität, weil sie die individuelle Erfahrung, die Dimension des Leiblichen und das ganzheitliche Wohlbefinden betonen, weil sie die Grenzen zwischen heilig und profan verwischen und weil sie kulturelle Elemente in religiöse Ausdrucksformen einbinden. Dementsprechend bietet Musik eine religiöse Sprache, die Grenzen überschreitet: Sie überwindet kategoriale Unterscheidungen zwischen dem Intellektuellen und dem Emotionalen und eröffnet so neue interkonfessionelle und interreligiöse Forschungsperspektiven.[3] Musik

---

[1] Tia DeNora: Music in Everyday Life, Cambridge 2000; Rosalind I. J. Hackett: Sound, Music, and the Study of Religion, in: Tem. 48/1 (2012), 11–27; Ruth Illman: «Retaining the Tradition – but with an Open Mind.» Change and Choice in Jewish Musical Practices, in: Tem. 53/2 (2017), 207–229; Felix Papenhagen: «Wem gehört der Schrank mit den heiligen Büchern?» Jüdische Religion im Kontext israelischer Popularmusik (JRGK 25), Göttingen 2016; Christopher Partridge: The Lyre of Orpheus. Popular Music, the Sacred, and the Profane, New York 2014; Thomas Turino: Music as Social life. The Politics of Participation. Chicago 2008; Lieke Wijnia: Making Sense through Music. Perceptions of the Sacred at Festival Musica Sacra Maastricht, Tilburg 2016.

[2] Partridge: Lyre of Orpheus (Anm. 1), 37.

[3] Isabel Laack: Sound, Music and Religion. A Preliminary Cartography of a Transdisciplinary Research Field, in: MTSR 27/3 (2015), 220–246.

scheint bestens geeignet zu sein für Dialoge, die Grenzen von Glaubensrichtungen, Traditionen und religiösen Institutionen überschreiten.

In der westlichen Welt scheinen institutionelle Religionen und traditionelle Formen von Religion «eine erhebliche Abnahme von Macht, Beliebtheit und Ansehen» zu erleben, legt Christopher Partridge dar. Allerdings verschwindet das Interesse an Religion, an existenziellen Aspekten des menschlichen Lebens und an «der Möglichkeit einer verzauberten Welt» keineswegs.[4] «Post-säkulare», «post-rationale» oder «post-aufklärerische» Sichtweisen fordern säkulare Weltanschauungen heraus. Betont wird der Pluralismus, die durchlässige Grenze zwischen Religiösem und Säkularem sowie zwischen Kontinuität und Wandel.[5] Ferner wird die religiöse Landschaft im Westen gegenwärtig sowohl durch Kommerzialisierung und Konsum als auch durch die Popkultur und die digitale Kommunikation erheblich beeinflusst. Die zunehmende Privatisierung der religiösen Sphäre führt zu einer «Sakralisierung des Subjektiven» in der westlichen Welt.[6] Der Fokussierung auf religiösen Individualismus und Selbstbestimmung steht eine Betonung der Bedeutsamkeit von Gemeinschaft gegenüber. Soziale, ethnische, genderspezifische und ökonomische Zwänge bilden einen gemeinschaftlich erfahrenen Sinnzusammenhang, innerhalb dessen religiöse Entscheidungen getroffen und spirituelle Positionen bestimmt werden.[7] Diese Aspekte gegenwärtiger Religiosität verstärken die Bemühungen um einen interreligiösen Dialog.

In der Forschungsliteratur wird zunehmend auf die Bedeutung von Emotionen und Körperlichkeit als Aspekten religiösen Engagements hingewiesen.[8] Musik spielt dabei eine Schlüsselrolle. Untersuchungen über Religion und Musik konstatieren und vollziehen eine «interne Wende», innerhalb derer das Augenmerk auf körperliche Erfahrungen, sinnliche

---

[4] Partridge: Lyre of Orpheus (Anm. 1), 179. Alle in den Text eingefügten Zitate wurden von Katharina Yadav übersetzt.

[5] Ruth Illman: Reframing Pluralism, in: Peter Nynäs / dies. / Tuomas Martikainen (Hg.): On the Outskirts of «the Church». Diversities, Fluidities and New Spaces of Religion in Finland, Zürich 2015; Illman: Retaining the Tradition (Anm. 1).

[6] Ole Riis / Linda Woodhead: A Sociology of Religious Emotion, Oxford 2010.

[7] Véronique Altglas: From Yoga to Kabbalah. Religious Exoticism and the Logics of Bricolage, Oxford 2014.

[8] Riis/Woodhead: Sociology of Religious Emotion (Anm. 6).

Wahrnehmungen und unterschiedliche Bewusstseinszustände gelenkt wird.[9] Dazu Partridge: «Vor allem die Musik hat die Fähigkeit zu bewegen, die Vorstellungskraft zu lenken, Sinnräume zu kreieren». Daher empfiehlt er «Anerkennung für die nicht-kognitiven Aspekte von Agency», die für die Beziehung von Musik und Religion unabdingbar sind. Die Grenze zwischen Musik und Religion wird immer fließender und damit schwieriger zu definieren. Musik überschreitet diese Grenze. Musik hat die «Kraft, die natürlichen Fähigkeiten von Körper und Geist auszuweiten», wodurch sie einen Raum für religiöse Sinngebung bietet.[10] Zudem eröffnet Musik neue Zugänge zu individuellen Emotionen und Erfahrungen, die mit Religion verbunden sind, wobei sie sich von den *grand institutional claims* der Religion fortbewegt. Lieke Wijnia betont: «Neue Ausdrucksformen für die erfahrungshaften und transformierenden Dimensionen des Heiligen werden entdeckt», und diese Formen werden vermehrt mit Musik in Verbindung gebracht werden.[11]

Rosalind Hackett fordert «mehr Klangbewusstsein in der Religionswissenschaft» – eine Forderung, die auch auf Forschungsbereiche des interreligiösen Dialogs ausgeweitet werden kann. Sie betont, dass die religionswissenschaftliche Forschung den ästhetischen Faktoren, der praktischen Umsetzung und den Sinneswahrnehmungen mehr Beachtung schenkt. Sie treten zunehmend aus dem Schatten von Schriften und Glaubensvorstellungen heraus, die traditionell das Kernstück wissenschaftlicher Forschung bildeten. Zur Wahrnehmung und Konzeptualisierung der Klangwelten zieht Hackett das Konzept der *soundscape* heran. Dieses ist nicht nur auf die Musik bezogen, sondern bezieht die gesamte Umgebung und die unterschiedlichen Wahrnehmungen dieser Umgebung mit ein. Nach Hackett sind sowohl Klangproduktion als auch Klangwahrnehmung in den religiösen Kontext eingebettet und darin verkörpert.[12]

Auch Laack macht geltend: «*Soundscapes* unserer Welt werden stark geprägt durch religiöse Gruppen und religiöses Handeln, wodurch sie Prozesse von Identitätsverhandlungen und politischen Konflikten beeinflussen».[13] Obwohl Klang und Musik oft Herzstück religiöser Identitäten und

---

9 Robert Sholl / Sander van Maas (Hg): Contemporary Music and Spirituality, London 2016.

10 Partridge: Lyre of Orpheus (Anm. 1), 1. 37. 51 u. ö.

11 Wijnia: Making Sense through Music (Anm. 1), 40.

12 Hackett: Sound, Music and the Study of Religion (Anm. 1), 11. 18.

13 Laack: Sound, Music and Religion (Anm. 3), 221.

interreligiöser Erfahrungen von Menschen sind, wurde dieser Bereich aufgrund des Intellektualismus in der wissenschaftlichen Forschung nicht berücksichtigt.

Die Fokussierung auf gelebte Religion und Körperlichkeit haben zum wachsenden Interesse an Klang und Musik als *eigenständigen* Aspekten religiösen Lebens beigetragen; es sind nicht mehr nur Ornamente oder Begleiterscheinungen der intellektuellen Inhalte.[14] Diese Konzepte richten den Fokus auf Religion, wie sie im täglichen Leben interpretiert und praktiziert wird: Dabei werden die Aspekte «privat und öffentlich», «historischer und kultureller Kontext», «Verkörperung», «soziale Klasse» und «Macht» zu einem breiten Gesamtbild miteinander verwoben. Eine zentrale Frage auf diesem Forschungsgebiet lautet, wie Lebensdeutungen, die theologisch betrachtet unsystematisch erscheinen, durch alltägliche Praktiken im Rahmen der institutionellen Religion Gestalt annehmen.[15]

Das Verstehen der Bedeutung von Klängen ist eine komplexe Aufgabe, die physische und psychische Prozesse, materielle Gegenstände, die Umwelt, sozial und kulturell konstruierte Deutungs- und Wertstrukturen umfasst. Die Frage nach der Bedeutung von Klang in interreligiösen Begegnungen lenkt die Aufmerksamkeit auf die Beziehung oder den Raum *zwischen* Objekten und Glaubensrichtungen. Klang fungiert als Mediator. Isaac Weiner konstatiert: «Die Untersuchung von Klängen impliziert eine Vorstellung von Religion, die grundsätzlich gemeinschaftlich und zwischenmenschlich ist.»[16]

Einsichten dieser Art eröffnen umfassendere Perspektiven darauf, wie Menschen in ihrem religiösen Kontext und in der Gestaltung interreligiöser Begegnungen Klang verwenden und sich zu Klängen in Beziehung setzen. Menschen reagieren auf Musik und Klang und verwenden beides in ihren täglichen religiösen Praktiken. Musik ist ein zutiefst persönliches Medium für Sinnerzeugung und Dialog sowohl mit dem inneren Selbst

[14] Judah M. Cohen: The Jewish Sound of Things, in: Material Religion 3/3 (2007), 336–353.

[15] Dieser Zugang zur Erforschung von Musik und Religion ist inspiriert durch den theoretischen Rahmen zur Erforschung vernakularer Religion, wie er von Marion Bowman und Ülo Valk entwickelt wurde: dies. (Hg): Vernacular Religion in Everyday Life. Expressions of Belief, New York 2012.

[16] Isaac A. Weiner: Sound. In: Material Religion 7/1 (2011), 108–115, hier 110.

als auch mit der größeren Gemeinschaft. Sie lässt keine absolute Hierarchie von Werten zu.[17]

Die Musikwissenschaftlerin Tia DeNora liefert wertvolle Einsichten in die Kraft von Musik im Alltag und in die Rolle von Musik in gegenwärtigen westlichen Gesellschaften bezüglich Emotionen, Handlungen und Agency. Sie legt dar, dass Musik die Kraft hat, Menschen auf viel umfassendere Art und Weise zu beeinflussen als durch verbale oder auch nonverbale Vermittlung von Bedeutung und Sinn. Tatsächlich kann Musik beeinflussen, wie sich Menschen sowohl zu sich selbst als auch zu der sie umgebenden Gesellschaft in Beziehung setzen, zu ihrem Körper und ihren Emotionen, zu tiefgreifenden existenziellen Fragen, zu trivialen alltäglichen Tätigkeiten und dergleichen mehr.[18] Musik bietet Strukturen, Schemata und Bedeutungsmuster für Individuen, die sich in der gegenwärtigen, sich verändernden religiösen Landschaft orientieren wollen: ein konkreter Ankerpunkt, der sie sowohl mit einer bestimmten Tradition und Gesellschaft als auch mit ihren eigenen Empfindungen verbindet.[19] Welche Implikationen ergeben sich daraus für gegenwärtige interreligiöse Dialoge, die Kunst im Allgemeinen und Musik im Speziellen als Medium einsetzen?

2. Kreativität und Imagination als ergänzende Ansätze für den interreligiösen Dialog

Wenn der theoretische Rahmen, der oben entworfen wurde, nun auf den spezifischeren Kontext des interreligiösen Dialogs im Medium der Kunst angewandt wird, erscheinen einige Aspekte der zeitgenössischen Religiosität in einem neuen Licht. Das Verständnis von interreligiösem Dialog als einem intellektuellen Vorgang wird ergänzt durch andere – z. B. visuelle, musikalische und poetische Dimensionen.[20] Dadurch können sich neue

[17] Laack: Sound, Music and Religion (Anm. 3); Wijnia: Making Sense through Music (Anm. 1).

[18] DeNora: Music in Everyday Life (Anm. 1).

[19] Tia DeNora: Music Asylums. Wellbeing through Music in Everyday Life, Farnham 2013.

[20] Kate Siejk: Wonder. The Creative Condition for Interreligious Dialogue. In: RelEd 90/2 (1995), 227–240.

Wege der Verständigung, des Selbstverständnisses und des Zusammenlebens eröffnen.[21] Kunst vermag uns nicht nur als vernunftbegabte Wesen zu berühren, sondern als komplexe erfahrende Wesen mit Gefühlen, Ansichten, Erinnerungen und Hoffnungen für die Zukunft. Innerhalb der Kunst wird offensichtlich, dass die Begegnung mit dem religiös Anderen eine «enorme Herausforderung für Kopf und Herz» darstellt, wie Abraham Joshua Heschel formuliert.[22]

Intellektualistische Zugänge, die den interreligiösen Dialog als Suche nach der einen Wahrheit verstehen, führen zur Frage, wie verschiedene Wahrheitsansprüche miteinander in Einklang gebracht werden können. Die Begegnung mit der/dem religiös Anderen stellt aber nicht nur eine intellektuelle Herausforderung dar, sondern auch eine ethische. Sie stellt vor die Frage, wie ich mich auf meinen eigenen Glauben verlassen und gleichzeitig offen und respektvoll mit anderen Sichtweisen umgehen kann. Kann ich das Anderssein der/des Anderen akzeptieren und können wir miteinander in einer pluralistischen Welt leben?[23]

Die Künste bieten der individuellen Selbstreflexion eine Plattform, indem sie Individualität, Verkörperung, Emotionen und Kreativität ansprechen und hervorheben. Sie vermögen die menschliche Fähigkeit der Imagination zu wecken, wodurch sie die Basis bilden für «eine Art von imaginativem Engagement, das wir beim Lesen eines Romans, beim Anschauen eines Films oder bei der Auseinandersetzung mit einem Kunstwerk zeigen, die aus einer anderen, neuen Perspektive zu uns sprechen»[24]. Die Künste stellen wesentliche Ansatzpunkte für transformative Methoden zur Verfügung, die schlussendlich zum Verständnis des Andersseins und der anderen Sichtweisen beitragen. Demzufolge wird die Imagination zur treibenden Kraft, die konkrete Beziehungen mit anderen ermöglicht.[25]

---

[21] Vgl. z. B. Ruth Illman: Artists in Dialogue. Creative Approaches to Interreligious Encounters, in: Approaching Religion 1/1 (2011), 59–71.

[22] Abraham J. Heschel: No Religion is an Island, in: Fritz A. Rothschild (Hg.): Jewish Perspectives on Christianity, 309–324, hier 312, New York 2000.

[23] Ruth Illman: Art and Belief. Artists Engaged in Interreligious Dialogue, London 2012; Ruth Illman / W. Alan Smith: Theology of the Arts. Engaging Faith, New York 2013.

[24] Kwame Anthony Appiah: Cosmopolitanism. Ethics in a World of Strangers, New York 2006, 85.

[25] Rosi Braidotti: In Spite of the Times. The Postsecular Turn in Feminism, in: Theory, Culture, Society 25/1 (2008), 1–24, hier 16.

Die Imagination eröffnet Zugang zu Erfahrungen und Einsichten, die nicht Teil unseres persönlichen religiösen Repertoires sind: Imagination befreit uns von den Grenzen unserer unmittelbaren Erinnerung an Erfahrungen und öffnet das Fenster zu einer Welt religiöser Verschiedenheit. Weder verdrängt noch verhärtet die kreative Wahrnehmung Verschiedenheit; sie macht diese uns auf fruchtbare Weise zugänglich. Ein Kunstwerk inspiriert uns, unsere Imagination auszuweiten, um jenseits der Konvention das bislang Ungeahnte zu erreichen. So kann die Kunst noch weitere Glieder zu der Kette von Interpretationen hinzufügen, die durch die vielfachen Versuche, unsere multireligiöse Realität zu begreifen, entstanden ist.[26]

Musik gilt als besonders geeignet, um interreligiöses Engagement und Dialog zwischen Menschen verschiedener Kulturen und Religionen zu fördern. Während Glaube und Handeln Dialogpartner trennen können, bietet Musik eine gemeinsame Sprache von Spiritualität und existenziellem Sinn, die sensibel bleibt gegenüber Unterschieden und die Integrität jedes teilnehmenden Individuums wertschätzt.[27] Dieser Doppelcharakter von Musik kristallisiert sich heraus in Frank Burch Browns Worten:

> «Musik ist nicht nur ein Zeichen von Verschiedenheit unterschiedlicher Gruppen; sie ist einer der Wege Verschiedenheit zu schaffen und zu zeigen, dass diese von Belang sind. Auch ist Musik nicht nur ein Zeichen zwischenmenschlicher Bindungen; sie ist einer der Wege, jene Verbindungen entstehen zu lassen.»[28]

Im Rahmen von Dialogen ist Musik in besonderer Weise geeignet, Menschen auf mehreren Bewusstseinsebenen gleichzeitig anzusprechen, und ermöglicht dadurch spirituelle Erfahrungen. Alejandro Garcia-Rivera beschreibt Musik und andere Kunstrichtungen als «lebendige Theologie», womit er Situationen des Dialogs meint, die «das ausleben, was die ‹Lehrbuch-Theologie› versucht zu verstehen»[29]. Nach Jeremy Begbie ist Musik besonders prädestiniert, in Menschen spirituelle Erfahrungen zu

---

[26] Illman/Smith: Theology of the Arts (Anm. 23).

[27] Amir Dastmalchian: Music as a Means of dialogue with/by Muslims, in: SIRD 26/1 (2016), 92–110, hier 92.

[28] Frank Burch Brown: Good Taste, Bad Taste, and Christian Taste. Aesthetics in Religious Life, New York 2000, 163.

[29] Alex García-Rivera: A Wounded Innocence: Sketches for a Theology of Art, Collegeville (MN) 2003, viii.

evozieren; Musik bildet für ihn eine Brücke zwischen Menschen und dem Göttlichen.[30] Brown unterstreicht, dass der musikalische Dialog nicht über die

> «konzeptuelle Präzision gesprochener Sprache [verfügt]. Dennoch ist Musik sowohl präziser als auch kraftvoller als bloße Worte, wenn es darum geht, dem Inneren und der ‹gefühlten› Bedeutung von Gedanken eine Stimme zu geben, besonders wenn diese Gedanken im Rahmen musikalischer Ausdrucksweisen geäußert werden.»[31]

Wie sich dieser Ansatz in der Praxis darstellt, soll nun am Beispiel eines Forschungsprojekts gezeigt werden. Es lenkt den Blick auf Künstlerinnen und Künstler, die sich im interreligiösen Dialog engagieren. In den Jahren 2008–2012 forschte ich über Kunst als Plattform für interreligiösen Dialog und versuchte zu verstehen, wie imaginative und leibbezogene Konzepte, visuelle oder musikalische Ausdrucksformen innovative Ansätze für den Dialog liefern können. Für mein Buch «Art and Belief» (2012) begleitete ich die Arbeit von sechs Künstlerinnen und Künstler, die sich in ihrer Kunst mit religiöser Verschiedenheit und Dialog auseinandersetzen. Mein Ziel bei der Begleitung dieser Künstler/-innen war eine breit gefächerte empirische Studie über interreligiöse Beziehungen. Ich wollte nachvollziehen, wie diese Menschen Dialog verstehen, wer diejenigen sind, die sich entscheiden, für diese Bemühungen all ihre Sinne einzusetzen, und ich wollte die Lebensrealität dieser Menschen kennenlernen. Wie sehen sie die Welt? Wer bringt sich in einen Dialog ein, der nicht die traditionelle Gestalt hochkomplexer Debatten zwischen einflussreichen und gebildeten Männern annimmt? Dies weckte mein Interesse an Kunst als einem Weg, den interreligiösen Dialog voranzubringen. Welche Auffassung von Dialog motiviert Menschen, die mit Musik, Literatur und Film arbeiten?

In meinen Forschungen habe ich versucht, die Gedanken und Reflexionen dieser Künstlerinnen und Künstler festzuhalten, sowohl durch intensive Gespräche und Schriftwechsel als auch durch Besuche ihrer Ausstellungen, Lesen von Pressemeldungen und ihren eigenen Texten. Ich wollte verstehen, wie sie das Thema religiöser Verschiedenheit betrachten,

---

[30] Jeremy Begbie: Resounding Truth. Christian Wisdom in the World of Music, London 2007, 15–18.

[31] Brown: Good Taste, Bad Taste (Anm. 28), 183.

was sie dazu veranlasst, sich im Dialog zu engagieren und wie sie die Rolle der Kunst in diesem Kontext beurteilen. Aus diesen Gedanken habe ich in dem Buch «Theology and the Arts. Engaging Faith» (2013), das ich gemeinsam mit Adam Smith herausgebracht habe, eine allgemeinere Theorie entwickelt.

Die Künstlerinnen und Künstler, die an der Studie teilnahmen, waren die Autorin Susanne Levin, die Multimediakünstlerin Marita Liulia, der Sänger und Muezzin Chokri Mensi, die Regisseurin Cecilia Parsberg, der Dirigent Jordi Savall und der Autor Eric-Emmanuel Schmitt. Gründe für die Wahl dieser Künstler/-innen waren, dass sie an Kunstprojekten mit interreligiöser Thematik gearbeitet hatten, dass sie ein eigenes Verständnis von Dialog entwickelt hatten und – natürlich – dass sie gewillt waren, ihre Ansichten und Beweggründe mit mir aufzuarbeiten. Sie haben ihre Wurzeln in Judentum, Christentum und Islam. Manche der Künstler/-innen bewegen sich problemlos innerhalb des traditionellen Rahmens ihrer eigenen Religion, während andere nicht religiös gebunden sind, sondern die Rolle distanzierter Beobachter einnehmen. Wieder andere beschreiben ihre religiöse Position mit Begriffen wie Spiritualität und Mystik. Wie viele Menschen im Westen heute empfinden sie die traditionellen Institutionen mit ihren Hierarchien und Lehrsätzen als spröde und sind eher daran interessiert, eine individuelle Spiritualität auf Grundlage von persönlicher Wahl, Selbstverwirklichung und emotional erfüllenden Erfahrungen zu entwickeln.

Die Künstlerinnen und Künstler waren an kreativen Elementen interessiert. Kreativität war dabei immer auch mit einer ethischen Perspektive verbunden, dem Fokus auf Praxis und Imagination statt auf Prinzipien. Sie wollten Menschen auf einer spirituellen Ebene durch künstlerische Kommunikationsformen – Bilder, Klänge und Geschichten – miteinander verbinden. Die meisten von ihnen betonten jedoch die Notwendigkeit, künstlerische Ansätze mit anderen Arten des Dialogs zu kombinieren. Sie sahen in Kunst nicht den einzig tragfähigen Weg zum Dialog, sondern eine Ergänzung zu anderen Arten des Dialogs, z. B. theologischen Diskussionen, politischer Zusammenarbeit, NGO-Projekten und Basis-Initiativen. Die Betonung der Kreativität war nicht Ausdruck eines Antiintellektualismus. Philosophische und praktisch-ästhetische Äußerungen förderten sich gegenseitig.

Die Kunstprojekte innerhalb dieser Forschung weisen eine Fülle von intellektuellen und analytischen Inhalten auf. Der kreative Ansatz sollte also nicht als bevorzugte Alternative zu anderen Arten des Dialogs betrachtet werden. Die hier untersuchten Projekte trugen dazu bei, Imagination und interreligiöses Verständnis zu fördern.

Im Folgenden stelle ich den Bericht eines Künstlers aus dem Forschungsprojekt vor.

3. Wenn Worte nicht ausreichen: Chokri Mensi

Ich traf Chokri Mensi[32] an einem Frühlingstag in seinem Wohnort Älvsjö bei Stockholm, um über Musik, interreligiösen Dialog und Islam zu sprechen. Mensi studierte *sharia* in Saudi-Arabien und islamische Rezitationstradition und Musikgeschichte in seinem früheren Heimatland Tunesien. In seiner jetzigen Heimat Schweden arbeitete er zunächst als Muezzin und Imam und derzeit als Pfleger auf der psychiatrischen Station eines großen Krankenhauses. Er hat sich auch im medizinischen Bereich weitergebildet und ist aktives Gewerkschaftsmitglied. Zudem hat er sich an Projekten für gefährdete Teenager und für Menschen mit Behinderung beteiligt. Als Musiker widersetzt Mensi sich vielen gängigen muslimischen Kategorisierungen und verbindet unterschiedliche Rollen, die oft als unvereinbar angesehen werden: Er ist ein aktiver Gläubiger und praktizierender Muslim, aber gleichzeitig ein kreativer und sozial engagierter Künstler. Er schreckt in seiner musikalischen Arbeit vor radikalen Schritten in Richtung Frieden und Versöhnung nicht zurück: Mensi trägt den muslimischen Ruf zum Gebet *adhan* im Dom von Uppsala vor und rezitiert den Koran gemeinsam mit jüdischen und christlichen Musikerinnen und Musikern bei verschiedenen interreligiösen Veranstaltungen, wie z. B. bei unterschiedlichen Events von Vox Pacis[33], «Stimme des Friedens», die sich der ökumenischen Arbeit für Frieden in Form von Dialog und innovativer musikalischer Zusammenarbeit widmet. Dabei kommen Sänger/-innen und Chöre mit verschiedenem kulturellem und religiösem Hintergrund

---

32 Chokri Mensi wurde am 2. März 2009 in Älvsjö, Schweden, von der Autorin interviewt. Die Tonaufzeichnung, zusammen mit einer Mitschrift des Interviews, sind im Cultura Archiv der Åbo Akademi Universität hinterlegt, Archiv-Code IF mgt 2009/20. Alle folgenden Zitate dieses Teilkapitels sind diesem Interview entnommen.

33 Mehr Informationen über Vox Pacis können auf der Website http://voxpacis.org (14.01.2018) eingesehen werden.

zusammen und verbinden ihre unterschiedlichen Traditionen in musikalischem Zusammenspiel für Gleichberechtigung und Respekt.

Mensi kam mit 21 Jahren nach Schweden, folglich hat er mehr als die Hälfte seines Lebens dort verbracht. Als Musiker, der in den interreligiösen Dialog involviert ist, will er Räume für den Dialog zwischen Menschen verschiedener Glaubensrichtungen schaffen. Er ist überzeugt davon, dass Musik über die Grenzen von religiöser und kultureller Verschiedenheit hinweg reichen kann. Musik kann Brücken bauen, sagt er, sie ist ein kreativer Weg, um Verständnis und Respekt zu vermitteln. Musik ist die universale Sprache der Seele, erklärt er, die alle Grenzen zwischen Menschen überwindet und die «ihre Leere füllt» mit Sinn und Eintracht. Musik könne die Herzen und Seelen von Menschen erreichen und in ihnen den Geist der Beteiligung hervorrufen.

> «Musik ist eine Sprache, die jeder kennt, eine Sprache, die sich nicht auf körperliche Dimensionen bezieht, sondern auf spirituelle. Sie ist eine Sprache, die keine Grenzen kennt [...]; durch sie sehen wir weder schwarz noch weiß, weder christlich noch muslimisch noch jüdisch. Sie ist wahrhaft interkulturell, interreligiös, facettenreich. Wir können sie nicht anfassen, sie ist abstrakt, aber sie erfüllt eine wesentliche Funktion und gibt uns das Gefühl, zu Hause zu sein.»

Für Mensi ist Musik ein selbstverständlicher Aspekt islamischer Geschichte. Er ist bestens vertraut mit unterschiedlichen musikalischen Traditionen innerhalb der muslimischen Welt. Die Rolle der Musik im Islam ist sicherlich keine eindeutige[34], aber Mensi zufolge ist das breite Spektrum von Rezitationsstilen, Klangsprache und Liedtechniken, das über die Jahrhunderte entwickelt wurde, ein Schatz, der mit Sorgfalt erhalten und von muslimischen Zeitgenossen wertgeschätzt wird. Des Weiteren ist für ihn die Instrumentalmusik ein wichtiger Bestandteil des künstlerischen Repertoires des Islams, auch wenn viele Gläubige heute die Rolle von Musik als islamischer religiöser Kunstgattung kritisch hinterfragen.[35] «Ein

---

[34] Jonas Otterbeck: Battling over the Public Sphere. Islamic Reactions to the Music of Today, in: Contemporary Islam 2/3 (2008), 211–228.

[35] Dastmalchian: Music as a Means of dialogue with/by Muslims (Anm. 27), 93–95. Dieser Artikel bietet eine ausführliche Auseinandersetzung mit Musik im Islam und insbesondere dem musikalischen interreligiösen Dialog aus muslimischer Perspektive. Otterbeck: Battling over the Public Sphere (Anm. 34) bietet einen detaillierten Überblick über zeitgenössische Diskurse über Musik im Islam.

Imam sollte nicht die Saz spielen, er sollte predigen und den Koran rezitieren – sonst nichts», bemerkt Mensi, womit er auf seinen eigenen ungewöhnlichen Weg Bezug nimmt, gleichzeitig religiöse Autorität und Musiker zu sein.

Im Verlauf der Geschichte wurden Poesie und Kalligrafie für die ursprünglichen islamischen Kunstgattungen gehalten. Mensi erklärt: Durch sie konnte der Künstler seine Liebe zu Gott, der Heiligen Schrift und der Schönheit der Schöpfung beweisen. Auch die Kunst der Rezitation fand immer höchste Wertschätzung, während andere Musikgattungen mit Misstrauen betrachtet wurden, da sie eher mit weltlicher Unterhaltung und der Selbsterhöhung der Musizierenden als mit religiösen Zwecken assoziiert wurden. Es kommt selten vor, dass jemand beides ist: ein praktizierender Muslim und ein Musiker, betont Mensi. Deswegen, räumt er ein, wird er bisweilen mit Vorurteilen gegenüber seinen Visionen und Arbeitsmethoden konfrontiert, auch innerhalb seiner eigenen Gruppe. «Ich versuche zu zeigen, dass Lieder, Musik und Instrumente nicht gefährlich sind». Gleichwohl lässt er sich von Missbilligungen seiner muslimischen Mitmenschen über seine Art, als Gläubiger zu leben, nicht beirren: «Als Musiker ist meine Religion kein Hindernis für mich. Ich habe schon viele Regeln gebrochen, wenn man es so betrachten will.»

«Natürlich gibt es einige Muslime, die mich zurückweisen dafür, dass ich von der Kanzel einer christlichen Kirche aus dem Koran rezitiere, und natürlich wurden auch manche Christen dafür kritisiert, dass sie mich in ihre Kirchen eingeladen haben», sagt Mensi. Aber für ihn sind Kirchen, Moscheen und Synagogen Gotteshäuser. In allen dreien ist Gott gegenwärtig. «Ich weiß, dass die Leute, die diese Heiligtümer betreten, gläubig sind, so wie ich», sagt Mensi und fügt an:

> «Ich bin eine herausfordernde Person und ich kämpfe für das, woran ich glaube. Was Musik betrifft, trete ich für das ein, was ich tue, auch wenn es kontrovers betrachtet werden kann […]. Mut, Offenherzigkeit und Bescheidenheit sind auf beiden Seiten Voraussetzung: auf Seiten der Kirche und von mir selbst.»

Warum also hat Chokri Mensi sich dazu entschlossen, seine Arbeit als Musiker mit seinem Engagement für Frieden und Dialog zu verbinden? Er glaubt, dass Musik uns mit der spirituellen Dimension der Wirklichkeit in Kontakt bringt. Für Mensi ist es wahrhaftig die Stimme Gottes, der wir durch Rezitationen und Instrumente, die in religiöser Musik verwendet werden, begegnen. Folglich sind spirituelle Aspekte wesentlich für den interreligiösen Dialog. Seiner Meinung nach ist die Spiritualität in der gegenwärtigen Gesellschaft gefährdet:

> «Wir leben in turbulenten Zeiten – unter dem Druck permanenter Leistungssteigerung, dem Streben nach höherem Einkommen, wachsendem materiellen Besitz und mehr Freizeit. In musikalischen Begegnungen können wir all das hinter uns lassen und uns erlauben, einfach nur den spirituell gesättigten Moment des musikalischen Dialogs zu genießen.»

In Mensis Argumentation liegt der Schwerpunkt auf spirituellen Erfahrungen, die die Grenzen von Glaubensrichtungen überwinden. Dies geht einher mit der Überzeugung, dass jedes Individuum das Recht hat, für sich selbst zu entscheiden, wie sie oder er den eigenen persönlichen Glauben gestalten möchte. «Du musst in der Lage sein, dich zu Hause zu fühlen, zu fühlen, dass das, was du tust, dein wahres Selbst widerspiegelt. Wenn du nur andere nachmachst, wirst du dich selbst verlieren.» Emotionen und Sinnlichkeit treten ebenfalls als zentrale Elemente in Mensis Verständnis des musikalischen Dialogs auf. Durch die Teilnahme an interreligiösen Konzerten hat er erkannt, dass Musik die Fähigkeit hat, die Herzen der Zuhörenden, unabhängig von ihrer konfessionellen Zugehörigkeit, auf eine sehr greifbare, leibliche Art und Weise zu berühren. «Wenn ich singe oder wenn wir zusammen singen, fühle ich wirklich, hier, in meinem Herzen, dass wir eine große Verantwortung tragen.» Musik spreche nicht nur den Intellekt an, sondern beziehe die Hörerinnen und Hörer auch als fühlende und handelnde menschliche Wesen mit ein, wobei sie die Zuhörerenden manchmal zu Tränen rührt oder Impulse für konkrete Handlungen gibt. «Musik ist ein emotionaler Kommunikationsweg; er muss nicht intellektuell sein.»

Aus diesem Grund können christliche und jüdische genauso wie muslimische Menschen Rezitationen aus dem Koran genießen, auch wenn sie die arabischen Worte eventuell nicht verstehen, glaubt Mensi. Die Erfahrung, von Spiritualität und Harmonie betroffen und berührt zu sein, ist wichtiger als Glaubensbekenntnisse und Tradition.[36] Kunst ist für ihn ein kreativer Weg der Kommunikation, der die Friedensbotschaft in konzentrischen Kreisen verbreitet. Gleichwohl sagt er, dass Kunst immer

[36] Vgl. auch Dastmalchian: Music as a Means of dialogue with/by Muslims (Anm. 27), 105 f.

nur eine Form von Dialog unter vielen ist. Genauso bedeutend sind praktische und politische, intellektuelle und ideologische Bemühungen von Akteurinnen und Akteuren auf anderen Schauplätzen.

> «Aus muslimischer Perspektive muss der Dialog ein pluralistisches Vorhaben sein, das unterschiedliche Aspekte und Sichtweisen beinhaltet und Menschen verschiedener Gesellschaftsbereiche miteinbezieht [...]. Ich glaube, dass es verschiedene Wege gibt, und [Musik] ist einer der wesentlichen von ihnen.»

Direkte Botschaften und eine klare Agenda sind für kreative Dialoginitiativen unabdingbar, betont Mensi. Darüber hinaus muss man immer auf einer neutralen Grundlage beginnen und nicht Musik machen, um zu überzeugen, zu verwandeln, zu hinterfragen oder miteinander zu konkurrieren. Stattdessen sollen Unterschiede akzeptiert werden: «Du hast deinen Glauben und ich habe meinen; dass muss respektiert werden.» Aber: «Wir können zusammen an den Themen arbeiten, über die wir uns einig sind: für Frieden, gegen Armut und Unterdrückung. Und wir können einander die Aspekte vergeben, in denen wir uns widersprechen.»

Kunst, die politisch wird, bringt jedoch Probleme mit sich, glaubt Mensi. Vor allem die «Verkleidung von Politik als Religion» sei gefährlich; wenn z. B. Fanatiker verschiedener Gruppierungen versuchen, Zerrüttung und Hass zu säen. Dennoch schieben sich bisweilen Konflikte in die Welt von Kunst und Spiritualität, die den Dialog verkomplizieren und die Ideale von Respekt und Eintracht infrage stellen. In besonders nervenaufreibenden Zeiten, wenn Konflikte, in die Muslime involviert waren, in verschiedensten Teilen der Welt in die Schlagzeilen kamen, war es Mensi unmöglich, an gemeinsamen Friedensinitiativen mit jüdischen und christlichen Menschen teilzunehmen. «Ich habe mich wie ein Verräter gefühlt, der eine falsche Botschaft von Hoffnung auf friedliches Zusammenleben und Respekt verbreitet hat», räumt er ein und ergänzt: «Als Musiker bin ich ein Teil der Welt und dessen, was in ihr vorgeht, dazu muss ich andauernd Stellung beziehen.» Aber selbst wenn schwere Konflikte Mensi kurzzeitig an seinem Engagement zweifeln lassen, sieht er sich selbst als Optimist, der mit Zuversicht in die Zukunft schaut. Seiner Meinung nach sollten alle Muslime und Musliminnen, die in Europa leben, sich viel mehr in die Gesellschaft einbringen, als sie es gegenwärtig tun. «Wir können nicht alle für uns bleiben, wobei jede/jeder von uns denkt, dass sie/er die eine Wahrheit erkannt hat. Je mehr wir mit dem Leben konfrontiert werden, desto besser. Wir wurden geschaffen, um miteinander zu leben, nicht getrennt voneinander.»

4. Schlussfolgerung

Wie kann der theoretische Rahmen eines nicht-binären Ansatzes für den interreligiösen Dialog innerhalb des Kontexts von Kunst die ethnografische Fallstudie des muslimischen Muezzin und Dialog-Aktivisten Chokri Mensi in Schweden erhellen? Seine Aussagen unterstreichen die Bedeutung von Musik als einem Aspekt zeitgenössischer Religiosität und daher auch des gegenwärtigen interreligiösen Dialogs. Mensi verbindet eine traditionelle muslimische Weltanschauung mit eher unorthodoxen Sichtweisen auf Pluralität und Spiritualität. Einerseits ist er ein Glaubender, der alle Rituale und Pflichten eines ernsthaften Muslims erfüllt und an traditionellen Formen des liturgischen Musizierens und der Rezitation festhält. Andererseits spricht er positiv über Instrumentalmusik, über kreative Zusammenarbeit und nimmt an grenzüberschreitenden Projekten wie Vox Pacis teil. Mensis Glaubensauffassung scheint von gesellschaftlichen und kulturellen Veränderungen beeinflusst zu sein: hin zu mehr Subjektivität und zu Glaubensformen, die die innere Entwicklung, Emotionen und die persönliche Wahl betonen; hin zu leiblicher Erfahrung und zur Suche nach spiritueller Eintracht mit Gott und Mitmenschen. Diese Verbindung von Alt und Neu, von Traditionsorientierung und Eklektizismus, von gelebter Religion und erlernten theologischen Sichtweisen, die Mensis Kunst verkörpert, ist in meiner Interpretation charakteristisch für zeitgenössische Akteurinnen und Akteure auf dem Gebiet von Kunst und interreligiösem Dialog. Das ist auch der Kern des nicht-binären Ansatzes für Musik als Dialog. Musik und Melodien sprechen die emotionale Seite religiösen Engagements an und werden nicht binär als Gegensätze zu rationalen Texten, sondern als deren Begleiter angesehen. Des Weiteren wird der Körper wichtig in musikalischen Dialogen; zeitweise wird er sogar zum Hauptwerkzeug der Herstellung von Bedeutung. Der Kern des nicht-binären Ansatzes ist die Anerkennung von Perspektiven, die im Sinn eines Sowohl-als-auch anstatt eines Entweder-oder miteinander verbunden sind.

Es braucht daher einen transdisziplinären Ansatz für die Untersuchung von religiösem Wandel, Musik und Dialog. Musik muss dabei als Medium betrachtet werden, das von Menschen in einem bestimmten historischen, sozialen und kulturellen Kontext geschaffen wird und dabei bestimmte Funktionen erfüllt, das sowohl Individuen als auch einer Gruppe die Möglichkeit gibt, existenziellen Vorstellungen Ausdruck zu verleihen. Anstelle von bestimmten Arten von Musik, die per se religiös sind, erfahren Menschen Sinn und schreiben Musik Bedeutung zu, indem sie Klänge und Musik auf bestimmte Art und Weise interpretieren.[37]

Ein solcher Ansatz erkennt «kognitive, emotionale, sinnliche, körperliche und biologische Aspekte von akustischer Wahrnehmung und akustischer Gestaltung innerhalb von Religionen» an, während er gleichzeitig sensibel bleibt für «historische, kulturelle, religiöse und individuelle Besonderheiten».[38] Daher ist nicht nur traditionelle, von religiösen Autoritäten approbierte religiöse Musik interessant für eine Forschung über Musik und interreligiösen Dialog. Vielmehr geht es um all die Versuche gemeinsamer Klangproduktion und -rezeption im Alltag von Menschen, die religiöse Motive und Praktiken kreativ übernehmen und verbinden und dadurch eine Musik entwickeln, die ihren persönlichen Lebenssituationen, Bedürfnissen und den Zielen des interreligiösen Dialogs entspricht.

Sowohl die theoretischen Überlegungen als auch die Fallstudie unterstützen die These, dass Kunst im Allgemeinen und Musik im Besonderen nicht nur bloße Werkzeuge für den Dialog darstellen. Musik ist keineswegs nur die Illustration eines theologischen Standpunkts, die die Bemühungen um den Dialog untermauert. Stattdessen kann Musik verstanden werden als Aspekt interreligiösen Engagements in und aus sich selbst heraus. Der sinnliche Charakter von Musik bezieht mehrere Sinne in den Dialog mit ein: Man kann die Worte einer anderen Tradition schmecken, während man sie singt; man kann das Anderssein berühren, während man mit seinen Händen musiziert, und man kann die Andere / den Anderen hören, während man von den heiligen Klängen einer anderen als der eigenen Tradition eingehüllt wird. Der «Geschmack von Kunst», fasst Brown zusammen, bezieht uns ein in «eine spirituelle Umwandlung, bei der ästhetischer Geschmack in etwas Größeres verwandelt wird; in eine

37 Martin Hoondert: Musical Religiosity, in: Tem. 51/1 (2015), 123–136.

38 Laack: Sound, Music and Religion (Anm. 3), 223.

gläubige Sehnsucht und frohe Erwartung».[39] Interreligiöse Theologie sollte sich also nicht nur mit Dialog in oder durch Musik befassen – sondern auch Musik *als* Dialog anerkennen.

Die zahlreichen Dialoginitiativen, die neuerdings in Schweden ins Leben gerufen werden, lassen Chokri Mensi mit Zuversicht in die Zukunft blicken. Trotzdem betont er, dass der Dialog auf allen Ebenen, sowohl der praktischen und institutionellen als auch der existenziellen und emotionalen, noch deutlich vertieft werden muss. Musik trägt dazu bei, Respekt und Verständnis füreinander zu schaffen: «Musik spricht von Herz zu Herz; sie vermittelt Spiritualität und Eintracht, wo Sprache nicht ausreicht.»

Übersetzung aus dem Englischen: Katharina Yadav, bearbeitet von den Herausgebenden.

[39] Brown: Good Taste, Bad Taste (Anm. 28), 97.

Stefan Berg

Was kann man sich theologisch von Musik in interreligiösen Begegnungen erhoffen – und was nicht?

1. Annäherung an das Thema

Was für eine Herkulesaufgabe! – Es geht im vorliegenden Band nicht um ‹Das geistliche Lied im Spannungsfeld von Reformation und Gegenreformation›, auch nicht um ‹Die Popmusik als Faktor in den Beziehungen zwischen Muslimen und Hindus im England der 1990er Jahre›. Nein, ‹Musik in interreligiösen Begegnungen› ist unser Thema. Ein wahrhaft weites Feld!

Da kommt mir zunächst die ganze Vielfalt der Musik in den Sinn. Die verschiedenen Richtungen und Stile, populäre Unterhaltungs- und elitäre ernste Musik, all die Epochen und Strömungen, die unterschiedlichen ästhetischen Prämissen, die immense musiksoziologische Bandbreite. Wie will man all dies über einen Kamm scheren und sich zu einer Definition aufschwingen, was Musik ist?

Weiter denke ich an die ganze Vielfalt dessen, was Religion ist. All die unterschiedlichen Religionen und Denominationen, all die verschiedenen Praktiken und Riten, die Bandbreite emotionaler und kognitiver Gehalte, die unterschiedlichen Theologien und Prägungen, die verwirrende Pluralität religionssozilogischer Milieus und Institutionen. Wie will man in all dem Ordnung schaffen und bestimmen, was darin das Gemeinsame, das in all dem gegebene wesentlich Religiöse ist?

Schließlich der Gedanke der Begegnung. Da kann es ebenso gut um ein beiläufiges Nebeneinander mit zufällig-situativen Berührungspunkten wie um bewusst lancierte Gespräche über vereinbarte Inhalte gehen, um scharfe Oppositionen ebenso wie um gezielt aufgesuchte Gemeinsamkeiten, Überschneidungsbereiche und Grauzonen, hier ganz alltagspraktisch, dort rituell, dort ganz theoretisch und abstrakt. Wie kann man der Vielfalt all dessen, was als eine Form von ‹Begegnung› gelten kann, gerecht werden?

Angesichts dieser dreifachen Komplexität vergewissere ich mich erst einmal meines eigenen Standpunkts. Ich stehe hier nicht als Musiker, Musikwissenschaftler oder Musiktheoretiker, sondern als Theologe. Genauer gesagt: als Systematischer Theologe, also nicht als Exeget, Kirchenhistoriker oder Praktischer Theologe. Und noch einmal genauer: als *evangelisch-reformierter* Systematischer Theologe. Ich weiß mich in meinem Denken also abhängig von einer bestimmten Tradition, Theologie zu treiben. Alles, was ich hier formuliere, das formuliere ich von *diesem* Standpunkt aus und denke im Rahmen der mit ihm gegebenen Möglichkeiten und Unmöglichkeiten.

Damit geht einher, dass ich mir keine deskriptive Aufgabe stelle. Selbstverständlich erkenne ich an, dass es interreligiöse Begegnungen gibt, in denen der Musik eine besondere Rolle zukommt; und ebenso selbstverständlich kann man daran produktive Beobachtungen machen. Dennoch möchte ich für meine Überlegungen eine normative Problemstellung formulieren. Sie entspricht dem Titel dieses Vortrags: *Was kann man sich theologisch von Musik in interreligiösen Begegnungen erhoffen – und was nicht?*

Ich will gleich zu Beginn aufdecken, warum ich so frage: Bei aller Begeisterung für die Musik – oder gerade wegen ihr – versuche ich, eine kritische Distanz zu wahren. Musik ist etwas, das sich sehr einfach und sehr erfolgreich funktionalisieren lässt. In unseren Kaufhäusern wird sie genutzt, um uns in den siebten Himmel des Konsums zu erheben; in unseren Fußballstadien, um kollektive Gänsehaut zu erzeugen; in der Politik, um eine Atmosphäre von Eintracht, Macht und Stärke zu demonstrieren. Muss man angesichts dieser Tatsachen nicht eine gewisse Vorsicht walten lassen, wenn es darum geht, die Musik in der religiösen Sphäre zu würdigen?

Es dürfte rasch deutlich werden, dass der methodische Zugang, den ich für das Folgende wähle, einen systemtheoretischen Einschlag hat. Im Hintergrund stehen die unterscheidungstheoretischen Überlegungen des englischen Logikers George Spencer-Browns und deren systemtheoretische Interpretation durch Niklas Luhmann und Dirk Baecker.[1] Ich übernehme von diesen Gewährsleuten allerdings nur die differenziologische

---

1 Vgl. insbesondere: George Spencer Brown: Laws of Form, Leipzig ^{5}2011 (deutsch: Gesetze der Form, übers. v. Thomas Wolf, Leipzig 1997); Niklas Luhmann: Soziale Systeme. Grundriß einer allgemeinen Theorie, Frankfurt a. M.

Methodik und fülle diese inhaltlich auf andere Weise und betrachte andere Strukturen, als es etwa Luhmann in seinen religionssozilogischen Schriften tut. Diese meine Methodik[2] bringt mit sich, dass ich im Folgenden die Rolle eines Anwalts von Unterscheidungen übernehme: als Anwalt ebenso der Unterscheidungen innerhalb religiöser Systeme als auch derjenigen zwischen verschiedenen religiösen Systemen – und schließlich auch als Anwalt der Unterscheidung zwischen musikalisch-ästhetischen und religiösen Aspekten.

Die folgenden Überlegungen haben fünf Teile. Dabei werde ich mir einige Zeit dafür nehmen, das Feld zu vermessen, auf dem interreligiöse Begegnung stattfindet. Ich beginne erstens bei der Religion und komme von dort zweitens kurz zum Interreligiösen. Sodann folgt ein dritter Teil zur Stellung der Musik innerhalb der Religion sowie viertens über sie hinaus. Im fünften und abschließenden Teil werden dann die Fäden

---

1987; ders.: Die Wissenschaft der Gesellschaft, Frankfurt a. M. 1992; ders.: Einführung in die Systemtheorie, hg. v. Dirk Baecker, Heidelberg [6]2011; Dirk Baecker (Hg.): Kalkül der Form, Frankfurt a. M. 1993; ders. (Hg.): Probleme der Form, Frankfurt a. M. 1993; ders.: Form und Formen der Kommunikation, Frankfurt a. M. [3]2013; ders.: Beobachter unter sich. Eine Kulturtheorie, Berlin 2013; ders.: Organisation und Störung. Aufsätze, Berlin [2]2014.

[2] Im Hintergrund steht meine Arbeit an einer Habilitationsschrift, die sich mit der Unterscheidung von Gott und Mensch befasst. Vgl. darüber hinaus: Stefan Berg: Regress und Reentry. Basalität bei Hans Albert und George Spencer Brown, in: Stefan Berg / Hartmut von Sass (Hg.): Regress und Zirkel. Figuren prinzipieller Unabschließbarkeit: Architektur – Dynamik – Problematik, Hamburg 2016, 211–249; ders.: Klingende Asche, tönender Staub. Musiktheologische Überlegungen in evangelischer Perspektive, in: Thomas Gartmann / Andreas Marti (Hg.): Der Kunst ausgesetzt (Publikationen der Schweizerischen Musikforschenden Gesellschaft 2/57), Kongressbericht zum 5. Internationalen Kongress für Kirchenmusik, 21.–25. Oktober 2015 in Bern, Bern 2017, 101–117; ders.: Störung und Unaussprechliches. Systemtheoretische Aspekte einer klingend-öffentlichen Theologie – am Beispiel von Richard Wagners ästhetischen Schriften, in: Thomas Wabel / Florian Höhne / Torben Stamer (Hg.): Öffentliche Theologie zwischen Klang und Sprache. Hymnen als eine Verkörperungsform von Religion (ÖfTh 34), Leipzig 2017, 129–147; ders.: Ärgernis und Torheit. Jesus Christus als Ereignis der Störung der Unterscheidung von Gott und Mensch, in: Hans-Peter Großhans / Michael Moxter / Philipp Stoellger (Hg.): Das Letzte – der Erste. Gott denken, Festschrift für Ingolf U. Dalferth zum 70. Geburtstag, Tübingen 2018, 19–39.

zusammengeführt und nach den Chancen und Risiken der Musik für die interreligiöse Begegnung gefragt.

2. Zur Religion

Eine Religion ist ein überaus komplexes Gebilde. Sie ist ein System, das menschliches Leben in vielfältiger Weise prägt. Ich will ein paar Punkte nennen:

Eine Religion bildet zum Beispiel *erstens* bestimmte soziale Strukturen aus: Sie organisiert sich institutionell, besitzt ein Repertoire an Sozialformen, unterscheidet an sich verschiedene Gruppierungen und professionelle Stände.

Eine Religion präferiert *zweitens* bestimmte Weisen, zu handeln, zu sprechen, zu denken und zu empfinden. Sie besitzt ein Repertoire an verbalen und nonverbalen Kommunikationsmöglichkeiten, präferiert ein bestimmtes Ethos und pflegt ein spezifisches Emotionsmanagement.

Eine Religion bildet *drittens* zeitliche Ordnungen aus. Sie lokalisiert die Gegenwart in größeren geschichtlichen Horizonten; sie ordnet den Jahreslauf, die Wochenstruktur und den Ablauf eines Tages.

Eine Religion manifestiert sich *viertens* in bestimmten räumlich-architektonischen Dispositionen. Sie beansprucht bestimmte Orte, hier abgeschiedene Ränder, dort sichtbare Zentren; sie gestaltet ihre Versammlungsorte und Verwaltungsgebäude.

Und eine Religion gestaltet *fünftens* auch sinnliche Sphären. Sie hat einen bestimmten Geruch, eine bestimmte Haptik und einen bestimmten Geschmack, ein bestimmtes visuell-ästhetisches Gepräge – und sie klingt auch in spezifischer Weise.

Dies alles liegt ineinander und bildet eine zwar unscharfe, aber dennoch prägnante Einheit. Nehmen wir den Weihnachtsabend: ein Konvolut aus sozialem Geschehen, theologischen Inhalten, emotionalen Zuständen, rituellem Verhalten, Zeitdramaturgie, Raumdramaturgie, Sinnlichkeit mit Zimtgeschmack, Tannengeruch, Glockengeläut und «O du fröhliche».

Geht man so an das Thema heran, wird deutlich, wie umfassend das Phänomen ‹Religion› ist. Sie ist ein tendenziell ganzheitliches Gebilde: ein System, welches das Leben eines Menschen zwar nur in gewissen Hinsichten, in diesen aber umfassend gestaltet.

Die systematische Substanz dieser Gestaltung individuellen und kollektiven Lebens ist ein schier unüberschaubares Geflecht von Unterscheidungen: eine ‹Grammatik›[3], wie ich es nennen möchte. Eine Grammatik ist, kurz gesagt, eine bestimmte Auswahl und bestimmte Anordnung von Unterscheidungen: ein Geflecht, in dem nicht nur Unterscheidungen getroffen, sondern diese auch zu einander ins Verhältnis gesetzt werden. Dieses Geflecht bestimmt, was innerhalb der Sphäre der betreffenden Religion an operativen Möglichkeiten und operativen Unmöglichkeiten besteht – und dies ist es, was einer Religion ihr spezifisches Gepräge gibt.

Die Grammatik gibt der Religion ihr Gepräge einerseits nach innen. Sie regelt, dass gewisse Dinge einen Unterschied machen und unterschiedlich gehandhabt werden; dass etwas hier so und dort anders ist; dass in der einen Situation dieses und in der anderen jenes gesagt wird; dass man jetzt dies und dann das tut. Weihnachten ist nicht Ostern; Sünde ist nicht Vergebung; der Vater nicht der Sohn; eine Taufe ist keine Abdankung; eine Predigt ist keine Fürbitte; eine Kirchenvorstandssitzung ist kein Gottesdienst; ein Hauskreis ist keine theologische Vorlesung; der Hochchor ist nicht die Kanzel; und ein Orgelvorspiel ist kein Gemeindelied.

Die Grammatik gibt der Religion ihr Gepräge andererseits auch nach außen: Die Kirche ist keine Krankenkasse; ein Gottesdienst ist keine politische Versammlung; Ostermontag ist nicht der Erste Mai; ein Dom ist kein Firmengebäude; und ein Kirchenkonzert ist kein Sportanlass. Das alles tönt reichlich banal, aber es zeigt die systemische Differenzierung unserer Gesellschaft. Die Grenze des Systems ‹Religion› gegenüber seiner Umwelt wird durch das operative Repertoire seiner Grammatik gezogen: innen der Bereich, für den die Grammatik Möglichkeiten zu operieren be-

[3] Der bekannteste Beleg für die Redeweise, dass Religion bzw. der christliche Glaube eine Grammatik besitze, findet sich bei Ludwig Wittgenstein: Philosophische Untersuchungen, Werke I, Frankfurt a. M. 1984, 225–580, Aphorismus 373. Vgl. darüber hinaus: Martin Luther: Disputatio de humanitate et divinitate Christi [1540], WA 39/II, 92–121, hier 104; Philipp Melanchthon: Vorrede zur Vorlesung über das Nizänische Glaubensbekenntnis, übers. v. Hans-Peter Hasse, in: Michael Beyer / Stefan Rhein / Günther Wardenberg (†) (Hg.): Melanchthon deutsch, Bd. 2: Theologie und Kirchenpolitik, Leipzig 1997, 35–42, hier 36 f.; George A. Lindbeck: The Nature of Doctrine. Religion and Theology in a Postliberal Age, Louisville (KY) 2009, 66 f.; Ingolf U. Dalferth: Der auferweckte Gekreuzigte. Zur Grammatik der Christologie, Tübingen 1994, iii.

reithält, also bestimmte Unterscheidungen zu treffen und Unterschiedenheit zu realisieren, außen der Bereich, für den seine Grammatik keine operationalen Möglichkeiten bietet und der für das System entsprechend bloß Umwelt ist.

3. Interreligiöse Begegnung

Betrachtet man die Religion in dieser Weise, was lässt sich dann zu interreligiöser Begegnung sagen? – Kurz gesagt dies, dass zwei Systeme mit ihren Grammatiken, also ihren operationalen Möglichkeiten und Unmöglichkeiten aufeinander treffen und in Interaktion miteinander treten. Es treffen also zwei Sphären aufeinander, die durch unterschiedliche Grammatiken und unterschiedliche Weisen zu unterscheiden geprägt sind.

Dabei muss man sich allerdings vergegenwärtigen, dass die beiden aufeinandertreffenden Systeme für einander Umwelt sind. Das heißt: Aus der Binnensicht eines Systems trifft es nicht auf ein anderes System, sondern auf die eigene Umwelt, also auf einen Bereich, der außerhalb seines eigenen Repertoires an operativen Möglichkeiten liegt und von dem es sich selbst autopoietisch (d. h. durch die Fähigkeit, sich selbst zu erhalten und zu erneuern) abgrenzt. Dies trifft auf die Binnensicht des anderen Systems aber ebenso zu. Die Begegnung ist aus der Binnensicht der sich begegnenden Systeme demnach stets asymmetrisch strukturiert: Das eine System begegnet seiner Umwelt, und das andere System begegnet seiner Umwelt. Die Symmetrie darin können die Systeme selbst nicht wahrnehmen; sie kann nur von der erhöhten Warte eines nicht involvierten Beobachters, etwa eines Systemtheoretikers oder einer Religionswissenschaftlerin, registriert werden.

Die Asymmetrie bringt mit sich, dass ein religiöses System die Begegnung mit einem anderen zunächst einmal nur als Störung wahrnehmen kann. Es registriert: ‹In meiner Umwelt gibt es etwas, das zum selben Lebensbereich andere Unterscheidungen trifft, als ich es tue.› Es beobachtet, dass es zu seinem eigenen Operationalisieren eine Alternative gibt, und dies birgt nicht bloß die Gefährdung der eigenen operativen Potenz durch Abwanderung, sondern stellt auch die Art und Weise des eigenen Operationalisierens infrage.

Religionen haben wohl schon sehr früh operative Möglichkeiten entwickelt, mit solchen Störungen umzugehen – sei es mit harter Abgrenzung oder Bekämpfung, sei es durch Integration oder Dialog. Die Hebräische Bibel grenzt Israel von seiner Umwelt ab und bekämpft fremde Kulte, indem es die religiösen Phänomene seiner Umwelt als Götzenverehrung diskriminiert. Das Neue Testament kennt einerseits den Gedanken der Mission, andererseits aber auch die Verwerfung des Unglaubens.

Entscheidend ist: Der operative Umgang mit der Störung, welche die Begegnung mit einer anderen Religion bedeutet, ist bestimmt durch die operativen Möglichkeiten und Unmöglichkeiten des Systems. Ein religiöses System kann mit einer Störung nur so umgehen, wie es in seinen eigenen operativen Möglichkeiten und den ihnen zugrunde liegenden Unterscheidungsmöglichkeiten angelegt ist. Entsprechend müssen Religionen lernen, produktiv mit der Störung umzugehen, welche die Begegnung mit einer anderen Religion bedeutet. Die christliche Religion hat dies am intensivsten in der Zeit der Aufklärung gelernt.

Dass der Terminus ‹Religion› inzwischen ein Begriff der Grammatik des christlichen Glaubens ist, ist dafür das stärkste Indiz. Denn wo die Möglichkeit besteht, sich selbst als Religion unter Religionen zu verstehen, da ist ein grundsätzliches Eingeständnis für eine gewisse Pluralität vorhanden, und das heißt: eine gewisse Kompetenz darin, Störungen auszuhalten und integrieren zu können. Solche Pluralitätskompetenz ist Störungskompetenz. Will eine Religion in unserer heutigen gesellschaftlichen Realität eine Stellung jenseits sektenartiger Abgeschiedenheit einnehmen, so kommt sie nicht umhin, solche Pluralitäts- bzw. Störungskompetenzen auszubilden. Sie sind für religiöse Systeme, die in der Mitte der Gesellschaft einen Ort haben wollen, geradezu überlebenswichtig. Und wenn sich interreligiöse Begegnungen und interreligiöse Dialoge ereignen, so ist dies Arbeit mit und an diesen Kompetenzen.

4. Zur Musik in der Religion

Nun aber noch einmal zurück zur Grammatik der Religion! Ich möchte als Nächstes die Einbettung der Musik in ihr Geflecht in den Blick nehmen.

Ich hatte ja bereits en passant angedeutet, dass jede Religion einen gewissen Klang hat, also klingende Dispositionen in ihrer Grammatik verzeichnet. Hier kann man ebenso an liturgische Elemente, Gesänge und Lieder denken wie an Kirchenglocken, Gebetsmühlen und klickende Perlenketten.

Betrachtet man zunächst ein religiöses System an und für sich, so muss man sich vergegenwärtigen, dass die Musik tief in seine Grammatik eingelassen und ein mit dem Ganzen verstrickter Teil seiner ist. Musik ist demnach einerseits ein Medium, in und an dem spezifische Unterscheidungen des religiösen Systems auftreten, und sie ist andererseits etwas, was nicht für sich steht, sondern mit all den anderen Unterscheidungen des grammatischen Geflechts verbunden ist. Man kann die Musik demnach nicht aus diesem Geflecht herauslösen, ohne den Sinn zu verlieren, den sie in ihm hat – denn: Sie erhält ihren religiösen Sinn nur aus der Einbettung in dieses Geflecht. Ohne diese Einbettung ist die Musik religiös sinnlos.

Nehmen wir beispielsweise das Lied «O du fröhliche». Um die Bedeutung dieses Liedes innerhalb der Grammatik des christlich-religiösen Systems zu begreifen, ist es nicht hinreichend, seine Melodie und den Text seiner drei Strophen isoliert zu betrachten. Die Grammatik hat, wie gesagt, eine ganzheitliche Dimension. Das Lied hat entsprechend einen bestimmten Ort in der Raum- und Zeitdramaturgie des Heiligen Abends, des Kirchenjahres und der Heilsgeschichte, bettet sich inhaltlich in bestimmter Weise in die theologische Thematik des Festes und die Frömmigkeitsrituale des religiösen Milieus – und es ist mit bestimmten sinnlichen Dimensionen assoziiert, welche die weihnachtliche Atmosphäre ebenfalls ausmachen. Man erkennt daran: Musik lässt sich innerhalb der Grammatik des religiösen Systems nicht isolieren. Spricht man über Musik im Horizont eines bestimmten religiösen Systems, so muss man sich in die Ganzheit der betreffenden Grammatik mit ihrem Geflecht von Unterscheidungen hineingeben. Nur dann kann man die religiöse Bedeutung, die Musik hat, hermeneutisch adäquat erfassen.

Entsprechend besitzen Religionen stets eine implizite, meist aber auch eine in irgendeiner Weise explizite Theologie der Musik. Theologie ist, kurz gesagt, der Selbstbeobachtungsmodus eines religiösen Systems, und eine Theologie der Musik ist folglich der Selbstbeobachtungsmodus eines religiösen Systems hinsichtlich der musikalischen Aspekte seiner selbst sowie hinsichtlich ihrer Einbettung in das Gesamtsystem. Eine Theologie der Musik unternimmt also den Versuch, diese Einbettung zu erfassen und mit den anderen Elementen der Grammatik abzugleichen – konstruktiv, indem sie positive Beziehungen zu anderen grammatischen Elementen expliziert, kritisch, indem sie auf Spannungen und Widersprüche hinweist und den Gebrauch von Musik dahingehend reguliert, dass keine internen Störungen das Operationalisieren des Systems gefährden.

Dass eine Religion eine regulierende Instanz braucht, um Musik in die Grammatik integrieren und Störungen handhaben zu können, hat weiter aber auch damit zu tun, dass Musik ja nicht allein im Inneren eines religiösen Systems vorkommt. Das Phänomen Musik ragt weit über die Grenze religiöser Systeme hinaus. Damit komme ich direkt zum nächsten Punkt:

5. Musik als Grenzphänomen

Eine Theologie der Musik muss die Musik der religiösen Sphäre nicht nur nach innen, sondern auch gegen außen abgrenzen. Dies ist deshalb nötig, weil Musik ein Phänomen ist, das in der Umwelt vorkommt und dort ein prägnantes, von der Religion unberührtes Eigenleben besitzt.

Was hat es mit diesem Eigenleben auf sich? Musik ist ein zutiefst menschliches Phänomen: ein Phänomen mit hoher existenzieller Relevanz und hoher existenzieller Intensität. Dies sieht man besonders gut in der Identitätsfindungsphase von Jugendlichen, aber auch an der Energie und Begeisterung, mit der Kinder und Erwachsene auf Musik reagieren. Musik involviert – und zwar durchaus körperlich. Und zugleich besitzt sie eine große und notorische hermeneutische Offenheit: Musik ist aus diesem Grund in besonderer Weise geeignet, unter pluralisierten gesellschaftlichen Bedingungen auf existenziell bedeutsame Inhalte bezogen zu werden – und zwar so, dass ich auf einem Konzert inmitten von hunderten Menschen mein Persönlichstes und Intimstes in sie hineinlegen und aus ihr heraushören kann, ohne dass dies zu einem hermeneutischen Konflikt mit den anderen Anwesenden führen würde.

Das bedeutet allerdings nicht, dass Musik hermeneutisch anspruchslos wäre oder der Umgang mit ihr gar gelingen könnte, ohne musikhermeneutische Kompetenzen zu besitzen. Es ist meines Erachtens also nicht hilfreich, wenn immer wieder behauptet oder insinuiert wird, dass es einen unmittelbaren anthropologischen Zugang zu musikalischen Ereignissen gäbe, der ohne kulturell erlernte musikhermeneutische Kompetenzen auskäme.[4]

Das heißt konkret: Die moderne musikhermeneutische Selbstverständlichkeit, dass Musik Emotionen artikuliere und zu Gefühlen anstifte, ist

---

[4] Vgl. Stefan Berg: Spielwerk. Orientierungshermeneutische Studien zum Verhältnis von Musik und Religion (RPT 60), Tübingen 2011.

nicht einfach anthropologisch gegeben, sondern hat eine komplexe kulturelle Genese hinter sich. Vereinfacht gesagt: Wir würden Musik anders hören, wäre nicht die Ausarbeitung einer hochdifferenzierten musikalisch-emotionalen Semantik in der *seconda prattica* am Übergang vom 16. zum 17. Jahrhundert erfolgt. Wir würden Musik anders hören, hätte das empfindsame Zeitalter des ausgehenden 18. Jahrhunderts nicht die Möglichkeit entdeckt, dass sich musikalische Gefühle nicht bloß in der Perspektive der dritten Person, sondern auch in der der ersten Person artikulieren lassen: dass man also nicht bloß musikalisch darstellen kann, wie *jemand* klingt, der traurig ist, sondern dass sich musikalisch artikulieren lässt, dass *ich* traurig bin – wie es Carl Philipp Emanuel Bach als einer der ersten Komponisten explizit tat. Und wir würden Musik auch anders hören, hätte sich in der Romantik nicht eine radikale hermeneutische Öffnung vollzogen: die Prämisse, dass Musik unaussprechliche Gefühle aussprechen könne, also Gefühle, die sich in der Wortsprache nicht oder nur missverständlich wiedergeben lassen. Im Zuge dieser Entwicklung wurde die Musik zu einer höchst subjektiven Sprache für Unaussprechliches, ja, zu einer Sprache, die der Wortsprache in gewissen Hinsichten sogar überlegen ist und die tiefsten Schichten menschlicher Subjektivität erreichen kann.

Unsere modern-westliche musikalische Hermeneutik ist stark von dieser Vorgeschichte geprägt – und zwar nicht bloß die elitär-klassische Kunstmusik der Opern- und Konzerthäuser, sondern auch die wichtigsten Zweige der musikalischen Popkultur. Die musikhermeneutischen Prämissen, die dabei Anwendung finden, sind uns so vertraut, dass sie uns kaum bewusst sind – und doch sind sie da. Daraus folgt: Die existenzielle Intensität unseres Umgangs mit der Musik, sollte uns nicht dazu verleiten, sie ohne Weiteres als Abkürzung zu tieferen anthropologischen Schichten nutzen zu wollen – als eine Abkürzung, über die man um gewisse hermeneutische Probleme herumkäme und unmittelbar über das Menschliche kommunizieren könnte. Natürlich: Im Umgang mit Musik stellen sich gewisse hermeneutische Probleme nicht, die wir im Umgang mit Wortsprache haben. Dafür sind wir im Umgang mit Musik aber mit *anderen* hermeneutischen Problemen konfrontiert.

Das skizzierte Eigenleben der Musik kann für die Religion zum Problem werden. An diesem Punkt stellt sich für die Religion eine grundsätzliche Frage: Wenn die Musik solch ein Eigenleben besitzt, sollte sie nicht besser außen vor bleiben und aus der Religion ausgegrenzt werden?

In der Tradition, in der ich stehe, ist es ja theologisch umstritten, ob die Musik überhaupt etwas in der Religion zu suchen hat und welche Rolle sie darin spielen soll.[5] Das eine Extrem des Protestantismus ist sicherlich Huldrych Zwingli, der – obschon selbst sehr musikalisch – die Musik aus den Gottesdiensten und damit aus der Sphäre des reformierten Glaubens verbannte. Musik war für ihn etwas, das nur der profanen Welt angehören sollte; in der Sphäre des Glaubens galt sie ihm als ein Störfaktor, der vom Entscheidendem, dem Wort, ablenkt. Auf der anderen Seite steht Martin Luther, der die *musica* theologisch so hoch schätzte, dass das evangelische Kirchenlied zu einem wichtigen identitätsstiftenden Merkmal der auf ihn sich berufenden Konfession werden konnte; Musik ist bei ihm also nicht ein Medium des Dialogs, sondern der kämpferischen Abgrenzung: «Ein feste Burg ist unser Gott» als Marseillaise der Reformation, wie es Heinrich Heine formulierte.[6]

Dass es diese Spannung innerhalb des Protestantismus überhaupt geben kann, hat damit zu tun, dass in ihm ein feines Gespür dafür besteht, dass man sich mit der Musik etwas ins Haus der Religion holt, das eine Eigenwirkung besitzt und sich nicht vollständig kontrollieren lässt. Man kann zwar versuchen, die Musik durch feste funktionale Verankerung in der Grammatik der Religion zu domestizieren, etwa indem man sie an die Wortverkündigung bindet, doch man wird auf diese Weise nie alle Störungen ausschliessen können, die potenziell von der Musik in ihrer hermeneutischen Offenheit ausgehen.

Das Problem schlägt sich noch heute in der Theologie der Kirchenmusik nieder.[7] Welche Musik darf im Gottesdienst erklingen? Nur wortgebundene Musik, also eine solche, die funktional auf die Wortverkündigung bezogen werden kann? Oder auch reine Instrumentalmusik, etwa ein Streichquartett?

Die liberal-religionstheologischen Theologen im Gefolge zum Beispiel Schleiermachers sind dabei eher bereit für eine Öffnung, denn ihrer Ansicht nach kann die Sphäre transzendenter Unbedingtheit allerorten in Vollzügen menschlicher Subjektivität aufbrechen, auch – oder vielleicht in

---

5 Vgl. die Darstellung der einschlägigen Positionen bei Oskar Söhngen: Theologie der Musik, Kassel 1967.

6 Heinrich Heine: Zur Geschichte der Religion und Philosophie in Deutschland, in: Der Salon II, Hamburg 1834, 80.

7 Für das Folgende vgl. Stefan Berg: Klingende Asche, tönender Staub (Anm. 2).

besonderer Weise – beim Umgang mit reiner Instrumentalmusik. Wir kommen hier in die Nähe der sogenannten Kunstreligion, also jenes Phänomens, das im 19. Jahrhundert entstand und auf der Annahme fußt, dass die Rezeption von gewisser Kunst eine hohe Affinität zum Religiösen habe und entscheidende Inhalte der Religion besser in einem wortlos-ästhetischen Medium kommuniziert werden können als in dem der Wortsprache.

Demgegenüber vertreten diejenigen Theologen, welche sich in der offenbarungstheologischen Tradition etwa Karl Barths befinden, eine eher zurückhaltende Position. Sie legen Wert auf die Unterscheidung der religiösen Sphäre von ihrer Umwelt und wollen sichergehen, dass Gottes Wort nicht mit menschlichen Worten verwechselt wird, wollen, dass Theologie etwas anderes ist als Anthropologie, auch wenn es noch so schön klingt und es in einer säkularen Gesellschaft bequem ist, das Religiöse niederschwellig ins Spiel bringen zu können.

6. Musik in der interreligiösen Begegnung

Ich möchte nun die bis hierhin gesponnen Fäden zusammenführen und das Gesagte auf die Frage nach den Chancen und Risiken von Musik für die interreligiöse Begegnung hin auslegen.

Ich habe erstens dargelegt, dass Musik in der Sphäre der Religion kein neutraler Ort ist. Musik ist zutiefst in das Gespinst der Grammatik des religiösen Systems verstrickt. Sie hat einen religiösen Sinn nicht losgelöst von diesem Geflecht, sondern nur in ihm – und das heißt, dass wir die Musik nicht herauslösen können, ohne ihren Sinn zu verlieren oder zu entstellen.

Ich habe zum anderen betont, dass Musik ein Eigenleben besitzt, das größer ist, als das, was sich musikalisch im Inneren des religiösen Systems abspielt. Und: Musik ist kein Phänomen, mit dem man grundsätzliche hermeneutische Probleme umschiffen kann, sondern das eigene hermeneutische Herausforderungen hat.

Was folgt daraus für die interreligiöse Begegnung? – Um dies herauszuarbeiten, möchte ich drei konkrete Beispiele durchspielen.

Nehmen wir erstens den Fall, dass sich zwei Gruppierungen aus unterschiedlichen religiösen Kontexten treffen und bei diesem Treffen Musik erklingt bzw. gemeinsam musiziert wird – und zwar Musik, die keine der beiden Gruppen aus ihrem religiösen Kontext mitbringt. Man könnte zum Beispiel daran denken, dass bei einem interreligiösen Jugendtreffen Musik einer bekannten Popband gespielt wird. Oder man könnte sich denken, dass eine Gesprächsgruppe vor ihrer Sitzung gemeinsam einen Kanon singt. In diesen Fällen wird genutzt, dass beide Gruppen, unabhängig von ihrer religiösen Identität, einen eigenen Zugang zur Musik haben. Es wird also produktiv eingesetzt, dass Musik ein Eigenleben besitzt, das über das religiöse System hinausgeht und den Einzelnen involviert. Dies macht es möglich, im gemeinsamen Hören oder Musizieren eine gemeinsame Erfahrung zu machen: gemeinsam etwas zu gestalten, Emotionen zu teilen – kurz: sich als hörende und klingende Gemeinschaft zu erleben. Aber: Diese Funktion könnte im Prinzip auch ein gemeinsames Fußballspiel oder eine gemeinsame Stadtbesichtigung erfüllen. Die Musik mag zwar das Emotionale und den Körper, also nonkognititve Bereiche ansprechen, aber ich wäre zurückhaltend mit der Hoffnung, dass damit schon etwas religiös Bedeutsames und theologisch Relevantes für die interreligiöse Gruppe aufgeschlossen und berührt wäre. Man hat sich musikalisch kennengelernt, aber nicht religiös. Dennoch will ich dergleichen nicht geringschätzen. Gemeinsames Musikerleben – oder der gemeinsame sportliche Wettkampf – macht ja etwas mit den Beteiligten: Man erlebt sich gemeinsam in anderer Weise, und dies mag helfen, eine Atmosphäre gegenseitiger Offenheit zu erzeugen, sodass man danach besser auf einander zugehen kann. Die Ebene von Differenzen in religiös-theologischen Hinsichten ist damit allerdings noch nicht zwangsläufig betreten. Man kann von dergleichen musikalischer Begegnung also bestenfalls eine Vorbereitung dafür erhoffen, im Anschluss auf die Ebene religiös-theologischer Differenzen zu gelangen und auf ihr in einen inhaltlichen Dialog zu treten. Dies kann durch gemeinsames Musikerleben befördert, aber nicht ersetzt werden.

Nehmen wir zweitens den Fall, dass sich zwei Gemeinden oder andere Gruppierungen aus unterschiedlichen religiösen Kontexten begegnen und den je anderen ihre eigene Musik zu Gehör bringen, also einen Teil jener Musik, der in ihrem eigenen religiösen Kontext, eine Rolle spielt: ein Stück der gesungenen Liturgie oder ein Lied, das religiöse Inhalte thematisiert. Auch in diesem Fall ist für die Hörenden relevant, dass Musik außerhalb des religiösen Systems vorkommt und die musikhermeneutischen Kompetenzen der Beteiligten entsprechend grösser sind, als es die Grenze des jeweiligen religiösen Systems markiert. Dies gestattet es den Teilnehmerinnen und Teilnehmern einer solchen interreligiösen Gemeindebegegnung, die Musik der anderen als ästhetisches Ereignis wahrzunehmen und einen musikalischen Zugang zum Gehörten zu finden. Aber auch hier wird zwar ein musikalisch-ästhetischer Zugang gebahnt, nicht aber notwendig auch ein religiöser. Genauer gesagt: Welche Bedeutung die zu hörende Musik innerhalb des religiösen Systems der Singenden hat, auf welchen musiktheologischen Prämissen dies fußt und was im Singen bzw. im Gesungenen religiös für die singende Gruppe alles mitschwingt, das ist der anderen Gruppe noch lange nicht eröffnet. Wenn man sich zum Beispiel vorstellt, dass eine protestantisch-christliche Gemeinde sich mit einer muslimischen trifft und Bach-Choräle aus dem Gesangbuch zu Gehör bringt, so wird die muslimische Gruppe das Gehörte vielleicht in musikalisch-ästhetischer Hinsicht würdigen können – soweit es ihnen die eigenen hermeneutischen Kompetenzen hinsichtlich dieser spätbarock-geistlichen Musik ermöglichen. Das, was aber musiktheologisch bei diesem Bachchoral alles für die Protestantinnen und Protestanten in *ihrem* religiösen System mitschwingt, das muss den Musliminnen und Muslimen ohne weitere Erläuterung und diskursiv-inhaltliche Auseinandersetzung verborgen bleiben: etwa, welche liturgische Funktion ein Gesangbuchchoral besitzt, welche Atmosphäre mit ihm assoziiert wird, was beim Namen Bach – dem fünften Evangelisten deutscher Lutheraner – so alles mitschwingt, was der Choral in Vokaltext und musikalischer Textur an theologischen Sinnpotenzialen berührt.

Drittens möchte ich eine interreligiöse Begegnungssituation imaginieren, in der die Grenze zwischen zwei sich begegnenden Gruppen verschwimmt. Dies könnte etwa dann der Fall sein, wenn eine gemischtreligiöse Gruppe ein eigens für diesen Begegnungsanlass komponiertes Musikstück aufführt, welches versucht, Elemente aus beiden Religionen aufzunehmen. Auch in einem solchen Fall ist es ein hilfreicher Faktor, dass beide Gruppen aus dem gemeinsamen musikhermeneutischen Fundus außerhalb der Religion schöpfen und einen gemeinsamen ästhetischen Zugang zur Musik finden können. Wie steht es aber um die religiösen Aspekte? Zunächst muss man sich klarmachen, dass in einem solchen Fall bereits inhaltlich-diskursive interreligiöse Dialogarbeit geleistet worden ist, bevor überhaupt gemeinsam musiziert wird. Diese fand im Rahmen der konzeptionellen Vorbereitung und im Zuge der kompositorischen Arbeit statt. Das heißt: Es wurden bereits musiktheologische Überlegungen angestellt, welche Elemente der Grammatik der beiden Systeme sich überhaupt dafür eignen, zusammengestellt zu werden und wie das geschehen kann. Weiter denke ich, dass sich die entstandene Komposition als eine Art

Mischphänomen, das zwischen zwei religiösen Systemen schillert, in religiöser Hinsicht nicht von selbst erklärt. Wenn es um mehr gehen soll, als um ein ästhetisches Ereignis, dann braucht es von den Mitwirkenden eigene diskursive Arbeit, die sich damit auseinandersetzt, wie sich das Musizierte zur Grammatik des eigenen religiösen Systems verhält: wie mit dem Schillern zwischen Vertrautheit und Fremdheit umzugehen ist. Auch in diesem Fall muss also über das Musikalische hinaus noch etwas geschehen, damit es zu einer inter*religiösen* Begegnung und Verständigung kommt.

Was folgt aus alldem? – Zusammenfassend möchte ich dafür plädieren, die theologischen Erwartungen gegenüber der Musik in interreligiösen Begegnungen tief zu hängen. Musik kann ohne Frage ein produktiver Faktor sein, welcher zum Gelingen einer interreligiösen Begegnung beiträgt: durch ein gemeinsames Erleben, das wechselseitige Offenheit und Vertrauen zu einander fördert. Ich bin aber kritisch hinsichtlich der Hoffnung, dass über die Musik als solche schon etwas für die *religiösen* Aspekte in der interreligiösen Begegnung gewonnen wäre. Die Verbundenheit der Musik mit dem Ganzen der religiösen Grammatik kann nicht übergangen werden.

Das Fazit meiner Überlegungen lautet entsprechend: Man kann sich theologisch von Musik erhoffen, dass sie in der Begegnung den Zugang zueinander erleichtert. Man sollte sich meines Erachtens aber nicht erhoffen, dass Musik diskursive Auseinandersetzungen unnötig macht, eine Abkürzung zu nehmen gestattet oder grundsätzliche hermeneutische Probleme der interreligiösen Begegnung oder des interreligiösen Dialogs zu umschiffen vermag. Denn: Weil und insofern Musik Teil der Grammatik religiöser Systeme ist, bestehen Differenzen zwischen religiösen Systemen auch in musikalischen Hinsichten – und diese müssen ebenso ernst genommen werden wie alle anderen Differenzen auch.

Von Musik sollte man sich also nicht erhoffen, den mühsamen, um wechselseitiges Verständnis ringenden Diskussionen interreligiöser Verständigung aus dem Weg gehen zu können. Die Musik ist in meinem Verständnis also dezidiert keine religiös überlegene Sprache, die besser an das Wesentlich-Religiöse heranreichte, als es die Wortsprache tut. Sie mag andere Aspekte der Religion berühren als die Wortsprache – aber es sind bloß *andere*, und nicht wichtigere oder entscheidendere Ebenen. Das Wesen der Religion ist meiner Überzeugung nach also nicht in einer imaginären anthropologischen Tiefendimension zu finden, sondern schlägt sich gleichrangig in allen Medien menschlicher Gestaltungsmöglichkeiten nieder. Man sollte die Musik in der interreligiösen Begegnung also nicht gegen die Wortsprache ausspielen und hoffen, dass das, was im Medium der Wortsprache mühsam ist, im Medium der Musik einfach wäre. Um den Diskurs – und zwar: den wortsprachlich geführten Diskurs – kommt man in der interreligiösen Verständigung nicht herum.

Setzt man zu große Hoffnungen in die Musik, so besteht meines Erachtens sogar eine Gefahr. Es könnte sein, dass im ästhetischen Schönklang und im musikalischen Wohlbefinden Differenzen zu schnell unter den Teppich gekehrt werden. In diesem Fall würde das musikalische Einander-Verstehen kaschieren, dass man sich in anderen Hinsichten nicht oder gar missversteht. So gesehen könnte eine übertriebene Hoffnung hinsichtlich der interreligiösen Potenz der Musik den interreligiösen Dialog sogar eher hemmen.

Konstruktiv gewendet bleibt es aber dabei, dass die Musik ein durchaus produktives Feld interreligiöser Begegnung und Verständigung sein kann. Dann können die über die Grenze der Religion hinausgehenden musikhermeneutischen Kompetenzen der Beteiligten eine Atmosphäre erzeugen, die es ermöglicht, vom Ästhetischen her zu musiktheologischen Ebenen zu kommen, von wo aus beliebig weitere Aspekte der involvierten religiösen Grammatiken in den Blick genommen werden können. Unter solchen Bedingungen soll die Musik das wortsprachliche interreligiöse Gespräch nicht ersetzen, sondern in es hineinführen, ist also nicht Diskurshemmer, sondern Diskursbeschleuniger. Setzt man so an, so wird die Musik nicht mit Erwartungen überfrachtet, sondern ihr eine Rolle zugesprochen, die sie auch zu erfüllen zu vermag.

Dieter Mersch

Hören und Gehören. Improvisation und Alterität

1. Kunst und Religion

Als die drei kardinalen Beziehungsweisen zum Absoluten hatte Georg Friedrich Hegel bekanntlich die bildende Kunst mit Skulptur, Bild und Architektur auf die unterste Stufe, die Musik auf die mittlere und Drama und Literatur auf die oberste Stufe in der Hierarchie künstlerischer ‹Wahrheiten› platziert – sämtlich aber gehen sie der Religion und Philosophie voraus, werden von ihnen ebenso überschattet wie überflügelt. Denn weder «dem Inhalte noch der Form nach», wie es in den «Vorlesungen über die Ästhetik» heißt, erscheine die Kunst als «die höchste und absolute Weise [...], dem Geiste, seine wahrhaften Interessen zu Bewusstsein zu bringen»; vielmehr dränge sie von sich her zur Überschreitung durch den Glanz des Heiligen und den Begriff:

> «Die eigentümliche Art der Kunstproduktion und ihrer Werke füllt unser höchstes Bedürfnis nicht mehr aus; wir sind darüber hinaus, Werke der Kunst göttlich zu verehren und sie anbeten zu können; der Eindruck, den sie machen, ist besonnenerer Art, und was durch sie in uns erregt wird, bedarf noch eines höheren Prüfsteins und anderweitiger Bewährung»,

weshalb, so Hegel weiter, in jeder Hinsicht «[...] die Kunst nach der Seite ihrer höchsten Bestimmung für uns ein Vergangenes [ist]».[1] Unterstellt wird jedoch in diesem provokativen Diktum, das die gesamte Geschichte der Kulturen einer kontinuierlichen Linearisierung unterzieht, immerhin eine besondere Beziehung sowohl der Ästhetik als auch – im Wortsinne – der ‹Theo-Logie›, der Lehre vom Göttlichen, oder wie es die phänomenologische Religionsphilosophie eines Rudolf Otto (übrigens in erklärter

---

[1] Georg Wilhelm Friedrich Hegel: Vorlesungen über die Ästhetik, in: Werke in 20 Bänden, hg. v. Eva Moldenhauer / Karl Markus Michel, Bde. 13–15, Bd. 13, 25.

Opposition zu Hegel) ausgedrückt hatte: dem «Numinosen» als dem unverfügbaren «Mysterium tremendum et fascinosum»[2], zur Wahrheit. Mit höherer Intensität als einer «intellektuellen Anschauung» komme sie aber durch die ‹Logik› des Urteils zur Geltung, so allerdings, dass ihre Bestimmtheit durch den religiösen Glanz und das ästhetische Scheinen hindurchgegangen sein muss, um sukzessive ihre Gebundenheit ans Materielle oder Transzendente abzustreifen und zuletzt das Reale ganz der Luzidität des Geistes zu unterwerfen.

Was uns hier interessiert, ist die damit behauptete innige Nähe zwischen Kunst und Religion, die als eine Konvergenz weder ästhetisch noch religiös, sondern bezeichnenderweise philosophisch beglaubigt wird. Sie ist, seit der Antike, durch die Geschichte des Denkens auf ähnliche Weise immer wieder heraufbeschworen worden, sodass sowohl von einer Erfahrung mit Kunst als auch von einer spirituellen Intuition auszugehen ist, die beide, wenn auch fremden Ausdrucks, miteinander konvergieren lässt und in eine tiefere Einheit zueinander stellt. Dass die Kunst von Anfang an mit dem Kultus verwoben ist, worin sie zugleich ihr Auratisches besitzt – die Aura als Nähe, die in die Ferne weist und uns der Erscheinungen entrückt, indem sie das Anwesende mit der Spur einer Alterität belehnt –, bildete gleichzeitig auch den Ausgangspunkt der Überlegungen Walter Benjamins zum «Kunstwerk im Zeitalter seiner technischen Reproduzierbarkeit»[3]. Die Auffassung wird in weiteren Schriften Benjamins wiederholt.[4] Bleibt dabei seine Ästhetik – mit ihren Bezügen auf den Surrealismus und Dadaismus sowie auf den gerade erst geborenen Film –

---

[2] Rudolf Otto: Das Heilige, München $^{31-35}$1963, 28 ff.

[3] Walter Benjamin: Das Kunstwerk im Zeitalter seiner Reproduzierbarkeit, in: Gesammelte Schriften I.2, hg. v. Rolf Tiedemann u. a., Frankfurt a. M. 1974, 1. und 2. Fassung, 431–507, hier 475; auch 479 f. passim. Die Formulierung findet sich bereits in ders.: Kleine Geschichte der Photographie, in: Gesammelte Werke, II.1, hg. v. Rolf Tiedemann u. a., Frankfurt a. M. 1977, 368–385, hier 378.

[4] ders.: Das Passagenwerk: Der Flaneur, in: ders., Gesammelte Schriften, V. 1, hg. v. Rolf Tiedemann u. a., Frankfurt a. M. 1982, 560. Ausdrücklich wird in einem Brief an Adorno vom 9. Dezember 1938 die Opposition zwischen Spur und Aura als Schlüssel zum Verständnis des Aura-Begriffs herausgestellt; vgl. ders.: Gesammelte Schriften I.3, hg. v. Rolf Tiedemann u. a., Frankfurt a. M. 1974, 1102. Nach Adorno meint ‹Aura› insbesondere das, «was an Kunstwerken deren bloßes Dasein transzendiert»; Theodor W. Adorno: Ästhetische Theorie, Frankfurt a. M. 1970, 460.

auf besondere Weise dem Visuellen verpflichtet, hatte sich wiederum Theodor W. Adorno, mit vielfacher Referenz auf Benjamin, bevorzugt dem Medium der Musik, der musikalischen Komposition, zumal der Neuen Musik verschrieben, um in seinem kleinen, jedoch zentralen «Fragment über Musik und Sprache» die genuine Theologizität des Musikalischen direkt zu benennen.[5] Denn die Musik sei zwar sprachähnlich, aber nicht Sprache, weil sie sich weder zum Urteil schließe noch sich einem «System aus Zeichen» füge; vielmehr vollziehe sie eine «urteilslose Synthesis», wie die frühen, fragmentarisch gebliebenen Studien zu Beethoven gleich zu Anfang pointieren[6] – ein Motiv, das Adorno immer wieder variiert hat und das noch in der «Ästhetischen Theorie» prominent wiederkehrt, um zuletzt in dem zu kulminieren, was im Unterschied zum aussagenden Satz und seiner Bestimmung eine «Konfiguration des Namens» genannt wird.[7] Als zentrale Stelle im «Fragment über Musik und Sprache» fährt Adorno fort:

> «Gegenüber der meinenden Sprache ist Musik eine von ganz anderem Typus. In ihm liegt ihr theologischer Aspekt. Was sie sagt, ist als Erscheinendes bestimmt zugleich und verborgen. Ihre Idee ist die Gestalt des göttlichen Namens. Sie ist entmythologisierendes Gebet, befreit von der Magie des Einwirkens; der wie immer auch vergebliche menschliche Versuch, den Namen selber zu nennen, nicht Bedeutungen mitzuteilen.»[8]

Adorno weist die Musik damit dem Gebet, der Liturgie, dem ‹Dienst› zu, gleichzeitig aber entbinde sie sich der Macht, halte sich von jedem verletzenden Eingriff fern, denn die Religionen, sei es als Animismus oder seien es die monotheistischen Theologien, bergen in sich die Ambiguität, sich einerseits einem ganz Anderen, Höheren oder Unverfügbaren – im Sinne einer Schöpfung – hinzugeben, andererseits gerade durch die menschliche Beschwörung im Gebet oder durch den Gottesdienst das Unbeherrschbare für sich zu gewinnen und über es Herrschaft erlangen zu wollen, und sei

[5] Theodor W. Adorno: Fragment über Musik und Sprache, in: Musikalische Schriften I–III (= Gesammelte Schriften, Bd. 16), hg. v. Rolf Tiedemann, Frankfurt a. M. ^{2}2003, 251–256, hier 251. 256.

[6] ders.: Beethoven, Frankfurt a. M. 1993, 32 ff.

[7] ders.: Musik, Sprache und ihr Verhältnis im gegenwärtigen Komponieren (= lange Version des Fragments über Musik und Sprache), in: ders.: Musikphilosophische Schriften I–III, (Anm. 5), 649–664, hier 652.

[8] ders.: Fragment über Musik und Sprache (Anm. 5), 252.

es nur durch ein wie immer geartetes demütiges Phantasma. Was die Kunst daher nur berühre, verfalle im Religiösen der Bannung. Viel entscheidender jedoch als diese, dem Übersinnlichen anheimgegebene religiöse Ambivalenz gegenüber einer Kunstauffassung als spezifisch *menschlicher* Feier, ist dabei, wie auch Benjamin betont hat, das im Hintergrund der Überlegungen anwesende Motiv einer jüdischen Sprachphilosophie, die als eine ‹Theorie des Namens› ausbuchstabiert werden kann, ohne jedoch nominalistisch enggeführt zu sein. Im ‹Namen› versammele sich nämlich das Singuläre selbst: als Irreduzibilität jedes einzelnen Dings wie auch seiner unverwechselbaren Existenz und Wahrheit, die gleichzeitig dem Einzelnen seine eigene Würde zurückerstatte – denn der Name sei göttlich, soweit ein jedes seit seiner Schöpfung ein eigenes, unersetzbares Gesicht trage, das nicht auf ein Allgemeines reduziert werden dürfe.[9] Das bedeutet auch: Der Name begleitet nicht nur die Phänomene, indem er sie benennt, sondern er entbirgt von sich her ihr Verhülltes – gleich wie das Antlitz Erscheinung ist, die durch alle Maskenhaftigkeit und Verstellung hindurch auf die Einzigartigkeit des Geschöpfs, sozusagen seine absolute Persönlichkeit verweist, der es gilt, Gerechtigkeit widerfahren zu lassen. Die Manifestation einer einzelnen Stimme, eines Klangs – Sinnliches zugleich und Transzendentes – bildet, obzwar immer schon ein Vermitteltes, seine unmittelbare Entsprechung: Etwas, was sowohl Hegel als auch Arthur Schopenhauer wussten, wenn jener der Musik eine Gleichzeitigkeit vom Abstrakten und Konkreten bescheinigte – «denn jeder Ton ist eine selbständige, in sich fertige Existenz», wie es in den Hegel'schen «Vorlesungen über die Ästhetik» heißt,[10] während Schopenhauer weit darüber hinaus gehend in seiner «Welt als Wille und Vorstellung» einen fundamentalen Bruch zwischen allen anderen Kunstformen einerseits und der Musik andererseits konstatiert, sofern erstere lediglich darstellend verführen, letztere aber den Willen selbst unmittelbar zum Ausdruck bringe.[11]

---

[9] Vgl. zur Beziehung Adornos und Benjamins zur jüdischen Sprachphilosophie Anja Hallacker: Es spricht der Mensch. Walter Benjamins Suche nach einer *lingua adamica*, München 2004; Sigrid Weigel: Walter Benjamin. Die Kreatur, das Heilige, die Bilder, Frankfurt a. M. 2008, sowie Marleen Stoessel: Aura. Das vergessene Menschliche, München/Wien 1983.

[10] Hegel: Vorlesungen über die Ästhetik (Anm. 1), III. Teil, Bd. 15, 159.

[11] Arthur Schopenhauer: Die Welt als Wille und Vorstellung, in: ders.: Sämmtliche Werke in sechs Bänden, Leipzig o. D., Bde. 1 u. 2, Bd. 1, § 38.

2. Die ursprüngliche Gemeinschaftlichkeit der Musik

Adorno attestiert so zwar im besonderen Maße der Musik, im Grunde jedoch jeder Kunst, wie es ebenfalls in den gesammelten Notizen zur «Ästhetischen Theorie» heißt, «gleichgültig was sie will und sagt,» ein theologisches Moment.[12] Es liegt vor allem darin, dass sie, wie vor allem die Musik bezeugt, nicht nur der Singularität ihr Recht zurückerstattet, sondern auch der kollektiven Erfahrung einer Gemeinschaft angehört. Gleichzeitig kommt dem Klang, anders als der bildlichen Magie, auf einzigartige Weise die ‹Gabe› einer buchstäblichen Unwahrscheinlichkeit zu, denn der Ton, der Gesang und seine stimmliche Dimension entspringen nirgends der Natur und ihrem Geräusch, vielmehr scheinen sie von weit her zu kommen, einem Anderen, Transzendenten, um uns, durch die Zeit bewegt, körperlich zu berühren und aufhorchen zu lassen. Was Adorno damit ins Spiel bringt, war indes von Anbeginn an allen Kulturen gegenwärtig. So ist die Musik für die Antike im Wortsinn ‹Theo-Logie›, insofern sie ursprünglich der Ordnung des ‹Theos›, der Götter entstammt, d. h. nicht menschlich erzeugt, sondern göttlich ‹ge-geben› ist, und das nicht nur seit ihren pythagoreischen Anfängen, insofern ihre Ordnung durch die Zahl und deren Proportion verkörpert wurde, die zugleich die Ordnung des Ganzen, der *physis* wie des *kosmos,* spiegelte, sondern auch und im besondere Maße durch den Gesang der Musen, wie er im Proöminum der Hesiod'schen «Theogonie» heraufbeschworen wird.[13] Als göttlicher Gesang verleiht sie dem Dichter allererst seine Stimme, die zum Gesang anhebt, um von der Herkunft der Götter, von dem «was ist, sein wird und was vorher war» in Gestalt einer mystischen Philosophie zu künden.[14] Ähnliches gilt für die orphischen Mythen, die ihren vermeintlichen Sieg über den Tod feiern, oder, im selben Kontext, für den von der Göttin Athene dargebotenen Aulos, der einen Wettstreit zwischen Apollon und Marsyas um das bessere, belebtere und damit auch heiligere Spiel entfacht, welches droht, sogar die Gottheit zu übertrumpfen.

---

[12] Adorno: Ästhetische Theorie (Anm. 4), 403.

[13] Hesiod: Theogonie, hg. u. übers. v. Karl Albert, 2., durchges. Aufl., St. Augustin 1983; Proömium, V. 1–115, hier 41 ff.; http://gutenberg.spiegel.de/buch/theogonie-3295/1 (22.10.2018).

[14] A. a. O., 35.

Ich erinnere an diese bekannten Erzählungen, um deutlich zu machen, dass die ans Numinose reichende Kraft des Musikalischen in den ältesten Überlieferungen ubiquitär präsent war. Dessen Motiv ist auf alle nachfolgenden westlichen Kulturen übergegangen, wie es gleichzeitig auch auf ähnliche Weise in den nichteuropäischen Kulturen präsent war. Wir finden sie wieder in den mittelalterlichen Monodien, die den ‹Lobgesang› Gottes wie aus einem Munde anstimmen, um durch sie performativ zur Einheit der Versammlung zu gelangen, die erst die ‹christliche Gemeinde› stiftet, wie er ebenso in der hochgotischen artifiziellen Mehrstimmigkeit der Notre-Dame-Schule zu hören ist, die beinahe dem komplexen Bau einer Kathedrale gleicht. Dasselbe gilt für die zur Konzentration zwingenden Motettenkunst der frühen Neuzeit mit ihrer sich beständig neu verwebenden Polyphonie oder für die kristallinen Ordnungen der Oratorien eines Johann Sebastian Bach, um nur einige Beispiele zu nennen. Die Musik dient hier nicht nur dem religiösen Ausdruck; sie ist nicht Medium einer anderswo erlebten Transzendenzerfahrung, der sie ihre Mittel verleiht, sondern sie *ist selbst Religion*, ungeschieden von den Tempeln der Antike oder den hohen Architekturen christlicher Baukunst, mit denen sie ihre Strukturen teilt – denn vergessen wir nicht, dass der antike Tempelbau und die pythagoreischen Gesetze der Musik in ‹Einklang› miteinander standen und denselben Idealen gehorchten. Eine ähnliche Gleichung lässt sich ebenfalls für das ‹lange› 19. Jahrhundert aufweisen, etwa wenn Richard Wagners «Ring des Nibelungen» auf dem Rheinfelsen eine pagane Religion zelebriert, um die Embleme der christlichen Liturgie auf das romantische Gesamtkunstwerk zu übertragen und sich selbst in den Stand einer erträumten ‹Kunstreligion› zu erheben. Sogar dort – oder vielleicht sogar gerade dort –, wo im Zuge der Zäsuren des 20. Jahrhunderts die ‹Avantgarden› gegen sie rebellierten und sich als ‹Neue Musik› auf den Thron hoben, um mit den Traditionen und ihrem metaphysischen Ballast radikal zu brechen, bleiben die Anklänge ans Theologische oder Religiöse in den kompositorischen Entfaltungen selbstverständlich – erinnert sei nur an Arnold Schönbergs «Moses und Aron» und den Versuch, besonders im dritten, nicht auskomponierten Teil die ‹Wüste› als Ort des Nichts und der Unverfügbarkeit und damit als Ursprung gleichermaßen einer radikalen Musik wie eines unbenennbaren Absoluten gegenüber der profanen Illusionskraft der Bilder auszuspielen. Die Opposition beider – die Aron'schen Götzen wie der Glaube an einen transzendenten und unvorstellbaren Gott: «unvorstellbar, weil unsichtbar;

weil unüberblickbar; weil unendlich; weil ewig; weil allgegenwärtig; weil allmächtig»[15], wie es gleich zu Beginn der Oper heißt –, werden auch musikalisch durch die Zäsur zwischen alten und neuen Tönen unterstrichen und folglich zum Vehikel einer ausschließlich intellektuellen Operation. Erinnert sei jedoch gleichermaßen an John Cages Berufung auf das altchinesische *I Ging* und die Mysterien des ‹Zu-Falls›, nicht verstanden als bloße Kontingenz, sondern, orientiert an den Lehren des Zen-Buddhismus, als – im Wortsinne – Orte eines uns ‹Zu-Fallenden›, einer Wandlung oder Umkehrung in unserem Bezug zur Welt, der vom Vorrang der *actio* zur *passio* einer nicht eingreifenden ‹aisthetischen› Annahme übergeht, um gleichermaßen jeden Ton, jeden Klang und jedes Geräusch wie auch die Einmaligkeit der Stille willkommen zu heißen: «Ich habe nie einen miserablen Ton gehört, nicht einen!» heißt es in seinen Gesprächen mit Daniel Charles: «Ich habe nie einen Ton gehört, der mich an Dekadenz oder Verwesung erinnert».[16] Die unterschiedslose Hingabe an jedes beliebige akustische Phänomen gleich welcher Herkunft ist Teil einer *askesis*, einer fortgesetzten Übung der *meditatio*, die zugleich an den Empfang eines Absoluten heranreicht. «Each moment is absolute, alive and significant», ergänzt die «Lecture on Nothing» aus Cages «Silence»: «Blackbirds rise from a field making sound delicious beyond compare.»[17] Erinnert sei schließlich auch an Arvo Pärt, an Philip Glass und die immer wieder anklingende Suche nach alternativen Formen von Spiritualität inmitten des 20. Jahrhunderts, sei es in Gestalt eines Dialogs mit indischen Raga-Rhythmen, mit der Gamelan-Musik Indonesiens oder arabischen Mikrotonalitäten. Die Musik unserer Zeit, insbesondere jene, die sich als *world music* versteht, bedient sich buchstäblich aller möglichen Vokabularien, um die Musikerfahrung von Grund auf zu ‹re-spiritualisieren›.

Tatsächlich bekundet dieses nur lose aneinandergereihte Panorama aus der reichen Geschichte europäischer Kunstmusik, die sich zur Popularmusik zunehmend indifferenter verhält, quer zu allen Genres einen anhaltend religiösen Zug des Musikalischen; und dies ist nicht eurozentrisch misszuverstehen, vielmehr ist der scheinbar einseitige Katalog von Beispielen dem

---

15 Arnold Schönberg: Moses und Aron, Mainz 1957, 7. Die Reihenfolge der Aufzählung wechselt in der Oper, sodass hier kein Vorrang der Negativität behauptet wird.

16 John Cage: Für die Vögel, Berlin 1984, 303.

17 ders.: Silence, London 1971, 113.

einfachen Umstand geschuldet, dass diese Musik in mir am weitesten Fuß gefasst hat.[18] Analoge Geschichten können sicherlich auch für andere Regionen und Überlieferungen erzählt werden – in der islamischen Musikwelt genauso wie in der chinesischen Musikgeschichte. Aber was bedeutet diese intrinsische Verwicklung zwischen Musik und Religion, mit der im Übrigen die mosaischen Religionen stets in Konflikt standen? Handelt es sich um eine überhistorische Konstante, ein anthropologisches Gesetz, eine zutiefst humane Eigenschaft? Es geht an dieser Stelle nicht, wie man vielleicht meinen könnte, um das Religiöse *in* der Musik, d. h. um eine Abbildlichkeit oder Verbeugung, worin sich das musikalische Erlebnis zur Magd einer theologischen Erfahrung verdingt, indem sie bereits bestehende Glaubensgehalte adaptiert, um sie zu illustrieren. Stattdessen dienen die empirischen Befunde einem anderen Zweck, nämlich dem Aufweis der tieferen, man könnte sagen, subkutanen Verbindungslinie zwischen *musika* und *religio*, wenn wir die Bedeutung der beiden Worte in ihrem ursprünglichen griechischen und lateinischen Sinn lesen. Sie behaupten keine ästhetische Universalität, keine ‹Ontologie› des Musikalischen, sondern eine Art gegenseitige *Resonanz*. Sie entstammt dem, was im *re-sonare* mitanklingt: das Hören sowie die Zugehörigkeit, der gemeinsam geteilte Raum. Was daher in diesem Sinne die vorangegangenen Überlegungen aufzuweisen suchten, ist gleichsam eine *Ethik des Hörens*, worin Musik und Religion aufeinander reagieren und miteinander überein*stimmen*.

Bereits die antike *musika* inkludierte ein komplexes Ganzes aus Lyrik, Klang, Rhythmus und Tanz, die auf das *ethos*, die Haltung der Beteiligten einwirkte, während die *religio* direkt auf die ‹Bindung› und *communio* als ursprünglicher Gemeinschaft hinweist, deren andere Bedeutungsschicht gleichzeitig eine *Ethik* der *Sorgfalt*, der *Rücksicht* oder *Achtung* aufscheinen lässt, wie sie im Lateinischen mit dem Ausdruck *relegere* für die gewissenhafte Beachtung des Ritus, der Regeln und Vorzeichen verbunden ist. Mit Bindung und Bund war natürlich zunächst der ‹Bund› mit der Gottheit gemeint, seine ‹Verbindlichkeit› im wechselseitigen Versprechen, das im Religiösen immer dreifach angezeigt ist: *erstens* durch das Gesetz und seine Wahrung, das als ‹Ge-Setz› zugleich ein ebenso Gesetztes wie ‹Ge-Gebe-

[18] Vgl. auch Hans Heinrich Eggebrecht: Musik im Abendland, München 1996.

nes› und damit anderswo Beglaubigtes darstellt – die Menschen empfangen gleichsam das göttliche Gesetz wie eine Gabe, wobei hier nur summarisch auf die ausgedehnten Diskussionen um die «Ethik der Gabe» hingewiesen werden soll, wie sie von Marcel Mauss und später noch einmal von Jacques Derrida angestoßen worden ist.[19] *Zweitens* geschieht Bindung durch das Ereignis einer sehr persönlichen Schau, durch Berührung als intimer Akt einer Meditation wie in der Mystik, zu der das Durchlaufen zahlreicher asketischer Stufen erfordert ist, die sämtlich vorbereitenden Charakter für eine *andere* Ankunft besitzen, die sich plötzlich und unvermutet einstellt. Die Bindung geschieht hier als performativer Akt einer einmaligen, alles verändernden Ereignung. Schließlich bedeutet der Bund *drittens* – und das erscheint mir für unseren Zusammenhang am Wichtigsten – als Stiftung einer Gemeinde, die im Christentum auf die ‹Kirche› als deren spezifischer Institution oder Organisationsform überging und eine bestimmte, durch das Religiöse zusammengehaltene Sozialform meinte, wie sie Augustin in seinem «Gottesstaat» erträumte. Viele Religionen manifestieren sich in dieser Triplizität von Regel und Tabu, mystischer Verklärung und Reinheit sowie der Stiftung eines Kollektivs, angeleitet durch Ritus, Dogma und Liturgie als den eigentlichen Formen religiösen ‹Dienstes›, die zugleich den Dienst an der Gemeinschaft vollbringen.

Meine These ist: Die verborgene Verbindung zwischen Musik und Religion liegt in eben dieser Dreifachheit: *einerseits* zwischen dem ethischen Gesetz des Hörens und Gehörens sowie seiner Verkörperung durch eine mathematische bzw. quasi-mathematische Ordnung, denn die Musik zehrt immer von der Ordnung, die sich in ihr sublimiert; *zum Zweiten* zwischen der mystifikatorischen Einheit mit einer Transzendenz, wie sie gleichermaßen im Klang und ‹Ein-Klang› mit der Gottheit zum Ausdruck kommt; sowie *zum Dritten* der Partizipation an einer gemeinsamen ‹Hör-Erfahrung›, die das Selbst und seine ‹Egologie› überwindet oder sogar ganz vergessen lässt. Dem ‹Ein-Klang› entspricht wiederum auf der anderen Seite das von Menschen geschaffene Haus Gottes, dessen Zugehörigkeit ihn jenseits aller humanistischen Selbstermächtigung in ein ‹Ganzes anderer Art› stellt. Die Kollektivität des musikalischen Ereignisses und seine

---

[19] Vgl. dazu exemplarisch Michael Wetzel / Jean-Michel Rabaté (Hg.): Ethik der Gabe. Denken nach Jacques Derrida, Berlin 1993, mit Beiträgen von Jacques Derrida, Giorgio Agamben, Bernhard Stiegler, Elisabeth Weber, Jochen Hörich u. a.

elementare, durch den Klang evozierte Sozialität sowie die göttliche *oikonomia*, die den Menschen im gleichen Maße mit der *atopischen Alterität eines Nichtmenschlichen* konfrontiert, gehören zusammen.

3. *Improvisio* und Alterität

Die Verbindunglinien zwischen Musik und Religiosität kreuzen sich also auf diesem offenen Terrain: in der elementaren Hervorbringung einer Gemeinschaft oder Kollektivität, wie sie sowohl die eigentliche ‹Funktion› des Religiösen als auch die ‹Kraft› der Musik ausmacht – eine wechselseitige Durchdringung, wie sie gleichfalls Augustin und Martin Luther bewusst war, um nur zwei der vielleicht einflussreichsten Erneuerer christlichen Denkens anzuführen.[20] Wenn von ‹Kraft› die Rede ist, liegt das mystische Element natürlich auf der Hand, dennoch sei im Folgenden vor allem – jenseits von Gesetz und mystischer Erweckung – auf den letzteren Punkt abgehoben, das Motiv der ‹Bindung›, wie sie, kaum mit einer anderen Kunstform vergleichbar, auf einzigartige Weise durch das kollektive Moment der Musik verkörpert wird – auch wenn Immanuel Kant, im Ärger über die in der Nachbarschaft erklingende ‹Katzenmusik›, die Musik polemisch als ‹asozialste› aller Künste bezeichnete.[21]

In der Tat sei im Folgenden das Gegenteil behauptet und das Moment der Sozialität, das auch Hegel hervorgehoben hat, sowie des Dialogs mit einem Alteritären als die beiden wesentlichsten Merkmale des Musikalischen herausgearbeitet – selbst dort, wo der Virtuose sich im dionysischen Rausch der immer gleichen Übung hingibt oder die Solistin für sich allein spielt und Orgelklänge durch die Empore enthoben wie aus einer anderen, himmlischen Sphäre zu uns erklingen. Denn nicht umsonst sprechen wir, wie im Theater, mit dem die Musik eine Reihe von Eigenschaften teilt, nicht nur in Bezug auf ein Stück von einer ‹Aufführung›, sondern vom

---

[20] Vgl. z. B. Luthers Vorrede zum Wittenberger Gesangsbuch [1524]: www.glaubensstimme.de/doku.php?id=autoren:l:luther:v:luther-wittenberg_1524 (22.10.2018).

[21] Vgl. Immanuel Kant: Kritik der Urteilskraft, Werke in 12 Bden., Bd. 10, Frankfurt a. M. 1968, § 53.

‹Spiel›. Denn das Spiel birgt den ebenso *performativen wie magischen Augenblick der Konstitution einer Gemeinschaft*[22], wobei weniger der Aspekt der Kollektivität, als vielmehr *der Akt und das Rätsel ihrer Produktion* gemeint ist. Kurz, ich möchte das Thema der Beziehung zwischen Musik und Religiosität – oder ‹Theo-Logie› – aus dem *bindenden* und damit *gemeinschaftsherstellenden* Aspekt des Musikalischen und seines eigentlichen *Performativs* heraus entwickeln und ausdrücklich nicht aus dem Kultus, wobei das ‹Per› des Performativs das Mediale als Praxis adressiert, durch welche Kommunikation, mithin auch das Soziale seine fusionierende Dimension und Verbindlichkeit zuallererst gewinnt. Anders ausgedrückt: Ich verstehe die Musikalität des Musikalischen primär aus der medialen ‹Kraft› dieses Performativs,[23] und wenn man von Musik als dem Ort, Akt oder Prozess einer Sozialität und seines Ereignisses spricht, stehen überall die Identitäts- und Differenzpraktiken des Spiels und seiner Vollzüge im Mittelpunkt. Dabei geht es nicht so sehr um die Konstitution von Spielenden oder Hörenden, als vielmehr um die Interdependenz der Herstellung *beider Seiten und ihrer Beziehung*, denn die Musik ist ohne ihr Publikum nichts als eine Innerlichkeit, und das Publikum ohne die Musik nichts als eine Streuung, welche auf geheimnisvolle Weise durch die spezifische Energie des Musikalischen zusammengehalten wird und in dem Augenblick wieder auseinanderbricht, wo diese fehlt.

Die Momente der Erzeugung wie Rezeption von Musik bilden daher immer schon ‹ein Gespräch›, eine *communicatio*, sodass es zuletzt auf die Formen dieses Dialogs und seiner, auch spontanen Realisierung ankommt. Deren Kristallisationspunkt und ihr für die gesamten vorliegenden Überlegungen paradigmatischer Fokus ist der Prozess der Improvisation, in der gleichzeitig mit der lateinischen Wurzel *improvisus* als dem Unvorhergesehenen ein nicht zu bändigender Einbruch eines *Anderen* anklingt. Dabei interessieren faktisch weniger die spezifisch musikalischen Aspekte der Improvisation, ihre Dialektik von Regel und Regelbruch – also die Dimensionen tonartlicher Überschreitung, die Unbestimmtheit ihrer zeitlichen

[22] Vgl. Johan Huizinga: Homo Ludens. Ursprung der Kultur im Spiel, Reinbek b. H. 1986; Roger Caillois: Die Spiele und die Menschen. Maske und Rausch, Berlin/Wien 1986.

[23] Performativitätstheorien der Kommunikation haben explizit auf die ‹performative force› als Kraft der Fusionierung abgehoben: vgl. vor allem John Searle: Sprechakte, Frankfurt a. M.; Jürgen Habermas: Theorie des kommunikativen Handelns, 2 Bde., Frankfurt a. M. 1981.

Entfaltung, ihre auf Nichtwiederholbarkeit angelegte Augenblickshaftigkeit, der Konflikt zwischen offener und geschlossener Form –, auch nicht das Mysterium der Erfindung oder Spontaneität, die Oszillationen zwischen Inspiration und Kreativität sowie das, was Jim Hall als «instant composition» – im Sinne eines *Verbums* – bezeichnet[24] oder Derek Bailey als «Kunst ohne Werk» angesprochen haben.[25] Vielmehr interessiert in unserem Zusammenhang die grundlegende Beziehung zwischen *improvisio* und *Alterität*. Sie bildet den Nukleus und exemplarischen Fall dessen, was als *Konstitution einer sozialen ‹Bindung› oder ‹religio›* auszubuchstabieren wäre, welche zugleich am Grund der *Konstitution des Sozialen und ihres Rätsels* steht und sich in einem – im Wortsinne – eminent ‹religiösen›, aber nicht notwendigerweise ‹theo-logischen› Akt manifestiert.

Aber was heißt es eigentlich zu improvisieren? Ich möchte hier der Versuchung widerstehen, eine explizite Theorie der Improvisation zu skizzieren, um daran zu scheitern – denn sie kann so wenig plausibel gelingen, wie eine Theorie der Kreativität –, vielmehr geht es mir allenfalls um die Entschälung gewisser Bedingungen dafür, was man das ‹Zusammenspiel› oder auch den *Chiasmus zwischen Handlung und Alterität* sowie zwischen *‹Hören› und ‹Gehören›* nennen könnte, welche ich allerdings für die Praxis des Improvisierens als essenziell erachte. Dabei sei ausdrücklich unterstrichen, dass *erstens* die Improvisation und die Fähigkeit zu ihr eine *allgemeine kulturelle Kompetenz* darstellt, die ubiquitär vorhanden ist und sich auf alle möglichen Bereiche des Sozialen, seiner Beziehungen, Praktiken und Prozesse erstreckt: auf das Technische genauso wie auf die medizinische Diagnose und Therapie. Sie gilt aber auch für das wissenschaftliche Experiment und seine Neigung zur Bricolage, wie sie vor allem die jüngere Wissenschaftsgeschichte enthüllt hat, ganz besonders betrifft sie jedoch die alltäglichen Verrichtungen und ihre Kooperativität, ohne dass sie übrigens jemals in den Theorien der Sprache und Kommunikation einen angemessenen Platz gefunden hätte. In diesem Sinne gibt es das improvisierte Spiel, die Pragmatik des Handwerks, die improvisierte Beweisführung, Probehandlungen oder auch spontane Volten in der politischen Diploma-

[24] Siehe Jimmy Giuffre: Piece for Clarinet and String Orchestra/Mobiles – VERVE V6–8395, Begleittext.

[25] Derek Bailey: Musikalische Improvisation. Kunst ohne Werk, Hofheim 1987.

tie, wie sie sich auf hinreißende Weise Heinrich von Kleist in seinem kurzen Text «Über die allmähliche Verfertigung der Gedanken beim Reden» am Beispiel des Grafen Mirabeaus und der Französischen Revolution imaginiert hat: Die Weigerung, dem Befehl des Königs zur Auflösung der Stände Folge zu leisten, entsprang nicht einem kalkulierten Plan, sondern formte sich erst im zugespitzten Verlaufe der Situation selbst.[26] Als *Zweites* sei hinzugefügt, dass die wechselseitigen Verschränkungen zwischen Improvisation, Dialog und Alterität im Musikalischen zu einem gewissen Grade auch für die notierte und konzertant aufgeführte Musik gilt – jeder, der einmal selbst musiziert hat, weiß, dass das ‹Zusammen-Musizieren› nicht nur eine Sensibilität für den Ton, den Rhythmus oder den richtigen ‹Einsatz› erfordert, sondern in erster Linie ein Gefühl, oder besser: ein ‹Gehör› für den anderen Menschen, den Mitspielenden, mit dem dieselbe Zeit, dieselbe ‹Stimmung› und dasselbe Stück in einem gemeinsamen Raum *geteilt* wird. ‹Musikmachen› heißt ‹Teilhaben› in der doppelten Bedeutung einer ‹Mit-Teilung›, wie sie Jean-Luc Nancy an den Anfang seiner Sozialphilosophie gestellt hat,[27] die im Besonderen die Teilung als soziale Praxis meint, doch kommt der Sinn für eine solche ‹Mit-Teilung› ganz besonders in Improvisationen und dem Wechselspiel zwischen *call* und *response* zum Tragen. Teilhaben und ‹Mit-Teilung› sind keine Sache des Verstehens; sie sind nicht einmal herstellbar im Sinne einer Technik, eines Entwurfs oder Werkes; sie bilden vielmehr ein *désoeuvrement,* wie es Nancy mit Maurice Blanchot ausgedrückt hat, eine ‹Unerwerkbarkeit›.[28]

4. ‹In des Anderen Sache›

Um – gleichsam – das ‹Wesen› dieser improvisatorischen ‹Mit-Teilung› und ihrer Kraft genauer zu konturieren, sei zunächst auf eine Reihe bekannter Merkmale referiert, die man der Improvisation im Allgemeinen

---

[26] Heinrich von Kleist: Über die allmähliche Verfertigung der Gedanken beim Reden, in: Sämtliche Werke, hg. v. K. F. Reinking, Wiesbaden 1972, 975–980, hier 976 f.

[27] Vgl. Jean-Luc Nancy: Mit-Sinn, in: Elke Bippus / Jörg Huber / Dorothee Richter (Hg.): ‹Mit-Sein›, Zürich 2010, 21–32; ders.: Die Mit-Teilung der Stimmen, Berlin/Zürich 2014; ders.: singular plural sein, Berlin Zürich 2016.

[28] Jean-Luc Nancy: Die verleugnete Gemeinschaft, Berlin/Zürich 2016.

zuschreibt. Sie werden im gleichen Maße in Richtung des darin verkörperten – oder besser: inkorporierten – ‹Mit-Bezugs› verschoben. Denn zunächst wird als Erstes, wenn die Rede auf die Improvisation kommt, die *Dialektik zwischen Regel und Nichtregel* ins Feld geführt, auch wenn unklar bleibt, was ‹Nichtregel› überhaupt bedeuten soll. Schon Adorno hatte in seiner Kritik am Jazz den Aspekt der Regelhaftigkeit angeführt und das Faktum betont, dass Improvisieren eine Technik verlangt, die gelernt sein will.[29] Diese Dialektik wird insbesondere dann genannt, wenn es um die Verschränkungen zwischen Intentionalität und Nichtintentionalität sowie um das Kennzeichen der Spontaneität und des Entzugs strenger Ableitbarkeit geht: Die Synkope, der ‹Sprung› als dasjenige, das keine Kausalität kennt und in seinem Woher und Wohin unbestimmt bleibt, bildet ihr Emblem.[30] Dabei bleibt der Begriff der ‹Indetermination› selbst unbestimmt, wenn die Kraft der Erfindung aus der *intentio* und ihrer subjektiven Färbung deduziert werden soll, als sei die Improvisation, wie in der Rockmusik der 1960er und 1970er Jahre – man denke an die großen Gitarristen der Zeit wie Eric Clapton oder Jimi Hendrix –, das Produkt eines ebenso überdeterminierten wie kalkulierten Virtuosentums, das an Subjektivität und Autorschaft, also an die klassischen Kategorien eines expressiven künstlerischen Könnens gebunden bleibt, hier vor allem als Zelebrierung maskuliner Potenzphantasien. Weit eher sei im Gegenzug an das bereits erwähnte Motiv von *call* und *response* aus dem Jazz erinnert, aber so, dass deren Vollzug umgekehrt wird. Denn es gibt, wie ich behaupten möchte, keinen improvisatorischen Akt, der nicht *primär responsiv* vollzogen wird, der also nicht schon vom Anderen her geschähe, vielmehr als eine *Antwort*, *Reaktion* oder *Resonanz* auf ein woanders beginnendes Ereignis – einen Ton, der angeboten wird, eine Taktvorgabe oder ein textuelles Element, das eine ‹Affordanz›, eine Aufforderung beinhaltet. Das

---

[29] Theodor W. Adorno: Zeitlose Mode. Zum Jazz, in: ders.: Prismen. Kulturkritik und Gesellschaft, München 1963, 118–132.

[30] Der ‹Sprung› spielt insbesondere in der Spätphilosophie Martin Heideggers eine ausgezeichnete Rolle, insbesondere im Übergang vom ersten zum ‹anderen› Anfang und der Einführung seines Ereignisdenkens. Vgl. Martin Heidegger: Der Satz vom Grund, Pfullingen [5]1978, 96. 151 sowie ders.: Beiträge zur Philosophie (Vom Ereignis), Gesamtausgabe, Bd. 65, hg. v. Friedrich Willhelm von Herrmann, Frankfurt a. M. 1989, 227 ff. Zum Motiv des Sprungs und seiner zahlreichen Konnotationen vgl. auch Dieter Mersch: Epistemologien des Ästhetischen, Zürich/Berlin 2015, 12. 17. 53. 58 u. ö.

‹Anderswo›, das den Anfang macht, und dabei deutlich werden lässt, dass wir immer schon begonnen haben, ist der ästhetischen Geste einer ‹Auf-merk-samkeit› immanent. Man nehme den dreigeteilten Ausdruck wörtlich: Etwas wird be*merkt*, aber in einer Weise des *Aufmerkens*, der ‹Reaktion› auf ein *Anderes*, eine *Alterität* und damit auf auch *Andere*, die mir vorweg sind. Emmanuel Lévinas hat nicht gezögert, diese Vorgängigkeit als *heilig* zu bezeichnen,[31] denn die Ungreifbarkeit des Anderen rührt gleichsam an einen vorübergehenden Gott und ist auf diese Weise, abermals im Wortsinne, ‹ab-solut› und doch ein unbenennbarer wie ein nicht zu greifender Ort, von dem aus wir überhaupt erst zu leben vermögen.

Wir sind folglich so sehr vom Anderen her geprägt und eingenommen, d. h. in einem genuinen Sinne soziale Wesen, dass es schlechterdings kein Denken, keine Tätigkeit, kein Verhalten gibt, das nicht zugleich von dort her zu terminieren wäre. Alle Eigenschaften der Improvisation sind darauf geeicht: Spontaneität, Unvorhersehbarkeit, Kreativität, Erfindung, ‹Sprung›. Sie alle setzen in einem wesentlichen Maße ein Alteritäres voraus. Das bedeutet auch: Wir sind nicht zunächst ‹wir›, mithin Einzelne oder lose gekoppelte Subjekte, die, wie bei René Descartes, zuvorderst ‹Ich› zu sich zu sagen vermögen und sich als Selbst, als Bewusstsein beschreiben; wir sind vielmehr so sehr schon bei Anderen, dass nichts, was wir begehren oder wünschen wollen, was wir sagen oder darstellen wollen, nicht schon durch deren Zuvorkommenheit tingiert wäre – mithin durch etwas, das uns, durchaus in seiner doppelten Bedeutung, ‹ent-geht› wie ‹an-geht›, *uns* ‹an-spricht›, fordert oder herausgefordert hat und damit auch zu einer Antwort nötigt. Improvisation folgt dieser Kontur: Ein Ton, eine Zeitstruktur, ein Rhythmus oder eine Idee wird aufgenommen, weiterverwendet, umgewendet und wieder zurückgegeben, um gleichzeitig auf sein Echo zu horchen, es zu adaptieren, fortzuführen oder ihm etwas anderes entgegenzusetzen. Aller ‹Einsatz› ist Anschluss, aber seine Folge gehorcht weder einer erkennbaren ‹Logik› noch einer rationalen Nachvollziehbarkeit, sondern zuweilen lediglich der ‹Trans-Position› oder ‹Ent-Setzung›, die, inmitten einer Zugehörigkeit, an einen anderen Platz versetzt – dorthin, wo wir niemals ahnten zu sein. Darum ist die Temporalität der Improvisation immer die Zukünftigkeit, ihr Zeitmodus das Fortgerissensein, der

[31] Emmanuel Lévinas: Totalität und Unendlichkeit, Freiburg/München ^{2}1993, 267 ff., sowie ders.: Jenseits des Seins oder anders als Sein geschieht, Freiburg/München 1998, 199 ff.

‹Zug›, der uns ebenso disloziert wie dem Gewesenen ‹ent-zieht›, um in Richtungen auszustreuen, die auf keiner Karte verzeichnet werden können. Improvisieren gibt es nicht als einsame, uns selbst erschöpfende Tätigkeit der Freiheit, sondern ist ein *Auf-zu*, eine *Hinwendung*, die ein *Schon-gewendet-sein* eine *conversio* inkludiert, die sich im Wortsinne ausrichtet *durch* ein *Bereits-zu*, das sich Bahn bricht, sich einschwingt oder ‹ein-tuned›, und zwar gemäß ihrer Linie oder ‹Vor-Gabe› – und das gilt abermals für das wildeste, scheinbar egologisch bis zum äußersten getriebene Solostück oder die exzessive Orgasmatik eines Rockkonzerts, welches scheinbar nichts anderes betreibt als eine einseitige Energieübertragung. Weniger setzt die Improvisation *aktiv* ein, als dass sie durch einen *vorgängigen Impuls* ermöglicht oder diktiert wird, ohne dass wir wüssten, woher der maßgebliche Impuls kam und was ihn auslöste. Das bedeutet auch, die Primarität des Anderen verleiht der Improvisation von Beginn an – und das ist der eigentliche Punkt der Argumentation – eine *primordiale Passivität.* Sie subjektiviert die improvisierenden Akteur/-innen. Das Subjekt bezeichnet keine freie Instanz, sie erweist sich vielmehr in jedem Augenblick als abhängig nicht nur durch die Kontexte und Bedingungen, sondern durch den Anderen, der ‹vor-geht›, sich ‹vor-gibt› und sich mir ‹einschreibt›, ‹eingraviert›, wobei überall die mitschwingenden Noten einer irreduziblen *passio*, besonders der ‹Vor-Gabe› und des ‹An-Gangs› mitgedacht werden müssen, um einzusehen, was im eigentlichen Sinne ‹auf dem Spiel› steht.

Genauer: Auf dem Spiel steht ein ‹Du spielst dich mir zu›, wie es in Anlehnung an Paul Celan formuliert werden könnte, der in seiner Rede «Meridian» den poetischen Akt aus der nämlichen Bewegung eines ‹Du sprichst dich mir zu› hergeleitet hat. «Denn ein Gedicht», heißt es dort, «ist nicht zeitlos. Gewiß, [...] es sucht durch die Zeit hindurchzugreifen – durch sie hindurch, nicht über sie hinweg»[32], wobei es, so Celan weiter, «unentwegt auf jenes ‹Andere› zu(hält), das es als erreichbar [...] und dabei ihm [...] zugewandt denkt»[33]. Anders ausgedrückt: Die Dichtung – wie im übrigen auch die Musik – geht den Weg des Fremden, des Anderen, wozu eine der «Ferne oder Fremde zugeordnete Dunkelheit»[34] gehört, ein

[32] Paul Celan: Der Meridian, in: Ausgewählte Gedichte. Zwei Reden, Frankfurt a. M. 1996, 131–148, hier 143.

[33] A. a. O., 128.

[34] A. a. O., 141.

«selbstvergessener Gang», ohne Methodik oder *meta hodos*, also ohne Wegleitung, aber gleichfalls auch ohne zu irren. Paradigmatisch, zugleich für den musikalischen Ausdruck wie seines Willens zur Stiftung einer Gemeinsamkeit, fährt Celan fort: «Das Gedicht will zu einem Anderen, es braucht dieses Andere, es braucht ein Gegenüber. Es sucht es auf, es spricht sich ihm zu. Jedes Ding, jeder Mensch ist dem Gedicht, das auf das Andere zuhält, eine Gestalt dieses Anderen»[35], dessen innigste «Hoffnung» darin bestünde «in eines Anderen Sache zu sprechen [...] vielleicht in eines ganz Anderen Sache»[36].

Ich möchte dieses ‹in des Anderen Sache›, die ‹vielleicht› in eines ‹ganz Anderen› Sache geschieht, gleichermaßen für das musikalische Ereignis wie für die Improvisation und die Kunst überhaupt reklamieren, denn die Aufnahme eines Klangs, eines Motivs heißt in jedem Augenblick, mit jedem Ton, jeder Pause oder mit jeder noch so leisen oder dissonanten Intervention bereits ‹in des Anderen Sache zu spielen› – und eines der hervorragendsten Beispiele für einen solchen Dialog «in des Anderen oder ganz Anderen Sache» ist die Begegnung zwischen Yehudi Menuhin und Ravi Shankar, die zwischen West und Ost und Violine und Sitar so improvisierten, dass jeder zunächst auf des anderen Einsatz und Instrument hörte und darauf antwortete. Nun wird allerdings das «in eines ganz Anderen Sache» wie überhaupt das ‹ganz Andere› gewöhnlich mit einem radikalen Außen, einer ‹ab-soluten› Transzendenz in Verbindung gebracht, die nichts anders bedeutet als ein Heiliges oder Göttliches, das aus der menschlichen Welt herausgenommen ist, die diese aber, als eine radikale Heterogenität, hält und auffängt – und doch schiebt Celan in seinen Ausführungen das kleine, zurückhaltende Wort ‹vielleicht› ein. Das bedeutet: Nicht notwendig spielen wir, wo wir versuchen ‹in des Anderen Sache› zu spielen, gleichzeitig schon in des ‹ganz Anderen Sache›, um im selben Atemzug einem Religiösen zu huldigen, aber ‹vielleicht›, ‹manchmal›, in wenigen außerordentlichen Momenten eben doch.

Deshalb, so die These, bleibt das ‹Vielleicht› dem ‹im Namen des Anderen› oder ‹in des Anderen Sache› inskribiert, und sei es nur als Spur, als ein undeutliches, schnell verblassendes Flackern – dennoch ist der entscheidende Punkt, dass aus diesem Grunde in der ‹*Sache*› *der Konstitution*

---

[35] A. a. O., 144.

[36] A. a. O., 142.

des Sozialen und dem, was es ausmacht, was es hervorbringt und zusammenhält, immer schon die ‹Spur› einer solchen Spur liegt, worin sich im eigentlichen Sinne das Ereignis einer *religio* allererst einstellt und worin, wie von weitem, der maßgebende philosophische und damit auch existenziell unverzichtbare Einsatz des Religiösen winkt. Profaner ausgedrückt, und auf die Improvisation bezogen: Sie gelingt nur dort, wo sie gerade nicht *meine* Sache ist oder vorbringt, sondern wo sie in erster Linie des Anderen Sache oder Sinn empfängt, ja wendet und ‹ver-wendet›, um sie im gleichen Maße anzuerkennen wie fortzusetzen, ‹vielleicht› sogar, um es pathetisch auszudrücken, über seine Verletzbarkeit, seine Fragilität und Sterblichkeit hinaus weiterzuentwickeln. Denn genau in dieser Aufnahme, Fortführung und dem Engagement für ‹des Anderen Anliegen› wie gleichzeitig dessen ‹Ver-› und ‹Um-Wendung› durch eine immer wieder neu vollzogene Affizierung, trifft sich – ‹womöglich› – das Soziale mit jener ‹Atemwende› (Celan) der Transzendenz, die ihm eine Signifikanz, eine Stellung über alle Tode und Endlichkeiten hinaus zusichert und uns, wiederum im selben Maße, d. h. in Bezug auf unsere eigene Sache, *entmächtigt*. Das meint auch: Es gibt keine Absicht, weder als Zielführung noch als Botschaft oder Zweck, sowenig wie den ungebrochenen Willen zur narzisstischen Selbstbefriedigung, auch wenn es teilweise so ausschaut, denn diese wären nichts ohne das ‹Über es hinaus›, das übergeordnete Moment, das die Improvisation zu einer Übung, einer Arbeit an der Hingabe wie zu einer Geste des ‹Zu-Spiels› und der Verständigung macht, wie sie aus dem gemeinsam Geteilten, der *Teilhabe* am Ganzen entspringt. Deswegen hatte Derek Bailey den spezifischen Zauber der Improvisation in die Worte gekleidet:

> «[L]etztlich liegt der größte Gewinn freier Improvisation im Spiel mit den anderen. Was immer auch die Vorzüge des Solospiels sein mögen, so gibt es doch eine ganze Seite von Improvisation, die aufregendere, magischere Seite, die nur im gemeinsamen Spiel entdeckt werden kann. Die Essenz von Improvisation […] kann am ehesten in einer Gruppensituation erkundet werden.»[37]

Hinzugefügt sei: Das Spiel mit Anderen bedeutet zuvorderst immer ein Spiel vom Anderen her, von des Anderen und ganz Anderen ‹Sache› her,

---

[37] Bailey: Musikalische Improvisation (Anm. 25), 112.

dem in erster Linie ein Hören und ‹Ge-Hören› im Sinne von Zugehörigkeit, d. h. auch der elementaren *Achtung* mit allen ethisch-ästhetischen Konnotationen des Wortes eignet.

Die Herausgeber/-innen und Autor/-innen

Wir nennen im Folgenden lediglich die derzeitige Position sowie die wichtigsten Stationen der akademischen Biografie der Herausgeber/-innen und Autor/-innen (Stand: Juli 2018). Für weitere Angaben – etwa zu den Forschungsschwerpunkten oder zu Publikationen verweisen wir auf deren Internetseiten.

Barbara Alge
Vertretungsprofessorin und ab 1. April 2019 Professorin für Musikethnologie an der Goethe-Universität Frankfurt a. M.; Juniorprofessorin für Ethnomusikologie an der Hochschule für Musik und Theater Rostock (2009–2017); Gastprofessorin an der Universität Wien (2016) und an der Universidade Federal de Minas Gerais (2013); Promotion 2008 (Wien), Habilitation 2016 (Rostock).
https://www.uni-frankfurt.de/68807545/Alge

Bärbel Beinhauer-Köhler
Professur für Religionsgeschichte an der Philipps-Universität Marburg, 2014–2017 Dekanin und Prodekanin des Fachbereichs Evangelische Theologie.
Studium der Arabistik und Islamwissenschaft, Religionswissenschaft und Politikwissenschaft in Göttingen, Promotion im Fach Islamwissenschaft 1994 (Göttingen), Habilitation im Fach Religionswissenschaft 2001 (Göttingen).
https://www.uni-marburg.de/fb05/fachgebiete/religionsgeschichte/personal/beinhauer/index_html

Stefan Berg
Theologe und Religionsphilosoph, Pfarrer in der evangelisch-reformierten Kirche solothurnisches Leimental.
Studium der evangelischen Theologie in Marburg und Basel; Promotion in Zürich (2011); Vikariat am Basler Münster (2017/18); Habilitation in Vorbereitung.
www.hermes.uzh.ch/de/personen/berg.html

Reinhold Bernhardt
Professur für Systematische Theologie / Dogmatik an der Universität Basel. Dekan der Theologischen Fakultät Basel.
Studium der Evangelischen Theologie in Mainz, Zürich und Heidelberg. Promotion 1989 (Heidelberg), Habilitation 1998 (Heidelberg).
https://theologie.unibas.ch/de/personen/reinhold-bernhardt/

Verena Grüter
Lehrstuhlvertretung für Interkulturelle Theologie und Religionswissenschaft an der Universität Heidelberg (2018), Gastprofessur für Pluralisierung des Christentums im nationalen und globalen Kontext an der Universität Göttingen (2016/17), Privatdozentin an der Augustana-Hochschule und Pfarrerin der Evangelisch-Lutherischen Kirche in Bayern.
Studium der evangelischen Theologie in Bonn und der Musik in Köln, Promotion 1992 (München), Habilitation 2015 (Neuendettelsau).
http://augustana.de/forschung-lehre/interkulturelle-theologie/privatdozierende.html

Ruth Illman
Associate Professor (Dozentin) für Religionswissenschaft an der Universität Uppsala (seit 2018), sowie an der Åbo Akademi University, Finnland, und Direktorin des Donner Institute.
Studium der Evangelischen Theologie und Philosophie in Åbo, Promotion in Philosophie 2004 (Åbo).
https://www.donnerinstitute.fi/en/ruth-illmans-research/

Rainer Kessler
Emeritierter Professor für Altes Testament in Marburg, zahlreiche Gastprofessuren.
Studium der Evangelischen Theologie in Mainz, Hamburg und Heidelberg, Promotion 1972 (Heidelberg), Habilitation 1991 (Kirchliche Hochschule Bethel in Bielefeld).
https://www.uni-marburg.de/fb05/fachgebiete/at/personal/kessler/biografie

Isabel Laack
Privatdozentin am Institut für Religionswissenschaft an der Universität Heidelberg.
Studium der Religionswissenschaft, Ethnologie, Musikwissenschaft, Altamerikanistik und Evangelischen Theologie an den Universitäten Heidelberg und Bonn; Promotion 2009 (Heidelberg), Habilitation 2018 (Heidelberg).

Dieter Mersch
Leiter des Instituts für Theorie (ith) und Professur für Ästhetik und Theorie an der Züricher Hochschule der Künste (ZHdK).
Studium der Philosophie, Mathematik und Pädagogik in Köln und Bochum; Promotion 1993, Habilitation 2000.
https://www.zhdk.ch/person/181500
www.dieter-mersch.de/

Bettina Strübel
Dekanats-Kantorin an der Lutherkirche in Offenbach; Gründerin des Interreligiösen Chores Frankfurt (gemeinsam mit dem jüdischen Kantor Daniel Kempin) und Herausgeberin eines Interreligiösen Liederbuchs im Rahmen des Trimum-Projektes.
Studium der Kirchenmusik an der HfMT Köln, Konzertexamen an der HfMT Hamburg.
www.bettina-struebel.de/ und www.ircf-frankfurt.de/

Britta Sweers
Professorin für kulturelle Anthropologie der Musik, Stellv. Direktorin des Instituts für Musikwissenschaft, Direktorin Center for Global Studies, Universität Bern.
www.musik.unibe.ch/ueber_uns/personen/prof_dr_sweers_britta/index_ger.html

Personenregister

Kursiv gesetzte Seitenzahlen verweisen auf Fußnoten.

Beiträge zu einer Theologie der Religionen

Herausgegeben von Reinhold Bernhardt

In der Reihe «Beiträge zu einer Theologie der Religionen» (BThR) bereits erschienen:

I. Reinhold Bernhardt / Perry Schmidt-Leukel (Hg.): Kriterien interreligiöser Urteilsbildung, 2005.

II. Reinhold Bernhardt: Ende des Dialogs? Die Begegnung der Religionen und ihre theologische Reflexion, 2005.

III. Reinhold Bernhardt / Thomas Kuhn (Hg.): Religionsfreiheit. Schweizerische Perspektiven, 2007.

IV. Uwe Gerber: Wie überlebt das Christentum? Religiöse Erfahrungen und Deutungen im 21. Jahrhundert, 2008.

V. Reinhold Bernhardt / Perry Schmidt-Leukel (Hg.): Multiple religiöse Identität. Aus verschiedenen religiösen Traditionen schöpfen, 2008.

VI. Bernhard Nitsche: Gott – Welt – Mensch. Raimon Panikkars Denken – Paradigma für eine Theologie in interreligiöser Perspektive?, 2008.

VII. Reinhold Bernhardt / Klaus von Stosch (Hg.): Komparative Theologie. Interreligiöse Vergleiche als Weg der Religionstheologie, 2009.

VIII. Mathias Tanner / Felix Müller / Frank Mathwig / Wolfgang Lienemann (Hg.): Streit um das Minarett. Zusammenleben in der religiös pluralistischen Gesellschaft, 2009.

IX. Sung Ryul Kim: Gott in und über den Religionen. Auseinandersetzung mit der «pluralistischen Religionstheologie» und das Problem des Synkretismus, 2010.

X. Walter Dietrich / Wolfgang Lienemann (Hg.): Religionen, Wahrheitsansprüche, Konflikte. Theologische Perspektiven, 2010.

XI. Reinhold Bernhardt / Perry Schmidt-Leukel (Hg.): Interreligiöse Theologie. Chancen und Probleme, 2013.

XII. Reinhold Bernhardt / Ernst Fürlinger (Hg.): Öffentliches Ärgernis? Moscheebaukonflikte in Deutschland Österreich und der Schweiz, 2015.

XIII. Verena Grüter: Klang – Raum – Religion. Ästhetische Dimensionen interreligiöser Begegnung am Beispiel des Festivals Musica Sacra International, 2017.